MINHA JORNADA

MINHA JORNADA

A AUTOBIOGRAFIA DE

DONNA

KARAN
COM KATHLEEN BOYES

Tradução
Gilson César Cardoso de Sousa

Título do original: *My Journey*.

Copyright © 2015 Donna Karan.

Publicado mediante acordo com Ballantine Books, um selo da Random House, uma divisão da Penguin Random House LLC.

Copyright da edição brasileira © 2018 Editora Pensamento-Cultrix Ltda.

Texto de acordo com as novas regras ortográficas da língua portuguesa.

1ª edição 2018.

Todos os direitos reservados. Nenhuma parte desta obra pode ser reproduzida ou usada de qualquer forma ou por qualquer meio, eletrônico ou mecânico, inclusive fotocópias, gravações ou sistema de armazenamento em banco de dados, sem permissão por escrito, exceto nos casos de trechos curtos citados em resenhas críticas ou artigos de revistas.

A Editora Seoman não se responsabiliza por eventuais mudanças ocorridas nos endereços convencionais ou eletrônicos citados neste livro.

Editor: Adilson Silva Ramachandra
Editora de texto: Denise de Carvalho Rocha
Gerente editorial: Roseli de S. Ferraz
Revisão técnica: Veridiana Cunha
Produção editorial: Indiara Faria Kayo
Editoração eletrônica: Join Bureau
Revisão: Vivian Miwa Matsushita

Dados Internacionais de Catalogação na Publicação (CIP)
(Câmara Brasileira do Livro, SP, Brasil)

Karan, Donna
    Minha jornada: a autobiografia de Donna Karan / com Kathleen Boyes; tradução Gilson César Cardoso de Sousa. – São Paulo: Seoman, 2018.

    Título original: My journey.
    ISBN 978-85-5503-060-4

    1. Designers de moda – Estados Unidos – Biografia 2. Karan, Donna, 1948- 3. Memórias I. Boyes, Kathleen. II. Título.

17-11280   CDD-746.92092

Índices para catálogo sistemático:
1. Designer de moda: Biografia 746.92092

Seoman é um selo editorial da Pensamento-Cultrix.

Direitos de tradução para o Brasil adquiridos com exclusividade pela EDITORA PENSAMENTO-CULTRIX LTDA., que se reserva a propriedade literária desta tradução.

Rua Dr. Mário Vicente, 368 — 04270-000 — São Paulo, SP

Fone: (11) 2066-9000 — Fax: (11) 2066-9008

http://www.editoraseoman.com.br

E-mail: atendimento@editoraseoman.com.br

Foi feito o depósito legal.

Àqueles que não estão mais conosco e que me fizeram ser
quem eu sou: meus pais, Anne Klein e, acima de tudo,
o amor da minha vida, Stephan

Também à minha família e amigos, que todos os dias criam
meu passado, presente e futuro

SUMÁRIO

Prefácio 9

Introdução 13

1	NASCIDA NO MUNDO DA MODA	21
2	DO OUTRO LADO DOS TRILHOS	39
3	ESCOLA DE *DESIGN*	53
4	PAIXÃO ARREBATADORA	63
5	DE VOLTA À SÉTIMA AVENIDA	77
6	UM NASCIMENTO E UMA MORTE	91
7	VOO SOLITÁRIO	107
8	AMIGOS PARA SEMPRE	123
9	JUNTOS DE NOVO	137

10	SEGUNDO ATO	151
11	DESPEDIDA E CONTRATADA	161
12	SETE PEÇAS (NÃO TÃO) FÁCEIS	171
13	HORA DO SHOW	189
14	DE MULHER PARA MULHER	203
15	DKNY: UM NEGÓCIO DE FAMÍLIA	221
16	NOVA YORK, ESTADO DE ESPÍRITO	235
17	DE MULHER PARA HOMEM	253
18	VIAGEM INTROSPECTIVA	265
19	PERDENDO O CONTROLE	283
20	CONTEMPLANDO O MUNDO	297
21	CRIAR, COLABORAR, MUDAR	317
22	O ÚLTIMO NATAL	341
23	QUEDA LIVRE	353
24	VOCÊ ESTÁ COMPROMETIDA?	373
25	LIGANDO OS PONTOS	385
26	PARANDO	401
	Agradecimentos	412
	Índice Remissivo	417
	Créditos das Ilustrações	433

PREFÁCIO

Quero que saibam quanto eu amo minha querida, minha muito querida amiga Donna Karan... e quanto acredito, com admiração, no que ela faz como *designer*, filantropa e visionária.

Mas, primeiro, permitam-me informá-los sobre um lado de Donna sobre o qual não leram e em que acho complicado e até difícil acreditar. Donna é o ser humano mais disperso, mais desorganizado que alguém possa conhecer. Sua atenção flutua, e ela está sempre mudando de ideia. Não consegue se lembrar de nada... inclusive dos planos que vocês porventura tenham feito juntos. "Caos" é seu sobrenome. Por isso, fico sempre espantada com tudo o que ela realiza: as roupas fabulosas — Donna Karan, DKNY, Urban Zen —, as exposições de arte, os levantamentos de fundos, a Urban Zen Foundation. Digo a ela o tempo todo: "Você fez mesmo isso? De verdade? Quando?". Estou agora convencida de que a dicotomia de sua natureza e as coisas que Donna cria são sinais de seu gênio. E não emprego essa palavra no sentido superficial.

Como muita gente, conheci Donna por intermédio da moda. Era final dos anos 1970; eu tinha acabado de comprar um casaco de pele vermelho-escuro e queria alguma coisa que combinasse com ele. Uma amiga me encaminhou para Donna e, um minuto depois, ela esvaziava seu *closet* pessoal para me ajudar. Donna é assim. Você gostou da camisa elegante e *sexy* que ela está usando? Donna vai, literalmente, tirá-la na hora e dá-la de presente para você. E enquanto estiver ajeitando a peça em seu corpo, repuxando aqui e ali para obter o caimento certo, lhe oferecerá um petisco ou um suco verde, perguntando-lhe como está se sentindo, resolvendo seus problemas e os de seus filhos, ministrando-lhe Reiki, aplicando óleos essenciais e, de um modo geral, planejando sua vida.

Donna não se limita apenas a vestir as pessoas: ela orienta a mente, o corpo e o espírito delas. É uma visionária criativa. Apaixonada. Dinâmica. Dedicada. Extremamente prática. Generosa ao extremo. É impossível não amá-la. Como amiga, Donna é atenciosa, engraçada e maternal... Não consegue se conter. Naquele dia em seu estúdio, vi um suéter de chenile em uma de minhas cores favoritas, vinho, numa pilha no chão. Iam jogar tudo fora porque o tecido era altamente inflamável. Eu não liguei. Dispus-me até a assinar um documento para o caso de o suéter pegar fogo. Mas Donna disse: "Nada disso. Devolva". Não queria se arriscar. (A propósito, eu ainda tenho o suéter.)

Donna e eu nos entendemos imediatamente. Éramos duas boas garotas judias de Nova York saindo de férias, fazendo dieta, rindo — brigando às vezes, mas rindo sempre. Ao longo de nossa jornada, nunca faltou moda... moda incrível. Ser amiga de Donna é se vestir bem, muito bem.

Eu era solteira quando conheci Donna e seu marido, Stephan, um homem com quem simpatizei muito. Tornei-me, como ele me chamava, a esposa número dois... Um sujeito generoso! Stephan era um artista que "ligava os pontos" em seu trabalho. Colocava pontos em uma página e, ao acaso, conectava-os, fazendo com que uma figura emergisse para, em seguida, transformá-la em pintura ou escultura. Donna reproduz o sistema de "ligar pontos" de Stephan em tudo o que faz. Especialmente na filantropia.

Uma das coisas que Donna e eu temos mais em comum é a paixão pela mudança positiva, o modo de usar nossas vozes e criatividade para realizar algo, a disposição a recorrer às nossas ideias e imagens públicas a fim de chamar a atenção para assuntos urgentes.

Quando um terremoto sacudiu o Haiti em 2010, Donna colaborou na assistência aos sobreviventes. Em meio ao desastre, ela descobriu o potencial de inúmeros artistas talentosos desse país, ajudando-os a aperfeiçoar-se e a penetrar no mercado. O Haiti é o lugar onde todas as iniciativas da Urban Zen se encontram: uma cultura que precisa ser preservada. Um povo extremamente necessitado de bem-estar. E um futuro que depende da educação e da capacidade de defender a cultura por meio do comércio. Só mesmo Donna para adotar um país inteiro! Mas Deus gosta dela... e ela nunca deixa de me impressionar.

— Barbra Streisand

INTRODUÇÃO

Fiquei acordada a noite toda, revirando-me na cama, nervosa e deprimida. Às primeiras luzes da manhã, eu só podia ver as duas pinturas de Stephan aos pés da cama — uma, um grande sinal de mais, amarelo-solar; a outra, um largo sinal de menos, preto — convidando-me a escolher meu ponto de vista. Mais fácil dizer que fazer.

Aquele seria o dia do desfile de primavera da DKNY e, pela primeira vez desde que eu havia fundado a empresa, meu marido, Stephan, não estaria presente. Pelo que eu podia me lembrar, ele sempre ficava na primeira fila, ao centro, em todos os meus desfiles de moda, aplaudindo-me. Em geral se sentava perto de minha filha, Gabby, de minha irmã, Gail, ou de nossos parceiros comerciais desde meados da década de 1980, Frank Mori e Tomio Taki. Quando eu atravessava a passarela para o agradecimento final, sua face iluminada me tranquilizava. Stephan costumava dizer: "Não pode haver dois de nós por aí" e me convencia. Eu talvez fosse o rosto de nossa marca, mas ele — o artista de espírito livre e, com seu rabo de cavalo, o amor de minha vida — era minha rocha.

Teria sido o nosso décimo oitavo aniversário (na verdade, o trigésimo, a contar do momento em que nos conhecemos e nos apaixonamos, mas isso é outra história). Eu vinha segurando bem as pontas desde a morte de Stephan, última de câncer no pulmão, três meses antes. Pelo menos, pensava assim. Mas, quando perdemos um ente querido, qualquer pensamento insignificante, idiota, nos abala. Para mim, era aquele assento vazio. Eu havia descoberto um jeito de sentir a presença de Stephan no desfile da Donna Karan Collection, dali a dois dias: colocaria sua escultura de arame vermelho, em tamanho natural, de um homem sentado, que ele tinha feito em meados dos anos 1990, no centro da entrada. Minha coleção de primavera se inspirava na arte de Stephan e eu queria que ele estivesse lá para vê-la. Infelizmente, só o que eu sentia agora era sua ausência. Como passar a sós o primeiro aniversário e ainda mais numa passarela, com o mundo inteiro olhando?

Mas eu não tinha escolha. Precisava ir. Não apenas por mim, mas pelo que chamo de "nós": as muitas pessoas cujo ganha-pão depende de minha presença e da realização do desfile, desde os modelistas, costureiros, desenhistas, vendedores, promotores, publicitários, passando pelos modelos, cabeleireiros, maquiadores, equipes de bastidores e técnicos de som até os encarregados da confecção das roupas e os lojistas que as exibem nas vitrines para vendê-las aos clientes.

Dessa vez eu tinha também novos proprietários a quem responder, pois Stephan tinha decidido vender nossa empresa ao elegante grupo LVMH Moët Hennessy–Louis Vuitton dez meses antes, como uma maneira de cuidar de mim e de nossa família quando ele se fosse. Ficar de fora de um desfile, de *qualquer* desfile, não é uma opção; ficar de fora daquele em especial era impensável.

Com esses pensamentos martelando minha cabeça, caí num sono agitado e acordei com alguém sacudindo meu braço.

— Donna, Donna, a vida nunca mais será a mesma! Nunca mais! — É só o que me lembro de ter ouvido.

Era Ruthie Pontvianne, uma curadora e massoterapeuta brasileira que havia sido de grande ajuda para Stephan durante sua doença e agora morava comigo, cuidando de mim e da casa. Ruthie estava chorando.

— Você tem de acordar, Donna! Agora! Olhe pela janela!

Eu estava morando na rua Wooster, no SoHo, pouco mais de meio quilômetro do World Trade Center. Quando olhei para fora, não vi mais que enormes nuvens de poeira cinzenta e negra.

Todo mundo tem sua história do 11 de Setembro. Esta é a minha.

Como as demais pessoas no mundo todo naquela manhã terrível, não consegui processar imediatamente o que estava acontecendo. O que eu via? Um acidente? Uma explosão? Ruthie tinha ligado a TV. Os repórteres pensavam que havia sido um acidente, um erro qualquer do piloto. Mas isso não passava de racionalização de desejo.

O telefone tocou. Atendi e escutei apenas soluços. Era Gabby, que morava a poucos quarteirões de distância. Ela fazia sua corrida matinal quando a primeira torre foi atingida. Não consegui acalmá-la e insisti para que ela viesse à minha casa.

— Gabby, tudo ficará bem — tranquilizei-a. — Mas venha o mais rápido possível. Precisamos estar juntas.

Logo que desliguei o telefone, Patti ligou. Patti Cohen é minha amiga de longa data (uma irmã, na verdade) e trabalhava como diretora de publicidade na Donna Karan International. Já se encontrava nos escritórios da empresa, na Sétima Avenida, 45 quarteirões ao norte.

— Você ouviu? — Ela perguntou.

— O quê? — Eu gritava. — Estou vendo tudo da minha maldita janela!

— Eu sei, eu sei. Mas escute, o desfile deve continuar...

Desfile? Sacudi a cabeça.

— Você não faz ideia do que está acontecendo aqui. Não vai haver desfile nenhum...

Ruthie gritou. O segundo avião colidira.

Eu não conseguia parar de tremer. Se alguma vez precisei de Stephan, foi naquela hora. Ele saberia o que fazer; saberia lidar com a situação e conosco. O telefone em minha mão tocou de novo, fazendo-me dar um pulo. Apertei o botão para ouvir. Patti de novo.

— Patti, não posso falar com você agora...

— Escute. Eles (a cidade, o governo) querem usar o Armory e nossos bancos para atendimento de emergência — disse ela, referindo-se ao local de nosso desfile e aos bancos almofadados que havíamos instalado para o público. — Eu respondi, é claro, que podiam usar o que quisessem. E estou dizendo a todos aqui para irem para casa.

Mas então me lembrei de que, às vésperas do desfile da Donna Karan New York Collection, o escritório estava cheio de gente, a começar pelas costureiras que haviam passado a noite ali. Eu não sabia para onde me virar. Tinha um espaço ocupado por dezenas de pessoas pelas quais eu era responsável, minha filha estava tendo um colapso e minha adorada cidade — minha cidade natal, cujo nome havia escolhido para minha empresa — estava sob ataque. Era demais. Assim, recorri à atitude de mãe guerreira. (Como muitas mulheres que conheço, é o que faço quando me sinto indefesa: assumo o controle e ponho ordem na casa.) Meu único pensamento era: *preciso tirar aquele pessoal de lá*. Nosso escritório ficava perto da Times Square e eu temia que esse pudesse ser o próximo alvo, juntamente com o Empire State Building. Lugar nenhum estava seguro.

Gabby entrou, ainda com suas roupas de corrida, e nos abraçamos. Ela estava desesperada para deixar a cidade e eu estava desesperada para ir ao escritório. Mas logo soubemos que não seria possível ir a lugar algum. A cidade inteira havia sido fechada: ruas, pontes e túneis. Ninguém podia sair de Manhattan, a não ser a pé.

Com o passar das horas, mandamos funcionários ao *showroom* de nossa Home Collection, a alguns quarteirões de distância, onde guardávamos camas, lençóis e colchas da marca Donna Karan. Infelizmente, o Armory nunca se tornou mais que uma sala de espera para famílias. Nenhum doente ou ferido para contar a história. Só nos restava ficar grudados à TV aguardando notícias. O ar no apartamento estava pesado, mas abrir as janelas só pioraria as coisas.

Então, é claro, a dor me venceu — o sofrimento esmagador, sufocante, que eu vinha tentando combater havia semanas. Não era apenas por Stephan; era por todos, pois todos estávamos juntos naquilo. A 11 de setembro de 2001, meu luto privado se misturou com o luto do mundo. Não achava que a cidade e eu fôssemos sobreviver.

Mas, se aprendi alguma coisa no curso dos anos, foi isto: é preciso seguir em frente de qualquer maneira. Nunca somos os mesmos — porém, a verdade incontestável é que a vida continua. Aos poucos vamos nos adaptando e um belo dia somos capazes até de sorrir, de nos divertir novamente.

Nos dias que se seguiram ao 11 de Setembro, procurei em toda parte um sinal, um lampejo de esperança num amanhã melhor. Então, descobri. O *Fashion Week* havia sido cancelado, mas ainda planejávamos os desfiles de primavera — menores, é claro. A primavera representa o crescimento, a natureza despertando após a escuridão e a tristeza do inverno. Fizemos duas apresentações, uma da DKNY e a outra da Donna Karan Collection; foi reconfortante retomar nossas atividades.

Após o 11 de Setembro, a cidade, o país e o mundo se uniram de uma maneira sem precedentes. Recebíamos apoio de todas as partes do globo. Nosso extraordinário prefeito, Rudolph Giuliani, pediu que não deixássemos os terroristas vencerem, que continuássemos a levar nossa vida do modo mais normal possível. A indústria da moda também se uniu. Lembro-me de estar perto do prefeito, eu de um lado, Ralph Lauren do outro, rodeados de *designers* e modelos trajando a mesma camiseta com a estampa de um coração, juntos no esforço de angariar fundos para as famílias das vítimas. A meu ver, isso prova que algo de maravilhoso acontece quando uma comunidade cuida, se conecta, colabora e cria (minhas palavras começadas com *c*) em prol de uma causa maior que qualquer um de nós.

Nunca me conformei com a morte, mas aprendi a conviver com ela, a aprender com ela, a construir com ela. Perdi muitos entes queridos na vida — meu pai, minha mãe, meu padrasto, meu psiquiatra de longa data, dr. Rath, meu tio Burt, minhas queridas amigas Rita Walsh, Lynn Kohlman e Gabrielle Roth — e outros tantos conhecidos, associados e pessoas com quem trabalhei, inclusive, mais recentemente, minha jovem assistente Clarissa Block, que era também grande amiga de Gabby. (Até Felix, meu adorado dogue alemão, morreu antes do tempo.) Olhando para trás, vejo que morte e nascimento são um tema constante em minha vida. Algo morre, algo nasce. O mundo desmorona e somos forçados a criar outro novo.

Esse mundo novo pode ser mais bonito que qualquer coisa que venhamos a imaginar. Sem comparação, a morte mais devastadora em minha vida foi a de Stephan. Tudo mudou para mim. Durante duas décadas, contei com ele para entender, enfrentar e amenizar os problemas que surgiam. Mas sua morte também me inspirou a criar a organização Urban Zen, um entrelaçamento de filantropia e comércio que me permite vestir pessoas — e falar com elas sobre aquilo com que mais me preocupo. A Urban Zen me ajuda a ficar calma em meio ao caos de minha vida. Dar, finalmente descobri, tem seu lado egoísta, pois, em troca, se recebe outro tanto.

Sou uma alma muito jovem e, de várias maneiras, infantil. Basta perguntar a Gabby. Ela me chama de borboleta, que está sempre voando de um lugar para o outro e nunca sossega. É verdade que não consigo ficar parada — nunca consegui. Sou nômade de coração, viajo o tempo todo, procuro o tempo todo por respostas e soluções para os problemas dos outros. Uma vez mãe judia, sempre mãe judia.

A vida é uma jornada, uma aventura na qual cada curva e cada volta têm algo a nos ensinar. Permaneça aberto, seja criativo e espere para ver aonde a estrada o levará. Porque, queiramos ou não, nossos planos mudam constantemente. Assim, ponha na mala o necessário e tempere-o com um pouco de humor. Deus sabe que você precisará disso.

1 NASCIDA NO MUNDO DA MODA

"Como você entrou no mundo da moda?" As pessoas me fazem essa pergunta quase todos os dias. Resposta: já nasci nele. Meu pai, Gabby Faske, fazia roupas customizadas, e minha mãe, Helen Faske — conhecida como "Richie" no trabalho —, havia sido modelo antes de se especializar em vendas. Até o homem com quem ela se casou após a morte de meu pai, Harold Flaxman, meu padrasto, estava no negócio — mais modestamente, pois só comercializava artigos populares.

A moda me cercava a ponto de me irritar. Quando cheguei à idade de poder tomar o trem sozinha para a cidade, instalei-me nos escritórios dos fundos dos *showrooms* de Richie. Montei meu primeiro desfile de moda quando estava no colégio. Meu primeiro emprego foi vender roupas numa butique e nisso eu era realmente boa. Tinha lá minhas inseguranças, mas não com relação a roupas. Em se tratando de roupas, sabia muito bem o que estava fazendo.

O *design* é, para mim, uma segunda natureza. É o que sou. Não posso evitar. Vejo um problema — um desejo de ser mais alta, mais magra, ter pernas mais longas — e preciso resolvê-lo. Um vazio? Tenho de preenchê-lo. O tecido? O tecido fala comigo. Envolvo-o no corpo e ele me diz o que devo fazer. É um diálogo sem palavras. Torno-me escultora, moldando e levando o tecido para onde ele quer ir, acentuando o positivo e eliminando o negativo. Não se pode ensinar esse tipo de *design* a outra pessoa. Como qualquer expressão artística, é preciso senti-lo. Está no sangue e, em definitivo, estava no meu.

Não guardo muitas lembranças de meu pai, mas esta ficou comigo: eu havia acabado de fazer 3 anos e estávamos em sua loja de roupas masculinas na esquina da rua 40 com a Broadway, no segundo andar, apreciando o desfile do Dia de Ação de Graças da Macy's. Como eu era muito pequena, puseram-me em cima do radiador do ar-condicionado, junto à janela, para que eu pudesse ver melhor. Eu estava gostando do espetáculo quando surgiu um grupo vestido como índios norte-americanos estereotipados: grandes cocares de penas, pinturas de guerra no rosto, pulando, gritando etc. Para mim, uma criança, pareciam um bando de bichos-papões que vinham me pegar. Fiquei assustada, muito aterrorizada. Pulei para o chão e fui me esconder entre uns cabides de roupas masculinas. As roupas de meu pai.

Mal sabia aquela menininha de 3 anos que, um dia, ela própria haveria de desenhar roupas masculinas e vestir até um presidente dos Estados Unidos. Virei alfaiate, como meu pai. E ele era dos bons. Gosto de pensar que passou esse bastão, esse talento, esse gene para mim, porque aí é que eu me sinto mais ligada a ele. As fotos de meus pais e as roupas que ele fez para os dois... bem, tanta sofisticação me encabula. Como capturar aquilo, como criar aquilo, como me tornar aquilo? Até certo ponto, esses desafios alimentam minhas paixões criativas.

As fotos de meus pais contam sua história melhor do que o fariam as palavras. Estão dançando, rindo e sorrindo com panoramas da cidade ao fundo. Minha mãe parece uma Ava Gardner jovem, meu pai está sempre alegre. Viveram na alta sociedade. O negócio de alfaiataria de meu pai atraía toda espécie de gente famosa, inclusive celebridades e gângsters — ele vestiu até o prefeito de Nova York, Vincent Impellitteri. Todos me diziam que ele era muito encantador.

Na verdade, a família inteira era encantadora. Os Faske gozavam de elevado *status* social e participavam da vida da cidade. Meu pai, Gabby, tinha seis irmãos: duas mulheres, Miriam e Leah, e quatro homens, Sol, Heshy, Abe e Frank. Com Frank é que ele se dava melhor. O tio Frank levava uma vida glamorosa então; tinha uma revendedora e concessionária de Pontiacs, e os Pontiacs eram carros muito chiques na época. A Montrose Motors ficava no Brooklyn, onde ele morava. Uma vez o tio Frank ligou para meu pai, muito entusiasmado. O comediante Red Buttons tinha acabado de trocar seu carro velho por um novo, e o tio Frank achava que Gabby gostaria muito deste: um Pontiac conversível ano 1951, amarelo. Meu pai foi imediatamente até a revendedora e esse foi o nosso carro de família.

Gabby e o tio Frank gostavam de frequentar clubes em Nova York, nas montanhas de Catskills e em Long Island. Eram amigos dos proprietários do Concord Hotel nas montanhas e, por intermédio deles, conheciam muita gente do *showbiz*. Além de ser dono da Montrose Motors, o tio Frank convivia com várias celebridades, entre elas o comediante Buddy Hackett. Ele e minha tia Dotty, que tinha quatro filhos, davam festas em sua casa em Manhattan Beach, com muita música e muita dança. Astros como Tony Curtis e Janet Leigh apareciam por lá de vez em quando. Nossas famílias passavam o verão em Atlantic Beach, em Long Island — para onde acabamos nos mudando —, e frequentavam o balneário Capri, onde tínhamos um chalé. Eu era muito pequena, mas me lembro das festanças, do barulho.

Então, em 1º de maio de 1952, a festa acabou. Meu pai voltava para casa do trabalho; seu amigo Morris lhe dava carona em seu Cadillac verde conversível. Estavam na via expressa Brooklyn–Queens e o carro deve ter derrapado. O lado do passageiro foi atingido. Morris sobreviveu, mas meu pai faleceu no hospital no dia seguinte, com danos cerebrais. Tinha 52 anos.

Quando a morte vem de repente, como veio para meu pai, tudo muda de maneira dramática. O comportamento da mãe. O modo como os filhos são cuidados. A vida da família. A maneira como a família passa a ser definida — e como *a própria pessoa se define*. (Não bastasse tudo isso, naquela época as finanças da casa iam para o espaço, especialmente quando o seu principal provedor era o pai.) A criança, antes normal, começa a conhecer a morte, a perda, a insegurança. Só quem teve essa experiência sabe o que é perder um dos pais em idade tão tenra.

Anos depois, quando eu chegava ao fim da adolescência, meu namorado na época, Mark Karan, estava abrindo uma loja de roupas masculinas em Cedarhurst, Long Island. Chamava-se "Picadilly", devido ao nome da rua. O pai de Mark nos ajudava. Certa vez, ele acabava de voltar do Brooklyn, onde tinha ido pegar uma encomenda de roupas que não havia sido entregue a tempo. Quando abria as caixas, parou de repente.

— Donna, como se chamava mesmo seu pai?

— Gabby Faske.

Virei-me. Ele segurava uma roupa num velho cabide de madeira gravado com as palavras *Gabby Faske, Alfaiate*. Aproximei-me, curiosa, querendo descobrir se aquilo era mesmo real. Quais as chances de um cabide de Gabby Faske acabar na loja de Mark em Long Island depois de tantos anos, tantas roupas, tantas lojas, tantos quilômetros?

Olho para esse cabide dependurado em minha parede e sei que papai esteve comigo o tempo todo, amparando-me ao longo de minha jornada.

A moda era meu destino. Não exatamente meu sonho. Era, na verdade, a última coisa que eu queria fazer. Tratava-se de algo óbvio demais. Previsível, fácil. Como muitas crianças, eu desejava ser diferente de meus pais. Fantasiava dançar como Martha Graham ou Isadora Duncan; mais tarde, na adolescência, queria cantar como Barbra Streisand. Dançava horas e horas em meu quarto. Não diante do espelho — dançava pelo que a dança era, não pelo que parecia. Gostava de todos os tipos de música, de todos os sucessos da década de 1950. Ia a todos os espetáculos musicais organizados nos acampamentos e na escola. Minha mãe adorava minha voz e sempre me pedia para cantar. Eu não tinha grande talento, mas imaginava que sim.

Contudo, meu principal sonho era ser dona de casa — o que minha mãe nunca foi. Ela trabalhava fora porque precisávamos de dinheiro, mas também porque assim se sentia viva. Vivia e respirava a Sétima Avenida; isso estava em sua alma. Quando eu era pequena, a maioria das mães não trabalhava fora. As mães de meus amigos vestiam-nos de manhã para a escola, preparavam seu chocolate quente quando eles voltavam e faziam o jantar todas as noites. Minha infância em casa não foi nada disso. Cresci em Kew Gardens, no Queens. Morávamos num apartamento de um prédio de tijolos vermelhos — bonito demais para o bairro. Não era pequeno, tinha sete cômodos: sala de visitas, copa, cozinha, um escritório pequeno, o quarto de minha mãe com um *closet* anexo e o quarto que eu dividia com minha irmã mais velha, Gail, e a babá daquele tempo. Tínhamos até um pequeno terraço. (Lembro-me, embora fosse muito pequena, de estar sentada ali enquanto o cortejo fúnebre de meu pai passava.)

Eu poderia encher um livro com histórias de minha mãe. Há muitas maneiras e palavras para descrevê-la: *bonita, imponente, educada, elegante*. Mas também *maluca, dramática, temperamental, difícil* e — sabendo o que sei agora — *bipolar*. Como eu já contei, chamavam-na de "Richie" no trabalho, mas seu apelido pessoal foi, a vida inteira, "Queenie" [Rainhazinha], que já diz tudo. Em se tratando dela, é difícil saber por onde começar, mas começarei quando eu era bem pequena. Minha mãe era distante, deprimida e nunca estava presente quando devia estar — não estava presente para me receber na volta da escola e pouco se interessava por minha educação. Meu passatempo favorito é ficar na cama com meus netos e contar-lhes histórias; ela, porém, nunca fez isso comigo. Trabalhava horas a fio e seu dia ficava ainda mais longo por causa do trânsito. Quando voltava para casa, estava exausta.

Pouco depois de Gabby morrer, ela nos levou, a mim e a Gail, para Camp Alpine, em Parksville, Nova York, nas montanhas de Catskills. É para lá que vão os judeus nova-iorquinos. Eu tinha 3 anos e meio, menos que os 4 da idade mínima exigida. Fiquei em Bunk Zero, onde uma mulher que chamávamos de Mãe Sue nos vigiava como um falcão. (A certa altura, havia lá dez de nós, primos, ao mesmo tempo.) Lembro-me de me sentir aterrorizada, atenta a qualquer sinal de minha mãe o dia inteiro, esperando que ela aparecesse e me levasse para casa. Ela não apareceu.

Olhando para trás, reconheço que mamãe tinha grandes problemas, inclusive uma dor de cabeça constante e toda espécie de doenças, reais ou imaginárias. Havia frascos de comprimidos por toda parte. Amava o que fazia, mas tinha de suportar a pressão de cuidar de sua jovem família trabalhando numa área ingrata e competitiva, que se baseava na boa aparência. Não tinha muitos amigos com quem conversar, apenas suas irmãs, e brigava com todas. Precisava, ela própria, de cuidados maternos, mas seus pais estavam longe — como acontecia comigo. Nem Gail nem eu temos lembranças deles, exceto que moravam no Lower East Side e que meu avô possuía um carrinho de mão. Não é de se admirar que mamãe mal conseguisse lidar com a vida.

Casou-se de novo rapidamente — com Harold Flaxman, que era dono de uma loja de roupas no Brooklyn. Harold era um galã de matinê, um homem de verdade com sua fabulosa cabeleira branca. Parecia ter surgido do nada. Os dois se conheceram no Concord Hotel, nas montanhas de Catskills (sim, tudo em meus primeiros anos remete a esse hotel). Casaram-se em 17 de maio de 1953, um ano e uma semana após a morte de meu pai, num saguão do Hampshire House, um luxuoso prédio de apartamentos na parte sul do Central Park. Minha irmã disse que a cerimônia foi maravilhosa; eu era pequena demais para ir. Depois que se casaram, Gail cometeu o erro de dizer à sua professora que nosso sobrenome iria mudar. Queenie ficou louca da vida.

— O sobrenome de vocês é Faske e sempre será — trovejou ela. Mamãe amava esse nome e tudo o que ele representava: *status*, *glamour*, uma grande vida social. Ser uma Flaxman não garantia nada disso.

Queenie era bem mais boazinha comigo do que com Gail porque eu apelava para seu senso estético. Eu era cantora, dançarina, intérprete, atriz. Era alta, magra e tinha bom gosto para me vestir mesmo quando criança; como ex-modelo, mamãe gostava que eu tivesse "estilo", como dizia. Implicava muito com minha irmã, que não a imitava. Queenie apelidara-a de "pernas de piano" e vivia lhe dizendo que ela precisava se maquiar ou fumar — fazer qualquer coisa para parecer mais sofisticada. Eu não conseguia separar essa mãe malvada da mãe que me tratava com carinho. E ainda não consigo.

Queenie era muito reservada. Como eu disse, não tinha muitos amigos, pelo que me lembro. Tinha parentes, como meu pai, mas eles nunca a visitavam. No trabalho, era uma mulher totalmente diferente: a elegante e refinada Richie que ia à cidade com cabelos negros brilhantes, maquiagem perfeita, lábios vermelhos, saltos altos e as roupas impecáveis que meu pai confeccionava para ela, postas sobre uma cinta modeladora. (Anos depois, livrei-me de suas roupas — como lamento ter feito isso!) Mamãe trabalhava para várias *maisons* da Sétima Avenida, inclusive a do *designer* Chuck Howard, que produzia roupas esportivas com sua própria grife nos anos 1960 e mais tarde me apresentou a Anne Klein. Por mais que ela gostasse daquilo, ficar no trabalho era esgotante. Quando voltava para casa, tornava-se... ninguém. Vestia um roupão, atava os cabelos com um lenço e tirava a maquiagem. Se tinha enxaqueca, e tinha sempre, estirava-se na cama no escuro e ninguém podia dar um pio.

Parece abominável, e era. De certo modo, mamãe morreu quando perdeu papai. Gabby Faske foi o amor de sua vida. Tentou manter os negócios de pé, mas não conseguiu. Assim, não só papai desapareceu, desapareceram também a antiga segurança financeira e tudo de bom que a acompanhava. Sempre pensei que nossa vida teria sido diferente caso ele não houvesse morrido. Pobre Harold! Tinha 49 anos quando se casou com Queenie, que estava então com 33; foi o primeiro casamento dele. O mais novo de dez filhos, havia cuidado dos pais idosos — era um sujeito amoroso. Gail e eu logo começamos a amar Harold, cuja família se mostrava muito bondosa conosco. Mas isso pouco importava, porque ele não era nosso pai. Pior ainda, Harold nunca ganhou muito dinheiro. Trabalhava no mundo da moda, mas, como eu disse, seu negócio eram os artigos baratos. Sofisticada era Queenie.

Gail, oito anos mais velha que eu, ia à escola e tinha amigos por lá. Eu ficava sozinha em casa a maior parte do tempo e não me sentia segura. Sim, havia sempre uma babá, mas todas com seus problemas. Uma garota perguntou se poderia convidar seu irmão para jantar e, quando meus pais voltaram para casa, surpreenderam-na com o "irmão" na cama deles — nus —, comigo dormindo ao lado. Outra cuidava de mim enquanto Gail estava na escola. Quando minha irmã voltou, encontrou a porta trancada. Foi até a casa vizinha e eles chamaram a polícia. Os policiais derrubaram a porta e viram a babá embriagada, dormindo a sono solto, e eu gritando no berço. Ainda assim ela voltou para receber seu pagamento semanal.

Queenie vivia me aconselhando a bloquear a porta com móveis para impedir a entrada de estranhos. Fui criada no temor e na preocupação, esperando que alguém muito mau aparecesse para me pegar. Ainda hoje, ficar sozinha é meu maior medo. Só durmo bem quando há outras pessoas na casa. De outro modo, fico de orelha em pé, tentando ouvir — o quê, não sei.

Sempre desejei me ligar a outra família. Uma moça do leste europeu, Georgette Beicher, poucos anos mais velha que eu, morava num apartamento de um quarto na outra extremidade do corredor. Sua mãe, uma costureira que trabalhava em casa, às vezes fazia roupas para mamãe. Era a mãezona por excelência, sempre nos oferecendo guloseimas e fazendo o maior espalhafato ao ouvir o que tínhamos aprontado na escola aquele dia. Eu passava muito tempo em seu apartamento. Anos depois, encontrei Georgette no Clinton Global Initiative e soube que ela se havia se tornado, como eu, uma filantropa ativa.

Quando eu tinha 6 anos, minha família se mudou para Woodmere, uma das "Five Towns" [Cinco Cidades] elegantes de Long Island. Foi uma diferença muito grande em relação ao nosso apartamento com terraço em Kew Gardens. Era uma casa térrea de três quartos, num condomínio novo chamado Saddle Ridge Estates. A casa podia ser pequena para os padrões da vizinhança, mas para mim era um castelo. Erguia-se ao lado de um canal e tínhamos um bonito salgueiro logo diante da janela da cozinha.

Pouco antes de nos mudarmos, caí enquanto andava de patins e machuquei o braço. Fui me queixar a Queenie, que não acreditou em mim. Só depois de uns três dias ela me levou ao médico e, é claro, o braço estava fraturado. Iniciei então o curso primário na Escola Elementar Ogden, no meio do ano — sendo, além de uma garota nova no pedaço, uma garota nova com um braço na tipoia. Era também muito alta para minha idade. Diferente em tudo.

Quando eu adoecia e não podia ir à escola, mamãe me confiava a vizinhos ou parentes. Certa vez, Gail ficou em casa comigo. Ela estava no colégio e eu na escola primária. Foi preparar um lanche para nós e seu pijama pegou fogo (isso aconteceu nos anos 1950, antes que os tecidos não inflamáveis se tornassem norma). Gail gritou. Ao socorrê-la, joguei potes de água sobre as chamas, envolvi-a num cobertor e rolei-a no chão. Ligamos para Queenie no escritório para lhe contar o que havia acontecido, mas ela não apareceu. Apesar das graves queimaduras de Gail, nossa mãe nunca a levou ao médico. Até hoje Gail tem cicatrizes no peito devido ao acidente e eu nunca uso as bocas da frente do fogão quando cozinho.

Passávamos os sábados no salão de beleza, esperando entediadas que ela arrumasse o cabelo. A mesma coisa aos domingos, na lavanderia. Salões de beleza e lavanderias: esses eram os meus fins de semana na infância. Já mais crescida, saindo da escola, pegava um trem da estrada de ferro de Long Island para encontrar minha mãe na cidade e me aborrecia num quartinho dos fundos até ela terminar o trabalho. Mais esperas — esperas de horas e horas.

Queenie era má para Harold, o que realmente me entristecia. Implicava com ele como implicava com minha irmã; e o coitado procurava, inutilmente, se defender. Brigavam como loucos porque minha mãe *era* louca. Quando, literalmente, não enfiava a cabeça no forno, algo que fazia com frequência para chamar a atenção, expulsava-o de casa, chamava-o de volta e expulsava-o de novo. Calma por um minuto, tornava-se histérica logo depois como uma rainha de tragédia grega. Desse modo, nem o fato de ter um homem amável por perto me fazia sentir segura, pois eu receava perdê-lo tão de repente como havia perdido meu pai.

Queenie era perfeccionista e, como muitas mães de sua geração, ditava normas rigorosas para manter nossa casa em ordem. O fato de trabalhar fora em tempo integral tornava-a ainda mais exigente. Dava a mim e a Gail instruções de limpeza todos os dias. Nossos sofás e tapetes eram brancos, provavelmente com uma cobertura plástica nos primeiros. Antes que ela voltasse do trabalho, eu tinha de me certificar de que o tapete estava na direção certa e pôr as batatas no forno na hora exata, dependendo do trem que ela fosse pegar, o das 17h35 ou o das 18h04. Certa vez, mamãe descobriu cabides de arame em meu guarda-roupa, jogou todas as minhas roupas no chão e exigiu que eu as dependurasse, peça por peça, em cabides de madeira. Depois, me pôs de castigo. Isso foi muito antes de filmarem *Mamãezinha Querida*.

O que mais me incomodava em nosso relacionamento, mais até que suas alterações de humor e acessos de raiva, eram os segredos de mamãe. Não havia nada mais natural para ela que mudar de personalidade. No trabalho, sua personalidade era uma: Richie, a estonteante mulher bem penteada ainda com a aparência e o estilo da modelo que tinha sido. Depois, vinham seus outros lados, vidas inteiras que ela não partilhava conosco. Quando eu tinha por volta de 11 anos, fui ao sótão e comecei a remexer em roupas velhas e baús cheios de fotografias. Fiquei atônita, principalmente com as fotografias. Havia pilhas de álbuns com retratos em pose, do tipo que se tira em clubes ou em estúdio. Em uma delas, mamãe aparecia num vestido de renda à moda antiga. Em outras, sorria, dançava, brilhava. Posando diante de um clube noturno com meu pai, ele de terno, ela de vestido de seda. À beira de uma piscina, trajando maiô de duas peças, uma das pernas compridas pousada sobre a outra. Exibindo um casaco de pele na rua. Meus pais de pé em frente a uma cabana de pedra, como se estivessem esquiando. O contraste entre aquele anjo e a mãe com quem eu convivia era gritante. Quem seria aquela mulher bonita, risonha? Por que não voltara para nós? Por que tinha se tornado tão melancólica e retraída?

Vi também a foto de Queenie com outro homem. As roupas dos dois me pareceram muito antigas. Cada foto que eu descobria, cada página empoeirada que eu virava me deixavam perplexa. Não conseguia entender aquilo.

— *Donna Faske, o que a senhora está fazendo aí em cima?* — Era minha mãe, gritando e subindo freneticamente a escada do sótão. Quando chegou perto de mim, arrancou as fotos de minhas mãos, jogou-as no baú e fechou-o violentamente. — Saia daqui! — ordenou. — Isto não é de sua conta, madamezinha. Como se atreve?!

Eu nunca a tinha visto tão furiosa. Agarrou-me pelos cabelos, praticamente me arrastando escada abaixo, e me pôs de castigo todos os fins de semana por um mês. Eu não tinha ideia do que havia feito de errado, mas compreendi que não devia voltar ao sótão. Também passei a odiar segredos de todo tipo. Acho que sou totalmente franca e aberta porque minha mãe era muito fechada.

Acho que mamãe herdou sua tendência ao segredo da família, os Rabinowitz. Ela tinha três irmãs, Sally, Fay e June, e um irmão, Eddie, do qual só ouvi falar recentemente. Ninguém jamais o mencionou porque ele se casou com uma jovem alemã durante a Segunda Guerra

Mundial — ato imperdoável para uma família judia. Das irmãs de mamãe, eu amava em especial a tia Sally. Quando eu era muito nova e morava no Queens, ela residia perto de nós, no Jamaica Estates. Mais tarde, com o marido Lou, mudou-se para a avenida York, em Manhattan. Lou era um famoso colecionador de livros e manuscritos raros; tinha uma livraria na rua 61 e era uma das maiores autoridades em Sherlock Holmes. Eu ia muito à casa deles no Jamaica Estates e ficava sentada ao lado do tio Lou no porão, enquanto ele lia seus livros. A tia Sally, vibrante e excêntrica, gostava de viajar pelo mundo, mas era também realista, com um estilo natural e espontâneo. O tio Lou usava casacos com golas de pele, tinha longos cabelos cinzentos e não dispensava a bengala. Queenie sentia um ciúme terrível de Sally — não por causa da aparência ou estilo da irmã, que nada tinham a ver com os seus, mas por achar que ela havia conseguido tudo: vida confortável e um marido afetuoso, bem-sucedido. Acho que não ajudava muito o fato de me ouvir dizer o tempo todo que eu gostaria de ser como a tia Sally quando crescesse. Nenhuma mãe gosta de ouvir isso sobre outra mulher.

Em casa, as brigas continuavam. Não sei como meu padrasto suportava aquilo, mas era seu primeiro e único casamento, e ele talvez pensasse que essa era a sua obrigação. Ou talvez ficasse por minha causa. Nós dois nos dávamos muito bem, longe de Queenie. Harold me deu o presente inestimável de me fazer sentir especial e talentosa. Íamos a seu restaurante chinês favorito e ele me deixava falar sobre meu futuro. Nesse momento, eu já havia descoberto que não tinha talento para dançar ou cantar profissionalmente; a moda parecia o caminho óbvio, dado o meu amor pela arte. Harold insistiu para que eu tivesse minha própria empresa e até sugeriu para ela o nome "Ivy Doná", com base em meu primeiro e segundo nomes, pois lhe parecia sofisticado. Eu amava sua gentileza e o modo como levava a sério minhas conversas.

Durante todos aqueles anos, continuei indo a Camp Alpine no verão e acabei por gostar dali. Camp era minha independência; ficava longe de mamãe (e de suas repreensões) e livre para descobrir a mim mesma. Éramos todos iguais, formando nossa própria comunidade. Dormíamos nos mesmos beliches e vestíamos o mesmo uniforme do acampamento. Tornei-me uma boa atleta: jogava basquete, vôlei, beisebol e muito mais. Foi em Camp Alpine que me puseram o apelido de "Pernas de Espaguete e Cabeça de Almôndega". Nunca me achei bonita quando criança: achava-me, isso sim, estranha — alta, magra e de peito achatado — e o apelido apenas reforçou essa impressão. Eu punha, na época, um enchimento de papel higiênico no sutiã. Uma vez estávamos na piscina, em fila, quando meu biquíni molhou e pedaços de papel escaparam, entupindo o ralo. A piscina teve de ser esvaziada porque "alguma garota entupiu o ralo com papel higiênico". Todos sabiam que tinha sido eu. Fiquei mortificada. Depois veio a musiquinha que compuseram sobre mim:

> *Pernas de espaguete e cabeça de almôndega,*
> *Pernas de espaguete e cabeça de almôndega,*
> *Pernas de aranha, cabeça de tartaruga,*
> *Que tal manteiga de amendoim?*

Foi em Camp Alpine que conheci minha amiga Beverly Adwar. Seu pai, um judeu sefardita de Israel, negociava com joias. Ela era a garota mais baixa da turma; eu, a mais alta. Ambas praticávamos esportes e nos dávamos muito bem. Jogávamos uma forma atenuada de "briga de galo" na piscina. Eu colocava a pequena Beverly nos ombros e derrubávamos quaisquer adversários.

Embora eu gostasse de esportes no acampamento, Beverly afirma que sempre soube de uma coisa: eu seria algum tipo de artista. Enquanto os outros escreviam cartas para casa durante os períodos de descanso, eu desenhava em meu caderno. Participava de todas as peças, cantando e dançando.

Convivia com garotos também, sem problemas — afinal, a maioria de meus amigos eram meninos e eu sabia contar piadas, rir e flertar com eles. Meu primeiro beijo foi durante o primeiro ou segundo ano, na cafeteria da escola. O garoto se chamava Michael Sprinzen; segurou minha bandana diante de nossos rostos e me beijou. Tive um namorado no acampamento, de nome Bruce, mais velho que eu e magricela. De mãos dadas, dançávamos na cantina ao som do *jukebox*.

Beverly também morava em Saddle Ridge Estates e, durante o ano letivo, íamos cavalgar todas as manhãs de domingo na Academia de Equitação de Hampstead. Minha mãe ia resmungando o tempo todo no carro, como era de seu feitio, mas Beverly não ligava. Admirava Queenie porque ela tinha uma carreira, enquanto a maioria das mães, como a sua, ficava em casa. Eu amava a família de Beverly e, felizmente, era correspondida. No verão, me juntava a ela e seus pais, duas irmãs e um irmão na cabana que tinham em El Patio, em Atlantic Beach. Também passava com eles os feriados judaicos. Minha família não era muito religiosa e, quando não temos padrões religiosos na vida, queremos tê-los. Eu, pelo menos, queria. Ansiava por alguma coisa que me fizesse sentir igual aos outros e não diferente.

A morte de meu pai e o distanciamento de minha mãe me moldaram de várias maneiras. Ainda odeio ficar só. Procuro criar um senso de família aonde vou. E, mais importante, aprendi que posso suportar perdas. Perder alguém é devastador, mas não significa que não existam alegrias à nossa espera.

2 | DO OUTRO LADO DOS TRILHOS

Mudamo-nos de novo em 1960, quando eu tinha 12 anos. Gail ia se casar e, para ajudar nas despesas do casamento, mamãe vendeu a casa. Loucura, eu sei, mas essas eram suas prioridades. Fomos para o outro lado da cidade, perto dos trilhos de uma ferrovia. Era uma casa para duas famílias e os proprietários moravam no térreo. Boas pessoas, mas morar numa casa ao lado de trilhos de ferrovia era um mundo bem distante de Saddle Ridge Estates. Não havia uma comunidade para cuidar de nós, não podíamos brincar em segurança nas ruas como eu estava acostumada a fazer. A West Broadway, uma grande via pública, ficava a apenas um quarteirão de distância. Queenie se sentia feliz porque podia ir andando para pegar o trem; eu, no entanto, me sentia desorientada.

Gail tinha agora 20 anos e ia se casar com um grande sujeito chamado Hank Hoffman. Hank tinha seu próprio estúdio de gravação e compôs o sucesso de 1962 "Bobby's Girl". Depois foi para a RCA, onde trabalhou por 26 anos. O casamento ocorreu no hotel Hampshire House, ao sul do Central Park, o mesmo lugar onde mamãe havia se casado com Harold. Gail não participou do planejamento e sequer viu o lugar antes de Queenie marcar a cerimônia para o dia de Natal, a única data disponível. O salão abrigava apenas noventa pessoas, de modo que muitos parentes não foram convidados, e Gail e Hank só puderam convidar um amigo cada um. A irmã de Hank, Elaine, e eu fomos as madrinhas.

O casamento foi o espetáculo de Queenie. Não deixou Harold conduzir Gail ao altar porque Harold *tinha* de conduzir Queenie; assim, meu tio Lou escoltou a noiva. Mas, primeiro, o pobre Harold queimou a mão ao passar suas calças — a pele literalmente grudou no ferro! E então veio minha coceira, a pior que eu já tinha tido na vida. O vestido que mamãe mandou fazer para mim era de organza de seda e, durante as provas, descobrimos que eu era superalérgica a seu tratamento químico. "Não se preocupe, Donna, você não será alérgica ao vestido depois que ele estiver pronto", garantiu mamãe, explicando que a costura não terminada era o problema, como se isso fizesse algum sentido.

Bem, continuei alérgica — horrivelmente alérgica. Fiquei coberta por uma urticária enorme, furiosa. No meio da recepção, corri ao quarto que havíamos alugado no hotel para a noite e vesti meu agasalho branco e vermelho, a única roupa que trouxera. Juntei-me ao grupo e dancei como uma doida com meu grande rosto inchado. Depois de seus cuidadosos preparativos, minha mãe deve ter ficado fora de si ao dar comigo daquele jeito em público, mas acho que também gostou de me ver dançando. De outro modo, teria me posto para fora do salão.

Foi difícil para mim não ter mais Gail em casa. Ela era muito amorosa, muito maternal, e me convidava quando saía com seus amigos. Eu podia lhe contar tudo sem ouvir críticas. Gail sabia também o que era viver naquela casa e me consolava às escondidas quando mamãe era irracional. Ninguém, como ela, sabia até que ponto Queenie podia ser assustadora. Certa vez, mamãe me deu um relógio de presente de aniversário. Quando o perdi no dia seguinte, nadando no mar, liguei para Gail na mesma hora.

— Ah, meu Deus! — gemi no telefone. — Que vou fazer agora? Ela vai me matar!

— Fique calma — disse Gail. — Eu lhe dou outro igual. Se ela notar que o relógio desapareceu, diga que o levou ao relojoeiro para ajustar a pulseira.

Gail não tinha muito dinheiro, mas me deu outro relógio. Era assim que cuidava de mim. Quando partiu, perdi ao mesmo tempo uma aliada e uma figura maternal. Quando Queenie e Harold não estavam brigando, não me lembro de ouvir mais nenhuma voz em casa.

Poucos anos depois, Gail, que agora morava a meia hora de distância, em Hollis, no Queens, teve um bebê. Ainda no hospital, mamãe insistiu para que Gail e Hank lhe dessem o nome de Gabriel, em homenagem a meu pai; já tinha ligado para todos os parentes, inclusive os de Hank, a fim de lhes apresentar o "pequeno Gabby". Quando Hank teimou em não aceitar a sugestão, Queenie provocou uma tal cena que o bebê foi para casa sem nenhum nome na certidão de nascimento. Uma semana depois, registraram-no como Glen, sendo o "G" uma homenagem a Gabby. Isso não satisfez minha mãe. Estava tão magoada (e provavelmente constrangida por ter falado a todo mundo sobre o "pequeno Gabby") que se recusou a ver o neto por seis meses. E quando finalmente o viu, não quis chamá-lo pelo nome: chamou-o de "Sr. G".

Harold visitava Glen todos os domingos, com ou sem minha mãe. Adorava ser avô e eu adorava ser tia. Queenie amava o neto, mas não era do tipo carinhosa, ao passo que eu podia brincar com ele o dia inteiro e dormir ao seu lado à noite, quando tomava conta dele. Glen era, para mim, alegria pura.

Talvez por morarmos ao lado dos trilhos, minha mãe havia se tornado mais paranoica do que nunca com relação à minha segurança e me recomendava constantemente para tomar cuidado. Um dia, eu tinha acabado de cortar o cabelo em Cedarhurst e estava me sentindo maravilhosa. Resolvi voltar para casa, em Woodmere, andando ao longo dos trilhos, uma caminhada de mais ou menos uma hora, talvez. Um sujeito mal-encarado, de bicicleta, começou a me seguir, repetindo o tempo todo: "Mim ama ocê". Fiquei com medo. Contei-lhe uma mentira: disse que meu pai era policial, mas ele não desistiu. Então apontei para uma casa, dizendo: "Moro ali" e caminhei naquela direção. O sujeito fez o mesmo. *Diabos*. Bati na porta e um homem de meia-idade atendeu.

— Me desculpe — gaguejei, em pânico, antes que ele pudesse falar. — Há um sujeito me seguindo. Pode fingir que eu moro aqui e que você é meu pai?

O homem expulsou o atrevido e me levou para casa, mostrando-se muito correto o tempo todo. Mas a história poderia ter acabado de um modo bem diferente.

Outro episódio dramático aconteceu em minha adolescência. Meu dentista me assediou sexualmente. Naquele tempo, os dentistas colocavam uma máscara de gás no paciente, que apagava logo. Lembro-me de ouvi-lo dizer: "Abra bem a boca", o que é normal para um dentista, mas havia algo de estranho na maneira como ele o disse. Das primeiras vezes que ele me tocou, não percebi o que estava acontecendo, mas meu corpo percebeu. Tentei lutar contra a anestesia e cruzar com força as pernas. Senti-o depois acariciar meu peito. Empurrei-o e nunca mais voltei ali. Esses incidentes reforçavam tudo o que mamãe havia me ensinado: quando estamos sozinhos, é preciso atentar para o perigo. E também me deixaram com uma profunda sensação de desamparo e vulnerabilidade. Até hoje, nunca bebo demais nem uso drogas porque a ideia de perder o controle, o mínimo que seja, me aterroriza. Quando a pessoa tem medo, qualquer tipo de medo, ele está sempre dentro dela, é uma parte de seu ser.

É claro, se você tivesse me conhecido na época, não suspeitaria que eu fosse tão medrosa. Eu não era rebelde, mas aprontava de vez em quando. Sempre fui uma mistura engraçada de insegurança e atrevimento. Esquisita, mas que aceitava a própria esquisitice. Nunca me policiei. Em meu primeiro dia no colégio Hewlett, aproximei-me de Ilene Wetson, que logo se tornaria uma de minhas melhores amigas, e disse:

— Você é a garota que fez uma operação plástica no nariz, não? Mas como assim, se ele é igualzinho ao meu?

O colégio foi muito difícil para mim. Em primeiro lugar, revelei-me uma péssima aluna em leitura, redação e matemática — as matérias básicas. Anos depois, descobri que tinha déficit de atenção e dislexia, coisas que na época não eram diagnosticadas. Você era mau aluno e pronto. Sou uma pessoa visual, que pensa com o corpo. A educação tradicional, porém, não nos dá nenhum crédito por isso — nenhum. Jamais me ensinaram a usar a imaginação ou ver o mundo à minha maneira. Ensinaram-me a reproduzir o que existia — e essa capacidade me faltava. Minha inteligência estava envolta em criatividade, autoexpressão e esperteza. Nunca me ocorreu valorizar e desenvolver essas qualidades: eu apenas queria me entrosar.

Mas era diferente em tudo, até fisicamente. Sempre estive entre as garotas mais altas da classe e, no colégio, já tinha 1,70 metro. Devia andar encurvada, pois mamãe me mandava o tempo todo ficar com as costas retas. E havia o problema do dinheiro.

As famílias que eu conhecia eram muito ricas e moravam em mansões, não em casas modestas como a minha. Isso só fazia eu me sentir ainda mais diferente, estranha.

Eu matava aulas. Fracassei até em datilografia (alguém já fracassou nisso?). Mas, em artes, me saía muito bem. Andava com os colegas criativos, como Ross Bleckner, o artista, que ainda hoje é meu grande amigo. Ross e eu nos entendemos rapidamente e brincávamos um com o outro durante as aulas. Éramos almas gêmeas, que não se enquadravam no mundo convencional de Five Towns. Nenhum dos dois queria ser médico, advogado ou empresário.

Assim, a arte foi minha salvação. O departamento de arte do colégio Hewlett era um mundo à parte — possuía até uma entrada lateral separada — e, ali, eu me sentia forte, membro de uma comunidade. Tive dois professores com enorme capacidade de inspirar: Don Dunne, um rapaz bonito e tranquilo que nos ensinava a desenhar o corpo humano e gostava das belas-artes, e Geraldine Peterson, que nos estimulava a pintar naturezas-mortas. Ela colocava vasos diante de nós, para que os desenhássemos e sombreássemos. Eu adorava o desenho e podia dedicar a essa atividade horas e horas. A senhora Peterson apreciava meus desenhos e permitia que eu ficasse na sala por quanto tempo quisesse. Meus amigos e eu ainda conversamos sobre a influência que aqueles professores exerceram em nós, estimulando-nos a ser criativos. Para uma menina meio perdida e estranha à comunidade, isso era se sentir valorizada. Só por causa das boas notas que nos davam é que alguns de nós conseguimos nos formar no colégio.

Depois que encontrei meu caminho na escola, passei a me interessar mais por moda como um meio de autoexpressão. Era a época dos collants da marca Danskin, e eu tinha todos os modelos — com decote em V, decote redondo nas costas, decote canoa, de mangas compridas, de mangas curtas — em todas as cores. Pareciam combinar com tudo. Cheia de estilo, eu era uma *hippie*. Gostava de extremos: *hot pants*, minissaias, saias compridas até o chão. Não tolerava as roupas bem-comportadas, que a meu ver serviam para ir à igreja. Preferia estilos mais fluidos, que não restringiam os movimentos, pois eu era louca por dança. Minha mãe trabalhava agora na confecção de roupas casuais Mr. Pants e eu podia comprar calças jeans justas de cintura alta e boca de sino — o máximo para uma adolescente. Em se tratando de calçados, escolhia sandálias gladiadoras, amarradas nas pernas, mas admirava as garotas que usavam sapatos Pappagallo, que estavam na moda naquele momento. Minha amiga Francine LeFrak, que eu encontrava no ônibus todos os dias, tinha um par de cada cor. Quando ela subia, meus olhos pousavam de imediato em seus pés para ver qual ela estava usando.

Devo esclarecer uma coisa, porém: eu só era *hippie* no estilo. Não fazia sexo, não usava drogas e sequer ouvia *rock and roll*. Não era ousada nem rebelde; era saudável. Gostava dos filmes da Disney, de Annette Funicello. Ouvia Temptations e Supremes. Era obcecada por programas de variedades e ligada em dramas médicos como *Dr. Kildare* e, mais tarde, *Marcus Welby, M. D.* (cujo jovem galã, James Brolin, se casaria com minha amiga Barbra Streisand). Para mim, o estilo *hippie* era uma expressão artística. Não havia nele matizes políticas ou culturais.

Quando eu tinha 14 anos, menti sobre minha idade e arranjei um emprego na Shurries, uma butique da moda na Central Avenue, em Cedarhurst. Essa loja vendia todas as roupas jovens da época: jeans, camisetas, máxis, mínis, enfim, as peças que não podiam faltar. As garotas que entravam para comprar se identificavam comigo porque eu era uma delas. Os pais também gostavam de mim e pediam que eu criasse pequenos guarda-roupas para seus filhos, recomendasse trajes para eventos sociais e preparasse malas para os acampamentos. Em matéria de estilo eu era ótima e aprendi a importância do *merchandising*, embora na época não conhecesse essa palavra. Em vez de exibir todas as peças de cima num lugar e as de baixo em outro, eu as misturava. Colocava um *top* bonito entre uma calça e uma camisa, a fim de explicar visualmente as possibilidades para os clientes e mostrar-lhes como se poderia fazer uma combinação. Reorganizei as vitrines e estilizei os manequins, acrescentando um pregueado aqui, um cinto pendurado ou um lenço estiloso ali. Eu *ainda* estilizo as vitrines quando vou a uma loja que comercializa minhas roupas. Isso é uma compulsão para mim. Nem sequer percebo que gasto metade do tempo nessa tarefa.

Os donos da Shurries me adoravam. Até me deixaram pintar um mural nos provadores, no qual se via uma garota passeando com seu cachorrinho — minha primeira ilustração de verdade na área da moda.

A moda era minha zona de conforto. Eu aceitava que ela estivesse em meu DNA, que eu fosse naturalmente boa nesse campo. Montei meu primeiro desfile de moda no colégio. Era um projeto concebido por Kenneth Goode, outro de meus professores favoritos no departamento de arte, em que transformávamos ilustrações em roupas. Eu desenhei as roupas e uma colega ajudou a costurá-las: um macacão frente única branco e preto, com motivos geométricos, uma regata, uma calça *palazzo* de corte enviesado e um vestido curto. Minhas amigas e eu modelamos. A mãe de Ilene comprou o macacão, que Ilene ainda conserva. Amei cada minuto daquilo. Minha mãe não cabia em si de contente e não parava de me elogiar. Depois que aceitei a moda como meu destino, ela se tornou mais mãe do que jamais fora.

Também nessa época, descobri outra paixão duradoura. Um dia, ainda adolescente, eu descia a Broadway, em Woodmere, quando avistei uma fachada de loja que anunciava cursos de yoga. Eu não sabia nada sobre essa prática, mas resolvi fazer uma tentativa. E me apaixonei por ela desde a primeira aula. Parecia uma espécie de dança, uma boa desculpa para alongar meu corpo e movimentar minhas pernas compridas. Não via naquilo nenhum elemento espiritual, o que foi uma vergonha: eu poderia ter iniciado minha jornada interior muito mais cedo! Ainda assim, eu tinha sido conquistada.

Por essa época, comecei a sair com meu primeiro namorado firme e futuro primeiro marido, Mark Karan. Conhecemo-nos quando eu estava de férias em Miami com mamãe, durante meu terceiro ano de colégio. Ela às vezes ia a Miami Beach sozinha, para descansar de suas atividades exaustivas, e sempre ficava no hotel Eden Roc, onde a irmã de nosso tio Lou era a encarregada das reservas. Como presente de meu décimo sexto aniversário, Queenie daquela vez me levou consigo.

Mark era dois anos mais velho que eu, tinha acabado de ingressar na Universidade de Tampa e foi passar férias com amigos em Miami. Encontramo-nos na praia da rua 48. Lembrava um pouco um *hippie*: era descontraído, aberto e conversava com todo mundo (ainda conversa). Eu gostava do fato de ele ser alto e magro; sem dúvida, tinha uma queda por rapazes esguios. E me lembro de que estava bastante bronzeado. Pensei no começo que era por estarmos ao sol da Flórida, mas logo soube que ele sempre estava bronzeado, como aliás até hoje.

Mark me levou a um show num dos clubes locais — uma coisa bem de adultos. Vimos o espetáculo de Alan King e Bobby Vinton. Contei-lhe que morava em Saddle Ridge Estates e ele pensou que era de fato uma fazenda. Não desmenti.

— Oh, sim — disse com cautela —, temos por lá muitos cavalos e outros animais. Brinquei com ele porque achava que não voltaríamos a nos ver. Mas acontece que ele morava perto de mim, em Belle Harbor, no Queens. Eu nunca fora lá, mas sabia que era perto do mar, à beira da água, na parte rica de Rockaway Beach. Mark me ligou quando voltou para Nova York; fomos a uma discoteca com algumas de minhas amigas e alguns dos amigos dele. Quando me apanhou em minha casa à beira dos trilhos, menti que era a casa de uma amiga. Mark chegou num conversível GTO branco e fiquei impressionada. Afinal, meu tio Frank tinha uma concessionária de Pontiacs, e automóveis eram importantes — em especial os conversíveis, que simbolizavam a liberdade e as praias. Em Long Island, durante a década de 1960, não havia nada melhor do que ter um namorado ao volante de um conversível.

Sair, para nós, significava ir dançar. Eu estava louca por ele. Nós dois trabalhávamos longas horas em butiques locais — Mark era ambicioso e queria abrir a sua própria — e, quando não estávamos trabalhando, estávamos juntos. A família dele me adorava, pois eu o mantinha perto de casa. Belle Harbor era uma praia maravilhosa e eu ficava muito feliz por ir à sua casa e passar algum tempo com ele. Os pais de Mark pareciam um tanto conservadores e eu fazia coisas como aparecer de repente e sugerir que preparássemos rabanada, sugestão que todos aceitavam. Eu ajudava a descontraí-los e Mark me agradecia por isso.

No verão, Mark e eu íamos a clubes de praia, onde alugávamos cabanas e passávamos o dia nadando; à noite, saíamos para dançar ou assistir a algum espetáculo. Encontrávamos Ilene ou minha outra amiga, Sally Brown e um amigo dela, e formávamos um quarteto. Às vezes, Mark e eu nos refugiávamos em um hotel chamado The Plantation, em Long Beach, onde assistíamos a filmes e dávamos amassos à noite inteira. Outras vezes, os amassos ocorriam na entrada de minha casa mesmo, pois o lugar onde morávamos era pequeno demais para termos alguma privacidade. Estávamos em meados dos anos 1960 (antes da geração do amor livre) e eu me preservava para o casamento; assim, meus amassos com Mark foram incontáveis.

Não tinha interesse em outros garotos; gostava da segurança de ficar com ele e só com ele.

Mark era incrivelmente sério. Não tínhamos ar-condicionado em casa, de modo que Queenie estava sempre com uma toalha molhada em volta do pescoço ou na testa. Um dia, Mark apareceu com um ventilador. Era amável e respeitoso para com mamãe, sempre perguntando como tinha sido seu dia, sobre suas dores de cabeça e como poderia ajudá-la. Mark admirava sua ética profissional e lamentava que estivesse sempre cansada. As brigas em minha casa não o incomodavam. Via aquilo como coisa normal. Essa era a essência de Mark: procurava o lado bom de tudo. Minha mãe adorava Mark, pois ele vinha do "mundo do dinheiro" — talvez não o dinheiro de Five Towns, mas ainda assim um dinheiro "confortável". Tinha carro próprio, emprego e autoconfiança. No entender de Queenie, ele jamais podia errar, o que facilitava muito minha vida.

Mark foi meu par em meu baile de formatura do colégio. Na época, eu detestava roupas formais, mas minha mãe queria que eu aparecesse mais bem-vestida que as outras. Ela comprou para mim um vestido Anthony Muto estilo combinação, de cetim verde-hortelã até o chão com canutilhos ao longo do decote (tenho certeza de que o comprou numa liquidação). Meu penteado era composto por uma fabulosa trança falsa enrolada em volta da cabeça. Esse não era o visual para os bailes de formatura na época; porém, em se tratando de Queenie, a moda prevalecia. Eu não notava nada na ocasião, mas ela estava me preparando para o futuro.

3 ESCOLA DE *DESIGN*

Se a moda era meu destino, e eu acreditava que fosse, então precisava de uma educação apropriada nessa área. Enquanto, em 1966, meus colegas se voltavam para as universidades tradicionais, eu hesitava entre a Escola de Design Parsons e o Instituto de Tecnologia da Moda, ambos em Manhattan. Como eu gostava muito de arte, pretendia me tornar ilustradora de moda. A ilustração, na época, tinha muito prestígio porque ninguém usava fotos. O *Women's Wear Daily*, as revistas e os comerciais de moda no *New York Times* só exibiam ilustrações. E eu me achava boa o bastante para aquilo.

Primeiro, fui trabalhar para Liz Claiborne, provavelmente graças a um dos contatos de mamãe. Liz gostava de meus esboços e eu a admirava muito. Ela era uma profissional e uma mulher poderosa. Mas, em definitivo, pertencia ao outro lado da Sétima Avenida: mais espírito empresarial e menos criatividade, o que não me convinha. Então arranjei um bico como modelo para o famoso ilustrador Antonio Lopez, então no auge. Eu vestia as roupas mais em voga e ele me desenhava para os periódicos. Devido a meus membros longos e minha compreensão de movimento, que tinha aprendido com a dança, eu sabia como valorizar e fazer a roupa cair bem. Mas me sentia pouco à vontade e amedrontada em seu estúdio. Este era no centro da cidade, com um clima sombrio e psicodélico dos anos 1960, e eu não passava de uma garota saudável, ingênua. Por fim, compareci a uma entrevista no *Women's Wear Daily* para um estágio ou emprego temporário de verão como ilustradora — não me lembro qual dos dois — e, depois de examinar meu portfólio, a entrevistadora me aconselhou a repensar os rumos de minha carreira. Não que eu fosse má ilustradora, disse ela, apenas não era muito precisa nos traços. Emotiva demais, usava traços muito rápidos.

Quando o universo fala, eu ouço. Se o *WWD* não achava que a ilustração fosse para mim, então não era.

Fui aceita na Parsons graças a uma mãozinha de minha mãe, da qual eu necessitava em virtude de minha pouca experiência profissional. Estava "em observação", isto é, devia me sair bem em tudo no primeiro ano ou seria dispensada. Mas mesmo assim meu entusiasmo foi grande, como também o de Queenie. Tudo mudou para mim na Parsons. Ali, aprimorei meu senso de direção e propósito. E ali conheci meu amigo da vida inteira, Louis Dell'Olio.

Louis e eu nos entendemos na mesma hora. Nosso amigo em comum, Leslie Mesh, nos apresentou pouco antes do início das aulas. Belo exemplar de garanhão italiano, Louis morava em Elmont, uma área católica de Long Island, a apenas vinte minutos de minha casa. Os dois vinham me ver no conversível de Leslie — e Louis, reparando em minhas sandálias gladiadoras, soube imediatamente que seríamos amigos. A partir daquele instante, tornamo-nos as estrelas do "*show* de Louis e Donna", sempre brincando e fofocando. Pegávamos o trem de Long Island para a escola, os únicos que faziam isso entre mais de duzentos colegas de classe.

Conhecemos Ann Keagy no primeiro dia. Mulher imponente em estilo e estatura, ela dirigia o departamento de moda na Parsons

ESCOLA DE *DESIGN*

havia três décadas e, na verdade, criou a educação de *design* tal qual existe hoje. Fundou o programa de crítica de *design* da escola, no qual os profissionais da Sétima Avenida trabalhavam de maneira individual com os alunos. Eu passei pelos dois lados do programa e posso dizer que é brilhante, não apenas para os aprendizes, mas também para os *designers*, que vão contratar ali talentos em ascensão. A senhora Keagy era uma autêntica executiva, muito educada e muito urbana; e lá estava eu de *collant* com uma saia fluida! Não parecia levar a sério o bastante mulheres *designers*, talvez porque quase todos os profissionais bem-sucedidos dessa área fossem, na época, homens: Norman Norell, Geoffrey Beene, Galanos, Bill Blass, Oscar de la Renta e Halston. Durante nossa orientação, tinha uma mensagem especial para nós, garotas: "Se vocês pensam que aqui se faz economia doméstica e vieram para costurar alguns vestidos, podem dar o fora agora mesmo". De modo algum a Parsons seria fácil.

No entanto, eu não fazia ideia ainda de quanto iria ser difícil. Não reajo bem à disciplina e à ordem — e isso era o que não faltava na Parsons. Trabalhávamos horas a fio — pura tortura, como um episódio sem fim de *Project Runway*. Os professores às vezes diziam:

— Isso não é nada em comparação com o *design* na realidade. E eu pensava:

— E quem quer ser *designer?*

Felizmente, fiz uma duradoura amizade com uma fabulosa professora de ilustração chamada Marie Essex. Era pequenina, maternal e encorajadora. Em vez de criticar minhas ilustrações, ajudava-me e acreditava no meu trabalho; sua confiança era tudo para mim. Marie se tornou chefe do departamento de moda da escola; anos depois, já *designer*, coloquei-me à sua disposição para tudo o que ela precisasse. Eu a adorava.

Louis foi uma bênção. Enchia a escola de alegria. Íamos à casa um do outro, às vezes bem tarde da noite, e com frequência continuávamos trabalhando ali. Dormíamos ora na minha casa, ora na dele. Éramos como irmão e irmã. Na casa de Louis, sua mãe preparava um suculento jantar italiano; na minha, Queenie servia sopa de frango com batatas assadas. Nós nos dávamos bem em tudo. Ao contrário de outras pessoas da Parsons, que moravam na cidade, seguiam todas as modas à risca e não saíam dos clubes famosos, nós gostávamos *de verdade* de viver em Long Island.

Outra boa amiga era Linda Fox, filha de Seymour Fox, famoso *designer* de casacos e ternos na época. Linda vestia as roupas confeccionadas pelo pai, como casacos largos em estilo militar de cintura marcada, vestidos também de cintura marcada e com saia godê combinados com sapatos Pilgrim de solado grosso e pesado. Era ótima pessoa e não havia nada melhor que ter uma amiga realmente entrosada no mundo da moda. Linda morava num apartamento dos novos edifícios de tijolos brancos de Manhattan, da construtora Rudin — elegante ao extremo.

Mas Louis e eu éramos verdadeiros parceiros no crime. Ele, como desenhista muito talentoso, me ajudava a expressar minhas ideias, enquanto eu o ajudava a costurar. Isso não me incomodava, pois tinha uma máquina de costura usada que havia comprado por 25 dólares com meu dinheiro da Shurries. Eu também era boa em dar forma e drapejado diretamente sobre o manequim (a técnica de *moulage*): isso era instintivo para mim, vinha de dentro.

Apesar disso, na Parsons, falhei no *moulage*. Sim, para ser uma *designer* reconhecida pelas dobras e pregas, ter reprovado nessa técnica foi uma piada. Mas devo dizer que o drapejar, na escola, era diferente. Era mecânico e focado na reprodução de padrões — e eu não sou nenhuma técnica. A Parsons, apesar de tudo, educava desde os primeiros passos e éramos treinados para fazer roupas a partir do zero.

Sobrevivi ao primeiro ano e estava me aguentando no segundo. Tentei morar na cidade por algum tempo no começo do ano, mas não

ESCOLA DE *DESIGN*

deu certo. Mudei-me para lá com outra aluna da Parsons; infelizmente, ela e seus amigos eram muito arrogantes. Além disso, achei a cidade opressiva demais. Sentia falta das árvores e da relva, do aroma e da textura da natureza. Assim, dois dias depois, liguei para mamãe e pedi que fosse me buscar. Anos mais tarde, adaptei-me à cidade, mas na época eu queria sair correndo de lá ao fim do dia, assim como Queenie. Era ainda um produto de Long Island. Gostava de ficar com Mark à beira do oceano e nos clubes de praia. Ele havia acabado de abrir sua loja, a Picadilly, de modo que também não podia passar muito tempo na cidade.

Dois testes se destacaram naquele ano. Primeiro, o *designer* Rudi Gernreich, um de meus mentores críticos, me encarregou de fazer um maiô. Desenhei dois: um bem ao espírito de Gernreich, com recortes e vazado no torso, o outro com uma gola funil. Eu queria costurar o modelo mais *sexy*, mas ele insistiu para que eu fizesse a gola funil, que parecia mais uma roupa comum do que um maiô. Em retrospecto, essa peça foi a precursora de meu *bodysuit* icônico. O outro mentor crítico — não me lembro de seu nome — me pediu para desenhar e costurar um vestido. Apresentei uma peça em jérsei de corte enviesado com bainha contrastante. Para esse mesmo crítico, o projeto de Louis foi um macacão frente única com capuz em forma de flor; ainda morro de rir ao me lembrar disso.

No dia da apresentação, levantamo-nos cedo, tomamos banho e fomos para a escola, onde descobrimos que o crítico havia chegado mais cedo do que esperávamos. Peguei um ferro de passar e, na pressa, fiz um buraco bem no meio do tecido. Comecei a chorar. Mas logo transformamos a peça em um micromíni, o que eliminava a bainha, ponto forte do vestido. Outra aluna, a futura *designer* Kay Unger, modelou-o. Parecia ótimo, mas nada poderia salvar meu vestido queimado. Ele me fez ter aulas no verão.

Além dessas aulas, ganhei créditos graças a um estágio. Queenie conseguiu para mim uma entrevista na Anne Klein & Co., onde seu *designer* e amigo, Chuck Howard, estava trabalhando. Isso foi em 1968 e, embora a empresa fosse nova, Anne Klein já se destacava. Ela e seu primeiro marido, Ben Klein, lançaram a Junior Sophisticates em 1948, que deu ao mercado infantojuvenil um visual mais sério, mais avançado. Os projetos de Anne revolucionaram esse mercado, que antes era medido pelo tamanho, não pelo estilo. Agora Anne tinha uma empresa de *design* com seu próprio nome, da qual era proprietária com seu segundo marido, Matthew "Chip" Rubenstein. Seus sócios eram Sandy Smith e Gunther Oppenheim, ambos gigantes da indústria que possuíam a Modelia, uma confecção.

Gunther era lendário. Todos o conheciam, respeitavam e até temiam. Era um grandalhão que falava com um forte sotaque alemão, fumava enormes charutos e rodava pela cidade com em Rolls--Royce personalizado. Quando fiz a entrevista com Gunther, ele me perguntou quanto eu precisava ganhar. "Não preciso de dinheiro. Estou aqui para adquirir experiência." Ele não acreditava em trabalho não remunerado e queria que me pagassem o que se pagava aos estagiários. Tenho certeza de que não era muito, mas eu me contentaria com pouco. Sucedeu, porém, que Anne precisava de uma assistente — ou, mais precisamente, de uma pessoa que servisse o café e apontasse os lápis. No dia em que a conheci, eu usava um *tailleur* azul de risca de giz fina e um grande chapéu branco de feltro. Caminhando pela Sétima Avenida, o chapéu caiu na calçada empoeirada e tive de passar talco nele para disfarçar a sujeira.

Anne me encontrou no vestíbulo, perto dos elevadores. Pequenina, com cabelos loiros com mechas, ela vestia uma saia plissada curta que deixava à mostra suas pernas finas — tudo bem ao espírito dos anos 1960. Uma presença marcante. Deu uma olhada em mim e falou:

ESCOLA DE *DESIGN*

— Vá até ali — mostrando o longo corredor à nossa frente.

— Para quê?

— Bem, acho que você tem o bumbum um pouco grande, querida.

— Para ser *designer*?

Ela pensou que eu havia ido para um teste de modelo! Até hoje, agradeço a Anne por despertar em mim a primeira insegurança quanto ao meu peso. Depois de esclarecermos a confusão, ela me contratou; mas eu sempre me sentia incomodada por parecer grande perto daquela mulher pequena e elegante.

Eu adorava trabalhar com Anne e sua equipe. O estúdio dela era um mundo novo repleto de charme, sofisticação e roupas. Eu catava alfinetes, buscava comida, fazia listas. Fazia qualquer coisa que me pediam, até as mais insignificantes, mas ia absorvendo tudo à minha volta. No fim do verão, Anne me pediu que não voltasse para a escola.

— Isto aqui é o que você quer fazer, certo? — perguntou ela. Respondi que sim. — Pois então fique. Vai aprender mais conosco do que na escola.

Eu odiava os métodos da escola e me senti aliviada por dar o fora. A senhora Keagy ficou furiosa. Seus alunos não saíam, a menos que ela quisesse. Não era porque acreditasse em mim, mas porque preferiria me expulsar do que me ver ir trabalhar com uma *designer* da Sétima Avenida num emprego para o qual ela própria não havia me recomendado. Segundo Louis, dos 225 alunos em nossa classe, só 21 completaram de fato o curso. Quem diria, anos depois, que eu me envolveria com os programas educacionais da Parsons a ponto de eles me darem um doutorado honorário ou que eu me associaria a eles para fundar um centro de educação vocacional no Haiti?

Foi então que comecei a entender uma coisa: não existe só uma maneira de aprender; e a experiência de vida, não a frequência a uma escola, era a minha. Sabia que precisava encontrar meu próprio caminho, por menos convencional que ele fosse.

Para mim, tudo deu certo depois daquele verão. Mark e eu, que já nos sentíamos e agíamos como casados — nunca nos ocorreu que *não* nos casaríamos —, decidimos oficializar a situação. Não queríamos formalidades, mas Queenie insistiu em dar a entrada no pagamento de um salão de festas do Essex House, diante do Central Park. Eu tinha 19 anos e adorava a sensação de segurança que Mark me proporcionava. Éramos grandes amigos e ríamos o tempo todo. Partilhávamos os mesmos valores, o mesmo amor por Long Island e pela vida à beira-mar. Depois de me sentir tão sozinha e isolada durante boa parte da infância, era ótimo ser o foco constante dele. Eu sabia que Mark cuidaria de nós.

E também me resgataria de Queenie. Seria o passaporte para eu deixar aquela casa e ter a minha própria. Mais que qualquer outra coisa, eu queria um lar aconchegante, amoroso, com uma família grande. Não queria a vida de vaivém de Queenie. Meu plano era trabalhar provisoriamente com moda e depois me tornar mãe em tempo integral. Mas, como diz o ditado... "o homem põe e Deus dispõe".

4 | PAIXÃO ARREBATADORA

Lá estava eu, noiva de Mark. Minha amiga Ilene Wetson queria me dar uma festa e me convidou para discutir o assunto num jantar em seu apartamento de Manhattan. Ilene era minha melhor amiga desde o colégio e uma pessoa com quem eu podia ser eu mesma o tempo todo. Muita gente pensava até que fôssemos irmãs, pois nos parecíamos muito. Ela tinha acabado de concluir um curso de dois anos de *design* de interiores no Instituto de Tecnologia de Moda e sua família havia alugado um apartamento de dois quartos na rua 57, entre a praça Sutton e a Primeira Avenida, no distante East Side de Manhattan. O apartamento era da Ilene, mas sua família também ficava ali, no quarto extra. Na hora do jantar, uma tempestade de neve branqueou as janelas e eu concluí que iria passar a noite na cidade.

Ilene havia convidado seu amigo Stephan Weiss para jantar conosco. Os pais de ambos eram bons amigos, e ele conhecia os irmãos e primos de Ilene. Stephan, ela me disse, tinha se separado da esposa e morava num pequeno apartamento ali perto, em cima de uma lanchonete. Como eu estava comprometida e Ilene sabia disso, aprovando meu noivado, aquilo não era uma armação. Ele entrou, sacudiu a neve do casaco, olhou para mim e sorriu.

— Olá, você deve ser Donna. Eu sou Stephan. — Com os olhos brilhando, ele me estendeu a mão.

Só posso descrever esse momento como uma experiência fora do corpo. Stephan era alto, de cabelos negros, bonito, *sexy*, encantador e bastante adulto do ponto de vista de uma adolescente. Um homem de verdade. Tenho certeza de que fiquei boquiaberta. Ele continuou sorrindo. E eu devo ter sorrido também.

Não me lembro de quase nada do jantar. Mas, depois, ele e eu ficamos sentados no sofá de Ilene. Não precisei falar, pois Stephan se encarregou da conversa com sua voz incrivelmente suave e sensual. Falou de astronomia, de física quântica, de toda espécie de coisas esotéricas. Eu não entendia quase nada do que ele dizia, mas isso pouco importava. Estava hipnotizada. Não pensei em Mark sequer por um segundo. Parecia que me isolara da vida real. Antes do fim da noite, acabamos no quarto da mãe de Ilene — eu, a garota que se preservava para o casamento!

Por causa da tempestade de neve, não haveria como voltar para Long Island na manhã seguinte. Tive de ir para o apartamento de Stephan na rua 54; era perto e fomos a pé. Ali, passamos a noite. É difícil descrever como nos entendemos e o tipo de paixão que experimentamos. Achei que era destino, que aquilo estava escrito nas estrelas — todas essas coisas sobre as quais lemos, mas não acreditamos que vão acontecer de fato, pelo menos conosco. Não houve raciocínio, não houve lógica. Parecia que eu havia me deslocado para outra dimensão, uma dimensão sem laços com a realidade.

Pobre Ilene! Isso aconteceu antes dos celulares, de modo que Queenie não parou de ligar para ela a fim de saber onde eu estava. Minha mãe era muito possessiva: precisava saber o que eu fazia o tempo todo, e com quem. Ilene acabou por ceder e deu-lhe o número do telefone de Stephan — e pude ouvi-la gritando quando ele atendeu, por volta das três horas da madrugada:

— Traga minha filha para casa. Agora!

Eu não conseguiria deixar a cidade nem se quisesse, por causa da neve — e não queria. Dois dias depois, quando as ruas já estavam desobstruídas, voltei por fim para Long Island. Contei a Queenie a verdade, que havia conhecido um rapaz por quem ficara louca de paixão e fora para o apartamento dele.

— Acho que estou apaixonada — confessei, como se isso explicasse tudo.

— Apaixonada? — Queenie estava furiosa. — Não seja ridícula. Ele é bem mais velho que você e só ficaram juntos por alguns minutos. E quanto ao Mark?

Boa pergunta. Eu estava noiva de Mark. Amava-o e respeitava-o; ele me fazia sentir segura e amparada. Além disso, para ser franca, a situação de Stephan não era nada boa. Era dez anos mais velho que eu e tinha se separado da esposa, Dale, que morava em Long Island com os dois filhos do casal, Lisa e Corey. Era um verdadeiro artista que fazia todos os tipos de bico diariamente para pagar o aluguel: vendia seguros e trabalhava na empresa do pai, a I. Weiss and Sons, que fabricava cortinas e cenários teatrais. Stephan era um boêmio, uma cria de Woodstock, e isso o tornava extremamente *sexy* para mim. Ele fumava baseado da mesma forma como outras pessoas fumavam cigarros, o que, entretanto, não parecia afetá-lo nem prejudicar o seu trabalho. (Eu também fumei meu baseado. Certa vez, quando meu sobrinho Glen tinha 5 anos, denunciou-me a Gail e Hank depois que Mark e eu lhe oferecemos uma tragada em nosso cachimbo, enquanto cuidávamos dele com nossos amigos.) Stephan não pretendia exatamente se casar comigo e criar filhos, o que era o meu maior desejo. Precisava se ocupar dos dois que já tinha e de uma esposa infeliz, temperamental, pouco disposta a largar de seu pé. Stephan fazia o possível para se dar bem com Dale, a fim de visitar os filhos. Mas ela às vezes ameaçava proibir suas visitas.

Era também um sedutor, algo que minha irmã se apressou a contar a mamãe. Conhecia-o da escola e conhecia também Dale — sim, nosso mundo era muito pequeno. Como mamãe, Gail gostava de Mark. Não fazia sentido ficar com Stephan. Mas, aos meus olhos, Stephan era uma figura paternal com quem eu podia contar — um homem plenamente desenvolvido física, emocional e espiritualmente. Um vício, enfim.

Relatei ao meu pai a história inteira, pois sempre sentira que podia confidenciar tudo a ele.

— Que vou fazer? — choraminguei.

— Você sabe o que deve fazer — disse Harold. — Precisa romper com Mark.

Expliquei que não conseguiria fazer isso. Estava tão constrangida e confusa que Harold se prontificou a conversar com Mark em meu lugar. Ele lhe disse que eu precisava de um tempo, que não estava pronta para o casamento e que havia conhecido outro rapaz. Mark ficou arrasado, tão arrasado que, naquela noite, *seu* pai veio falar comigo para ver se punha algum juízo na minha cabeça.

— Você tem de se casar com meu filho — disse ele. — Vocês se amam.

Eu estava nervosa, mas fiquei firme.

Minha mãe perdeu o dinheiro que havia adiantado ao Essex House. E deixou claro que não queria saber daquele Stephan casado e com filhos. Até Harold, tão maravilhoso e tão compreensivo, declarou ao pai de Mark que daria um soco na cara de Stephan caso o encontrasse.

Mas eu não pude me conter. Comecei a passar todo o tempo livre com Stephan. E estava a seu lado quando ele adotou Blu, seu grande dogue alemão. Blu era todo preto e o menorzinho da ninhada;

para nós, era como um bebê. Eu gostava de ver Stephan, aquele homem alto e bonito, com seu cão do tamanho de um cavalo. Sua devoção a Blu foi outra coisa que me atraiu nele.

Nesse meio-tempo, minha carreira enfrentava suas próprias complicações. Ainda assistente júnior, ansiava por dizer a Anne Klein que vinha trabalhando horas demais e assumindo responsabilidades muito além de minhas singelas obrigações. Achava estar indo bem, mas, depois de nove meses, cheguei um dia ao trabalho e notei que o clima havia mudado. Algo iria acontecer. Eu teria aumento de salário ou seria dispensada.

Não tive aumento de salário.

Anne não me demitiu diretamente. Quem fez isso foi Hazel Haire, sua assistente. O motivo oficial era que eu não estava fazendo a minha parte, talvez devido às distrações de minha vida pessoal, sobre a qual vivia falando no trabalho. Mas, no fundo, eu sabia o verdadeiro motivo: Anne me achava excessivamente neurótica e tinha razão. Seu escritório era altamente profissional e organizado; ali, eu me sentia intimidada e inibida. Era uma garota tosca de Long Island, enquanto os outros pareciam adultos e seguros de si. Ninguém me dava conselhos nem orientações; eu trabalhava noite e dia, rondando de cabeça baixa e ombros caídos, tentando ser invisível. Mas, ao mesmo tempo, esforçava-me muito e falava demais. A certa altura, transferiram minha mesa para a sala de prova, a fim de minimizar minha presença. Minha ansiedade incomodava a todos e eu precisava partir.

Eu estava devastada, morando em casa, com uma vida amorosa confusa, fora da escola de *design* e dispensada de meu primeiro emprego digno desse nome. E agora?

Felizmente, consegui uma entrevista com Patti Cappalli, a *designer* da Addenda, uma divisão nova e em voga da confecção de artigos esportivos Bobbie Brooks. Um amigo dela da área de tecidos havia mencionado que "uma garota meio excêntrica tinha acabado de deixar Anne Klein" e Patti resolveu arriscar me chamando.

Adorei Patti no momento em que a vi. Só havia um problema: a Addenda ficava na Broadway. Existe uma grande diferença entre a Broadway e a Sétima Avenida, onde Anne trabalhava. Minha mãe me ensinou isso quando eu era criança e a Parsons confirmou. A Broadway se voltava para a moda comercial; a Sétima Avenida, para o *design*. Trabalhar na Broadway era sinal de que não havia tido êxito na Sétima Avenida, um estigma que persiste, em parte, até hoje. Graças a Deus não liguei para isso, pois, em retrospecto, trabalhar com Patti foi a melhor coisa que poderia ter acontecido comigo.

Éramos só nós duas, de modo que eu precisava fazer de tudo. Aprendi muito sobre esse ramo da indústria e como respeitar um orçamento. Ao contrário de Anne, Patti não era nem um pouco intimidadora. Com seu cabelo curto chiquérrimo e seu sorriso fácil, parecia antes uma irmã mais velha, amistosa, cheia de personalidade e dotada de um senso de humor exuberante. Perto dela, eu podia ser eu mesma; e foi então, livre das pressões para me enquadrar num molde profissional, que comecei a andar com minhas próprias pernas.

Da primeira vez que encontrei Patti, ela me disse:

— Tire seu passaporte. Vamos para a Europa.

Uma assistente júnior nunca faria uma viagem inspiradora à Europa, para adquirir tecidos, na Anne Klein & Co., onde havia uma grande equipe de *designers*, todos acima de mim. No entanto, na Addenda, me ofereceram essa oportunidade tão logo eu entrei pela porta. Eu tinha 19 anos e era muito pobre culturalmente, até pelos padrões de Nova York, quanto mais pelos da Europa. Só tinha voado uma vez — para Miami, quando fiz 16 anos — e a ideia de ir ao exterior abalou minha mente, tanto que todo o lado esquerdo do meu rosto ficou literalmente adormecido por causa do estresse. Isso não durou muito, talvez apenas um dia, mas me assustou, acrescentando uma nova camada de medo à minha psique já ansiosa.

Queenie me mandou a um psiquiatra, doutor Frederick Rath (ou "doutor Raaaaath", como ele atendia ao telefone). Tinha longos cabelos grisalhos, fumava cachimbo e parecia Sigmund Freud. Eu logo gostei do doutor Rath, *amei-o* — e vi-o pelos próximos vinte anos ou mais de minha vida, até sua morte em 1992. Com ele, eu podia explorar minhas inseguranças e sentimentos sobre tudo, sem temer julgamentos. Eu estava totalmente desequilibrada e ele me ajudou a entender meus sentimentos. Tinha saudade de Louis, que continuava às voltas com a escola. Havia perdido a segurança de Mark. E lutava com minha obsessão por Stephan. Não me sentia ligada a lugar nenhum.

Não bastasse tudo isso, Stephan parecia distante. Uma noite, fiquei na cidade após o trabalho para assistir ao musical *Hair* na Broadway. Liguei para ele e perguntei se poderia passar antes em sua casa. Ele respondeu que não, que não era uma boa hora. Fiz então o que qualquer garota em meu lugar faria: passei por lá assim mesmo. Quando entrei, vi uma garota sentada em seu sofá. Era exatamente sobre coisas desse tipo que Gail havia me advertido.

— Dane-se! — gritei. — Está acabado!

Ele me chamou, mas saí correndo de seu prédio e não olhei para trás.

Passei dez dias com Patti em Paris e St. Tropez. Era um mundo novo para mim — a arquitetura, as roupas, a sofisticação. A certa altura, em St. Tropez, joguei o sutiã de meu biquíni para fora do conversível em que estávamos e Patti observou:

— Donna, as mulheres fazem topless na *praia*, não nos carros!

Quando chegamos a St. Tropez, notei que me chamavam "Marisa, Marisa!" algumas vezes, enquanto procurávamos um lugar para ficar. Tudo estava lotado, de modo que acabamos num hotelzinho qualquer. Até tivemos de dividir a cama durante uma noite, o que poderia ter sido constrangedor, mas não foi devido à personalidade fácil e descontraída de Patti. Uma noite, fomos ao Byblos, o clube do momento, e no banheiro me deparei com a atriz e modelo Marisa Berenson diante do espelho. Nós nos parecíamos tanto — a mesma altura, a mesma cor dos olhos, o mesmo nariz, o mesmo bronzeado e o mesmo cabelo castanho preso em rabo de cavalo — que, de repente, me dei conta do motivo pelo qual as pessoas estavam me confundindo com ela. Isso era incrivelmente lisonjeiro.

Mas eu também me sentia sufocada naquele mundo que esbanjava sofisticação. Nunca tinha viajado para outro lugar a não ser a Flórida e nunca ouvira uma língua estrangeira! Patti, solteira, era a típica mulher de negócios: confiante, talentosa e empreendedora. Chamava a atenção. Eu não me parecia em nada com ela. *Será este o meu estilo de vida, caso me torne uma* designer? *Viajando sozinha e sentindo-me por fora o tempo todo? Então é assim?* Eu não queria fazer parte daquele cenário, como não queria morar em Manhattan.

Em Paris, Patti e eu ficamos em quartos contíguos no Hotel Bristol. Ainda que eu estivesse a um oceano de distância de casa, os problemas não me largavam. Mark sempre me ligava e eu continuava em conflito. Não estava nem mesmo certa de ainda desejar uma carreira no ramo da moda, porque aquele cenário me assustava. Sentia-me tão perdida que me abri com Patti, contando-lhe que Stephan era um *playboy* e artista que não queria sossegar. Deveria me casar com o homem que me amava ou esperar por aquele que eu pensava amar?

Patti não hesitou:

— Case-se com aquele que a ama, Donna.

Ela estava certa, sem dúvida. Mark cuidaria de mim e me resgataria de um mundo que só acentuava minhas piores inseguranças. Liguei para ele do hotel e pedi que me esperasse no aeroporto, na volta. Depois, falei com mamãe. Ela telefonou para Mark e aconselhou-o a estar lá, sem falta, no momento de meu desembarque. Tão logo entrei em seu carro, apontei para meu dedo anular nu e disse:

— Sim.

Ele me beijou e, naquele momento, senti... não alegria, mas alívio! Eu tinha feito a escolha mais difícil de minha vida até então. Agora, não havia mais incerteza.

Eu queria me casar antes de ter a chance de mudar de ideia. Queenie insistiu em preparar uma cerimônia à altura, mas eu não dispunha de tempo para isso. Três dias depois de minha volta da Europa, numa sexta-feira em abril de 1968, Mark e eu nos casamos no gabinete do rabino Ronald Sobel no Templo Emanu-El, parte alta da Quinta Avenida. Eu me tornei Donna Karan com um vestido curto de jérsei, cerca de dez metros de pérolas e um chapéu de feltro Adolfo. Tinha 19 anos; Mark, 21.

Éramos poucos no jantar de núpcias no Trader Vic's do Savoy-Plaza Hotel: apenas eu, Mark, Queenie e Harold, minhas duas tias, Gail e Hank, os pais de Mark e sua irmã Ellen, Louis, Patti e seu namorado Maurice, e meu sobrinho Glen, encarregado das alianças.

Após a cerimônia, fomos nos trocar no apartamento de minha tia Jessie, em frente ao estúdio de arte de Stephan. (Quais as chances de isso acontecer?) Harold estava morando com ela porque se separara por um tempo de minha mãe. A caminho do apartamento, avistamos Stephan passeando com seu grande e belo cão, Blu.

Apontei para ele e disse a Mark:

— Vê aquele homem? É Stephan. Acabou. Nunca mais vou vê-lo novamente.

Não posso negar que era uma coisa esquisita para dizer, mas, ao dizer em voz alta, pensei que a tornaria verdadeira. O bondoso Mark aceitou numa boa.

Passamos a lua de mel no Hotel Concord, nas montanhas em Catskills. Quando chegamos, estava acontecendo um concurso de beleza ao lado da piscina. Quem ganhasse ficaria de graça num quarto. Mark me inscreveu na competição, embora eu fosse magricela, *hippie* e dificilmente uma rainha de beleza americana. Não ganhei e tivemos de pagar pelo quarto, onde permanecemos três dias.

Voltamos para casa; e logo na manhã seguinte Stephan me ligou. Estivera à minha procura.

— Finalmente! Senti sua falta. Posso levá-la para casa amanhã?

— Stephan, eu me casei... com Mark, sexta-feira passada.

Ele precisou de um momento para processar a informação.

— Está bem — disse por fim. — Mas mesmo assim precisamos conversar. Deixe-me levá-la para casa amanhã à noite.

Como já disse, Stephan era um vício. Eu o deixei me levar para casa. A garota em seu apartamento fora um equívoco, garantiu ele. Sentira saudades de mim; queria ficar comigo. Entretanto, não pedia exatamente que eu deixasse Mark. Isso estava bem claro.

Felizmente, eu tinha uma boa distração. O pai de Mark tinha ficado tão feliz com o casamento que nos dera um cheque em branco para decorarmos nosso novo apartamento em Cedarhurst do modo que quiséssemos. Chamei minha amiga Ilene, que então trabalhava com o famoso (e dramático demais) decorador David Barrett. Montamos um cantinho superchique com grandes sofás de couro e tapetes de peles de animais, paredes cinza-escuras e teto cinza-claro em um dos quartos, paredes magenta e teto negro em outro. E foi ali, naquele ambiente em grande estilo, que Mark e eu começamos nossa vida de casados.

Parece que, para mim, nada começa sem que alguma coisa acabe. Todo nascimento é seguido de uma morte. Dessa vez foi a de meu querido pai. Mark e eu ainda não havíamos nos mudado para o novo apartamento, de modo que continuávamos morando em Woodmere, perto de meus pais. Queenie, que se encontrava na Califórnia a trabalho, me ligou pedindo que eu fosse a seu apartamento. Harold estava doente, disse ela. Muito doente.

— Papai, você tem de ir para o hospital — implorei tão logo o vi.

— Não, isso custaria muito dinheiro — disse ele, com grande esforço. — Mas fique aqui comigo.

Eu estava assustada por ele e por mim. Deitei-me a seu lado na cama, mas não conseguia dormir. No meio da noite ouvi-o dar um grito sufocado e, contra a sua vontade, chamei uma ambulância, que nos levou a um hospital católico com crucifixos em todas as paredes. Harold morreu no dia seguinte, pouco depois de Queenie vê-lo pela última vez. Fiquei desesperada — meu pai, afeto de minha infância, se fora. Sempre me questionei se Harold não tolerara mamãe apenas para cuidar de Gail e de mim, protegendo-nos da rigidez e da melancolia dela.

A morte de Harold levou a uma revelação familiar bombástica. Mark e eu tínhamos acabado de voltar do funeral na Riverside Memorial Chapel, no Upper West Side.

— Segundo o marido de Gail, sua mãe acaba de enterrar o terceiro marido — me disse Mark.

— Do que você está falando? — perguntei. — Só houve Harold e meu pai.

Mas, aparentemente, tinha havido mais um. Antes de Gabby, Queenie havia se casado com um homem chamado Mack Richman. Ele também morrera, motivo pelo qual Harold chamava mamãe de "Viúva Negra". Seu apelido no trabalho, "Richie", provinha de Richman. Outro mistério solucionado.

Foi por isso, então, que eu tinha sido castigada quando vasculhava o sótão. Minha mãe não queria que eu achasse nada — fotos, documentos, cartas etc. — que revelasse seu segredo.

Refleti muito sobre o caso, dentro e fora da terapia. Por que esconder um antigo casamento? Que mal isso poderia causar? Queenie devia viver atormentada por seu segredo. Nem posso imaginar o peso psicológico que havia sobre seus ombros. E para quê?

Mas era melhor parar por aí. Se ela não desejava que eu soubesse aquilo, não havia motivo para lhe dizer que eu sabia.

5 | DE VOLTA À SÉTIMA AVENIDA

Durante todo o ano em que estive com Patti na Addenda, senti saudade da Sétima Avenida. Não era culpa de Patti. Ela me encorajava a desenhar o que eu quisesse e fiz uma coleção inteira baseada no filme *Perdidos na Noite*, com camisas bordadas e jeans aveludados. A Bloomingdale's adorou. Mas eu sentia falta da criatividade pura do mundo do *design*, sobretudo dos tecidos. Patti se lembra de ter me encontrado no ateliê, um dia, costurando calças com um forro brilhante de um tipo de tecido rígido usado para dar forma a alguns tecidos muito moles. Mera experiência, não o tipo de coisa que se vende para as lojas. Patti desenhava para um vasto público e tinha de faturar.

Sabia agora que Anne Klein tinha sido o emprego certo para mim e eu o desdenhara. Admirava e respeitava a modernidade dos projetos de Anne e nosso relacionamento ocorria tanto no nível criativo quanto no pessoal. Assim, quando soube que Hazel Haire saíra, telefonei-lhe imediatamente, rezando para que atendesse. Ela atendeu.

— Anne, eu gostaria muito de te encontrar e conversar com você — comecei. — Você vai ver, sou uma pessoa diferente agora. Passei por muita coisa e aprendi muito.

Era a pura verdade. Eu tinha amadurecido de fato, sabia até aonde podia ir e havia adquirido bastante autoconfiança graças a Patti. Também contei a Anne que me casara, pois isso, a meu ver, me faria parecer uma pessoa mais segura e adulta.

Anne tinha suas dúvidas; convém lembrar, ela era uma mulher que não conseguia permanecer na mesma sala que eu. Mas fui ousada. Insisti para que pedisse referências a Patti. Sugeri que me pusesse à prova durante um período de teste. Eu me submeteria a isso. Queria voltar.

Anne me recontratou e eu prometi para mim mesma: não iria, *não poderia* estragar tudo. Fui atrevida a ponto de pedir para ser sua assistente-chefe, um nível superior ao que tivera. Por incrível que pareça Anne concordou; e Patti, amiga de verdade, ficou feliz por mim.

Dessa vez, a experiência com Anne Klein foi totalmente diferente. Ela ainda me intimidava, mas eu tinha confiança em mim — ou fingia ter. Anne percebeu que eu estava mais focada e gostou do meu espírito criativo. Eu me envolvia com tudo o que ela fazia, desde a escolha de tecidos até a criação de painéis para trabalharmos em cima deles na sala de prova. Enfim, fazia o necessário, mesmo tendo de descobrir sozinha como realizar as tarefas. Não queria incomodá-la com perguntas idiotas.

A primeira coisa que aprendi foi que Anne era a chefe. Sim, tinha seus investidores: Sandy e Gunther, e seu marido e gerente de vendas, Chip. Mas Anne era tanto empresária quanto *designer*. Controlava os mínimos aspectos da empresa: quais roupas tinham sido vendidas, onde e como estavam sendo apresentadas — e todos se reportavam a ela. Eu admirava sua força e apreciava quanto ela se preocupava com detalhes. Nada era pequeno demais para que Anne deixasse de ter sua opinião, desde o posicionamento das pences e dos botões de uma blusa às xícaras de café usadas no *showroom*. Ela não perdia coisa alguma.

Anne gostava de desenhar à noite. Às vezes, ficávamos só ela, eu e um modelo. Ela pegava uma tarefa e se consumia por horas, uma prática que adquiri a observando. Eu ia lhe passando os alfinetes e ela trabalhava meticulosamente no modelo. Por causa de Anne, eu também me tornei adepta dos moldes. Para mim, moldar é esculpir, uma criação tridimensional sobre um corpo.

Em matéria de *design*, nós nos completávamos perfeitamente. Anne era fascinada por silhueta e modelagem, enquanto eu adorava os tecidos, que ela me deixava comprar na Europa. Fui uma das primeiras *designers* americanas a trazer tecidos de fora — e, honestamente, eu não sabia muito bem o que estava fazendo. Uma história clássica: eu tinha 21 anos mais ou menos quando visitei a Frankfurt Interstoff, minha primeira feira de tecidos alemã. Julie (apelido de Julius) Stern, o comprador de tecidos de Anne, havia chegado dois dias antes e combinamos de nos encontrar no hotel. Não falo alemão, mas tinha o endereço e mostrei-o ao taxista. Ele me deixou diante de um pequeno prédio perto de um elevado ferroviário e uma fábrica de *donuts*. (Que hotel pode ficar perto de uma fábrica de *donuts*?) O saguão quase não era um saguão — tinha apenas uma mesa com um sujeito atrás dela. Talvez os hotéis padrões fossem diferentes na Alemanha, pensei, e dei-lhe meu nome. O sujeito não encontrou a reserva, mas tinha um quarto.

— Você levará minha bagagem lá para cima, certo? — perguntei.

— Não, você mesma levará — grunhiu o homem em mau inglês. *Acho que as coisas são diferentes aqui*, pensei.

O quarto era ridiculamente pequeno; eu não podia abrir a porta do banheiro sem colocar a bagagem na cama. Era imundo e cheirava mal. Abri a janela: um aroma adocicado e queimado de *donuts* entrou com tudo. Um trem passou, estrondejando. Fiquei acordada a noite toda, graças ao som de rangidos e chiados de molas que atravessavam as paredes finas como papel. Na manhã seguinte, liguei para o número que Julie havia me dado.

— Donna, cadê você? — gritou ele. — Estou aqui no hotel, procurando-a por toda parte!

Liguei os pontos: o quartinho, o rangido das camas, o mau cheiro... Eu fui parar num bordel. Eu tinha me registrado num bordel de Frankfurt! Só Deus sabe — pronúncia errada? Trote do taxista? —, mas foi o que aconteceu.

Eu podia ser péssima para avaliar hotéis, mas era ótima para escolher tecidos e Anne me dava carta branca. Eu adorava o gosto simples e clássico de Anne pela paleta tradicional de preto, cinza, azul-marinho, bege e dourado. Quando se falava em inspiração, ela dizia:

— Deus lhe deu dois olhos. Use-os! — Suas palavras não me saem da cabeça o tempo todo, principalmente quando eu viajo. A inspiração está à nossa volta; basta erguer os olhos e absorvê-la.

Para Anne, as necessidades, o estilo de vida e a mentalidade da cliente vinham em primeiro lugar. A cliente moderna, dizia ela, era ocupada demais para se preocupar com roupas. Tendo em mente essa mulher, Anne ajudou a instituir as roupas casuais, idealizando inclusive a ideia de misturá-las e combiná-las. Uma peça se adequava a outra e assim era possível fazer diversas combinações com poucas peças, básicas e essenciais. Mais que qualquer outra coisa, Anne queria criar uma moda fácil e compreensível. Quando o comprimento das saias passou de míni para midi (até o meio da canela), Anne usou os mesmos tecidos da estação anterior a fim de que as clientes pudessem trocar só as saias e não o guarda-roupa inteiro. Foi uma maneira brilhante de ajudar as mulheres a ficarem confortáveis com aquele novo conceito.

De vários modos, Anne Klein lembrava sua predecessora Claire McCardell, outro grande ícone da moda norte-americana. Nenhuma delas conseguia separar o fato de serem mulheres das roupas que desenhavam. Sempre me perguntam se as mulheres são melhores *designers* que os homens e minha resposta é sempre a mesma: "Um bom *designer* é um bom *designer*". Entretanto, as mulheres têm a vantagem de vestir e vivenciar seus modelos. Sabemos o que nos faz sentir bem e quais estilos nos dão confiança. Temos os mesmos complexos em relação ao nosso corpo que as outras pessoas. E isso me leva à coisa mais importante que Anne me ensinou: como equilibrar criatividade e realidade. As roupas podem e devem ser bonitas, mas só funcionam se você tiver vontade de vesti-las no dia a dia. Quando Anne não conseguia se imaginar vestindo uma roupa, essa roupa não ia para sua coleção. Em 1967, um ano antes de eu ir trabalhar com ela, Anne patenteou uma cinta modeladora feita especialmente para ser usada sob a minissaia — algo que nunca passaria pela cabeça de um homem. (Não surpreende que o modelador também tenha sido inventado por uma mulher.) Anne a criou para si própria, pois tinha belas pernas e gostava de minissaias. Entendia a relação entre o corpo de uma mulher e suas roupas, esforçando-se para tornar essa relação positiva.

Anne e eu éramos duas figuras bem diferentes. Ela tinha 1,58 metro de altura, peito saliente e traseiro achatado. Eu tinha 1,77 metro e traseiro grande. Em outras palavras, ela tinha barriga e pouco bumbum, e eu tinha um bumbum grande e não tinha barriga. As pessoas nos chamavam de Mutt e Jeff, os famosos personagens descombinados das revistas em quadrinhos, porque estávamos sempre juntas, a loira baixinha e elegante e sua auxiliar morena, alta e desengonçada. Ela era como uma mãe para mim, o que deixava minha mãe verdadeira um pouco ciumenta. Mark me buscava no trabalho e íamos jantar com Anne e Chip. Passávamos verões com eles em sua casa de Dune Road, em Westhampton. Ela me fazia sentir em família.

Anne e eu nos entendíamos também por sermos ambas de Nova York (ela, do Brooklyn) e fumarmos sem parar. Acho que ela se via em mim. E, como eu, havia trabalhado a vida inteira. Com 15 anos, arranjara um emprego de meio período como desenhista na Sétima Avenida. Aos 19, havia conseguido seu emprego de tempo integral como *designer* júnior na Varden Petites. Vendo quão pouco sofisticada eu era, brincava que não podia me levar a lugar nenhum, mas me levava a todos os lugares. E quando eu fazia besteira, ela não se importava. Certa vez, me esqueci de retirar, de um manequim, uma roupa que devia ser exibida em um desfile. Fomos para lá e Anne começou a ler o prospecto — a ordem em que as peças seriam apresentadas. Quando chegou a um determinado número, cobri a boca com a mão.

— Meu Deus, Anne! Deixei-a no estúdio, no manequim!

Ela me olhou por cima dos óculos de leitura e disse num tom meio colérico, meio divertido:

— Você não cometerá esse erro de novo.

Não cometi — e isso foi há quarenta anos.

Não viajávamos muito juntas, mas, quando isso acontecia, eram viagens inesquecíveis. A primeira foi para a Alemanha, onde encontraríamos Margaretha Ley, uma mulher deslumbrante que dirigia uma confecção de malhas e tricôs com o marido, Wolfgang. (Abririam a Escada em 1976.) Anne e eu desembarcamos em Zurique com a intenção de viajar três horas até St. Moritz, onde nos reuniríamos com o sócio de Anne, Gunther, que passava ali os invernos. A Anne Klein & Co. tinha um licenciado de peles, de modo que nós duas compramos casacos de pele de raposa, na cor prata, compridos até o chão, para a viagem. (Num acordo desse tipo, o *designer* entra com o nome e o modelo do produto, enquanto o licenciado, geralmente um especialista na área, é o fabricante.) O casaco de pele de

Anne tinha um capuz; e o meu, uma enorme gola clássica de paletó, semelhante à lapela de um homem. Paguei por ele 1.800 dólares — uma fortuna para um salário anual de 30 mil —, mas amei, *adorei* aquele casaco. Vestia-o com shorts, botas até os joelhos, saia máxi (meus dois *looks* na época) e cartucheira. *De matar.*

Desembarcamos em Zurique com uma tonelada de malas e um manequim Wolf que Anne pretendia usar em sua malharia. Esperávamos que um carro grande viesse nos apanhar, mas o que virou a esquina era um compacto europeu minúsculo. Anne estava enjoada por causa da viagem e mal conseguia falar. Eu estava ótima, mas não falava alemão e, para tudo, tinha de consultar meu livrinho alemão--inglês de frases feitas. De algum modo acharam para nós um carro maior, mas mesmo assim Anne e eu tivemos de nos espremer no banco de trás, o manequim amarrado no topo do carro.

A estrada, íngreme e cheia de curvas, estava coberta de neve. O tempo todo eu consultava o livrinho para dizer coisas como: "Pare, minha amiga não se sente bem". Finalmente chegamos ao Badrutt's Palace Hotel, em St. Moritz, o lugar mais elegante da Terra, onde Gunther vivia numa luxuosa suíte. Ele saiu para nos receber, viu o manequim preso no topo do carro, pegou nossos casacos de pele de raposa na cor prata e disse com seu sotaque alemão:

— *Carramba, parra* que esses *cassacos* iguais?

Em sua opinião, não poderíamos parecer mais cafonas.

Anne e eu saímos e compramos dois casacos novos. Ela quis um casaco de pele preto curto e eu fiquei com um casaco de pele falsa, amarelo e felpudo. Na época, a moda europeia privilegiava cores vivas; e o amarelo da minha jaqueta podia ser visto a quilômetros de distância. Eu o usei todos os dias de nossa viagem, achando que estava incrivelmente elegante. Quando Anne melhorou, fui esquiar com ela pela primeira vez na vida e depois tivemos um encontro bastante produtivo com Margaretha Ley.

Certa manhã, já em Nova York, vesti meu elegante casaco europeu amarelo e fui ao Chateau Pharmacy, em Woodmere, para meu usual café matinal e lá encontrei Johnny Schrader, um amigo e companheiro de trem que trabalhava na área de tecidos. Notei que as pessoas não paravam de olhar para mim e tinha certeza de que era por eu estar muito estilosa. Então, no trem, um garotinho apontou para mim e gritou:

— Papai, papai, olhe, é o Garibaldo da *Vila Sésamo*! — Quando Johnny e eu desembarcamos na estação Penn, percebi que todos esticavam o pescoço para me olhar melhor. *Todos*. Em Nova York, as pessoas quase sempre vestem preto no inverno, enquanto patinam na neve derretida e suja das ruas, e lá estava eu, equilibrando-me nos saltos altos e envergando um gigantesco casaco amarelo. (Johnny nem sequer me deu o braço, embaraçadíssimo por eu estar chamando tanta atenção.) Corri para o escritório, deixei o casaco ali e nunca mais o usei. Lição de moda aprendida: o que é elegante num país é desenho animado em outro.

Trabalhávamos até altas horas naquele tempo. Às vezes Chip, o marido de Anne, ficava conosco. Ela dava jantares elegantes, com pratos de porcelana; e mostrava-se, nesse aspecto, muito maternal. Minha viagem de volta a Long Island era uma aventura, de modo que ficar até tarde no trabalho significava eu não ter vida pessoal. Enquanto desenhava, à noite, Anne gostava de sua vodca com club soda, que eu preparava para ela. (Engraçado, essa é hoje minha bebida preferida!) Assim, quando eu decidia voltar para casa mais cedo que de costume, punha mais vodca que soda e o truque funcionava sempre.

Verdade seja dita: as noites em que eu desejava voltar mais cedo eram as de terça-feira. Continuava vendo Stephan (havíamos retomado nossa rotina depois que me casei) e nessas ocasiões ele ia a

Long Island para ver seu psiquiatra e seus filhos. Era nosso ritual semanal. Ambos sabíamos que aquilo era errado, mas não conseguíamos parar. Em minha mente, eu separava nossas escapadas nas noites de terça-feira de minha vida com Mark, dizendo a mim mesma que não estava prejudicando ninguém.

Mark e eu, não posso negar, também tínhamos um vínculo físico real. Éramos sensual e sexualmente muito próximos; estávamos sempre nos acariciando e nos tocando. Ele era de convívio fácil, me incentivava na carreira e gostava de se encontrar com os amigos. Adorava ficar na casa de praia de Anne e Chip, e jantar com eles na cidade. Estávamos comprando uma casa. Viajávamos muito, para lugares como Acapulco e St. Maarten, e passávamos o verão em Fire Island, do outro lado da baía sul de Long Island. Tínhamos bons carros, como um Jaguar conversível marrom, e adotáramos um dogue alemão preto e branco chamado Felix (inspirei-me no cão de Stephan). A vida era boa e Mark não tinha motivos para pensar que houvesse algo de errado.

Então, fiquei grávida. Tinha quase certeza de que o bebê era de Stephan — um grande medo em meu íntimo me confidenciou isso. Liguei para ele, em pânico, e sua reação foi chocante: estava feliz por mim!

— Isso é ótimo, Donna! Você sempre quis ser mãe.

— Então quer dizer...? — gaguejei, na esperança de que me pedisse para deixar Mark e ir morar com ele; assim, finalmente, iniciaríamos uma vida juntos.

— Quer dizer que estou feliz por você... e Mark.

— Mas o bebê é *seu*.

Silêncio.

— Stephan? Está me ouvindo?

Não estava — isso ficou bastante claro no curso de nossa conversa. Stephan não tinha interesse algum em se juntar a mim naquela jornada.

— Dane-se, Stephan! — foi só o que me ocorreu dizer. Sentia-me profundamente traída.

Contei a Mark sobre minha gravidez — e sobre Stephan. Gostaria de ter mentido sobre o assunto, mas a situação era tão urgente e tão avassaladora que eu não poderia ter escondido a verdade. Não lhe disse havia quanto tempo estava com Stephan, apenas que cometera um erro e me sentia terrivelmente constrangida. Mark percebeu que eu estava decidida a abortar e entendeu o motivo. Não poderia ter aquele filho sem saber quem era o pai. Seria a única maneira de seguirmos em frente.

Contei também para minha mãe e, surpreendentemente, ela não ficou furiosa. Na verdade, até me apoiou. Gostava de Mark e queria que nosso casamento desse certo; penso até mesmo que desejava proteger um pouco meu marido.

— Vou com você, Donna — disse ela.

— Está tudo bem. Mark vai me levar.

— Então vamos os três.

Ela estava preocupada, como não poderia estar. Era 1973, o ano em que se decidiu na Corte Suprema o caso Roe *versus* Wade. O aborto não era tão comum nem tão fácil na época.

Assim, Mark e minha mãe me levaram para fazer o aborto — um de acordo com a lei. Ter um bebê era o que eu mais queria no mundo e nada podia me consolar. Mas a possibilidade de dar à luz um filho de Stephan enquanto estivesse casada com Mark estava fora de questão. Foi a decisão certa.

Com Stephan, tudo acabado. Encerrado. Fim.

De novo, Mark me salvou. Assumi a responsabilidade de nosso casamento — de corpo, alma e espírito. Ser amada do jeito que ele me amava — incondicional e verdadeiramente — era uma dádiva além de qualquer medida. Teríamos nossos próprios filhos, nossa própria vida. E, enquanto isso, havia Felix.

Contudo, para mim, Felix era também um vínculo emocional com Stephan. A despeito de minha resolução, eu sempre pensava nele, em especial aos domingos, quando, eu sabia, Stephan visitava seus filhos. Imaginava-me encontrando-o em Cedarhurst, eu com Felix, ele com Blu, e tendo uma "conversa sobre cães". Do tipo: "Que comida você dá para o seu? Faz com que ele se exercite bastante?" Isso nunca aconteceu, é claro.

Só vi Stephan uma única vez, na época. Mark e eu fomos à festa de um amigo no Woodmere Boulevard — e lá estava Stephan com a esposa. Foi constrangedor, como se pode imaginar. Cumprimentamo-nos de passagem e evitamo-nos pelo resto da noite.

6 | UM NASCIMENTO E UMA MORTE

— Donna, estou planejando viajar por um tempo — disse Anne certo dia, no final da primavera de 1972. — Preciso que faça a coleção resort.

Com Anne longe, eu me sentia livre e minha mente ferveu com ideias de modelos.

"Resort" significa a estação que vem depois do outono. Não se trata de guarda-roupas inteiros, e sim de peças especiais para alegrar seu *closet*, vestir em festas de fim de ano, dar de presente ou levar para viagens de férias. A temporada resort de 1972 acabou se tornando uma de minhas melhores coleções em toda a vida. Sentimento transformado em costura, cada peça feita de maneira artesanal e especial. Usei minhas cores favoritas — preto, branco, vermelho e vicunha —, incorporando muito bordado e muito couro. Desenhei pequenos *tops* com saias de couro de vaca, uma saia de franjas feita de camurça, vestidos-suéteres de lurex e um casaco preto de pele de carneiro com costuras de cor marfim na frente. Muito *hippie*, muito eu. Karl Ruttenstein, presidente da loja de departamentos Bonwit Teller, pôs a coleção na vitrine, rodeada de grandes balões vermelhos. Pensei em como meu pai ficaria orgulhoso e excitado ao ver isso, sabendo então que eu havia realizado meu sonho de adolescente.

Essa coleção prenunciou meu futuro. E a verdade é que Anne não viajou naquele verão: estava com câncer de mama.

———————

Anne voltou ao trabalho no final de agosto. O único indício de que algo ia mal era que ela apertava o tempo todo uma bolinha de borracha, coisa que eu nunca a vira fazer. (Mais tarde, aprendi que essas bolinhas são muito usadas para reduzir o inchaço e estimular o fluxo linfático após uma mastectomia.) Ainda assim, ela estava feliz por voltar ao trabalho e impressionada com a coleção que eu fizera. Nomeou-me *designer* associada, elogiando-me na imprensa e junto aos lojistas. Fiquei surpresa; mas, em retrospecto, gostei de vê-la pensando no futuro da empresa e se preparando para passar a tocha.

Nossa coleção seguinte, para a primavera de 1973, recebeu críticas delirantes. O *New York Times* se referiu a mim como assistente de Anne — algo muito aquém de *designer* associada, mas pelo menos escreveram meu nome certo. O *Women's Wear Daily* omitiu-o por completo, o que me deixou fula da vida. Até hoje não sei como tive coragem, mas liguei para June Weir, editora sênior do *WWD*, perguntando-lhe por que meu nome não tinha sido citado na revista. Grande erro.

— *Jamais* questione a imprensa por *qualquer* motivo — vociferou ela. E desligou.

———————

Cerca de seis meses depois, Mark e eu soubemos que eu estava grávida. Para mim, não podia haver alegria maior: ia ser mãe, o que eu desejava acima de tudo. E mãe em tempo integral.

No entanto, me preocupava com Anne, que ficava cada vez mais dependente de mim. A empresa crescia e ela me confiava o *design* enquanto se ocupava dos negócios, sobretudo porque agora tínhamos um novo sócio majoritário: Tomio Taki, que dirigia a Takihyo de Nagoya, uma empresa têxtil familiar de duzentos anos no Japão. Para ajudar nos projetos, eu quis trazer meu velho amigo Louis Dell'Olio da Parsons. Mantínhamos contato do modo como podíamos, pois quase não nos sobrava tempo para nada. Louis estava agora desenhando para a Giorgini, uma nova divisão de roupas casuais da confecção de casacos Originala, emprego que minha mãe o ajudara a conseguir; eu, porém, desejava retomar nossa parceria, da maneira como acontecera na escola. Discuti a ideia com Anne.

Ela balançou a cabeça.

— Três é um número ruim, Donna. Seriam dois contra um quando se tratasse de opiniões e decisões. Vamos continuar como estamos.

Apesar da minha gravidez avançada, não diminuí o ritmo. Na verdade, até assumi mais responsabilidades. Eu valorizava muito o grau de confiança entre mim e Anne. Não queria desapontá-la; queria ajudá-la. Ela acreditava em mim e o valor disso não podia ser expresso por palavras.

Em outubro, Anne e eu estávamos na sala de projetos, preparando-nos para a famosa Batalha de Versalhes de novembro de 1973.

— É o meu primeiro baile e olhem para mim! — gritei, mostrando minha barriga de grávida, que não parava de crescer. — O que vou vestir?

— Alguma coisa preta — sugeriu Anne. — Você ficará ótima.

De todas as coisas extraordinárias que fiz em minha carreira, as maiores foram esse baile e essas competições de desfiles de moda.

Não é exagero dizer que mudaram o curso da moda. Em primeiro lugar, colocaram a moda americana no mapa global. Em segundo, introduziram a diversidade racial na passarela.

Tudo começou porque o palácio de Versalhes, nas imediações de Paris, precisava de dinheiro para restaurações. Eleanor Lambert, a grande dama das relações públicas da moda americana, imaginou uma "batalha" em que cinco *designers* americanos competiriam com cinco estilistas franceses. Era uma ideia quase risível, pois a moda americana não tinha nenhuma presença no cenário internacional. Entretanto, Eleanor viu como nossa chance de mostrar ao mundo do que éramos capazes. Graças a muita força de vontade, ela encabeçou e organizou tudo. Os americanos: Anne, Halston, Oscar de la Renta, Bill Blass e Stephen Burrows, o mais jovem do grupo. Os franceses: Yves Saint Laurent, Givenchy, Marc Bohan para Christian Dior, Pierre Cardin e Emanuel Ungaro. Eu estava no sétimo mês de gestação, na época — enorme! —, mas nada poderia me impedir de ir àquele monumental baile de gala.

Os preparativos, por si sós, já eram excitantes. Compramos para Mark seu primeiro *smoking* (por 350 dólares, a coisa mais cara que possuíamos) e ensaiamos danças em casa — eu, com os pés inchados. O escritório parecia a estação Grand Central, uma vez que também precisávamos dar conta do trabalho cotidiano. Kay Thompson, nossa coreógrafa, aparecia com frequência. Era uma atriz e dançarina muito talentosa que interpretou a editora de moda no filme *Cinderela em Paris*, com Audrey Hepburn, e escreveu a famosa série de livros infantis *Eloise*. Kay trabalhou com Judy Garland e era madrinha de sua filha Liza Minnelli, a cantora e atriz que abriria nosso desfile em Versalhes. Liza acabara de ganhar o Oscar por *Cabaré* e eu estava louca para conhecê-la. Fizemos incontáveis provas e ensaios. Tínhamos de ter certeza de que tudo se encaixaria e ficaria em perfeita ordem porque, uma vez embaladas e despachadas as roupas para a França, não poderíamos mais mexer em nada.

Antes de Versalhes, precisei ir com Julie Stern (meu companheiro de viagem quando eu fora parar num bordel alemão) a uma feira de tecidos da Frankfurt Interstoff a fim de preparar a coleção de *pre-fall*, a curta estação antes do outono, e o próprio outono. Como eu disse, nosso trabalho diário tinha de ser feito. Estudamos todos os padrões, todos os fornecedores; eu usava minha própria barriga como mesa para examinar amostras e preencher pedidos — e, no final do dia, meus pés estavam tão grandes e inchados quanto a barriga de grávida. Juro que, dentro de mim, Gabby deve ter revirado os olhos: "*Mais* tecidos, mãe?" Posso entender por que ela não quis seguir carreira na moda.

Durante a parada em Frankfurt, Julie e eu fomos a uma sauna.

— Julie, não tire as calças — pedi. — Não posso vê-lo assim.

— Mas isto aqui é uma sauna, Donna — ponderou ele. — Todo mundo está pelado. Basta não olhar.

Entramos. Homens e mais homens — e eu.

— Que sorte a minha — murmurou um deles. — Uma garota entra... grávida e de maiô.

Encontrei-me com Anne e Mark em Paris. Foi então que nossos problemas começaram. Éramos todos clientes de Eleanor e estava claro que ela fizera suas escolhas para mostrar diversidade. Stephen Burrows, afro-americano, era novo no ramo; e Anne, a única mulher dos dois lados. Mas havia pouca camaradagem no nosso grupo, que mais parecia um "Clube do Bolinha", se é que existia um. Anne era uma judia forte e sejamos francos: pessoas como ela e eu não são as mais bem-vindas do mundo. Quando tomamos a palavra e nos esforçamos para ser ouvidas, somos consideradas agressivas e autoritárias. Podemos parecer confiantes; no fundo, porém, somos vulneráveis e inseguras — outra coisa que Barbra Streisand e eu temos em comum. Em Versalhes, Anne fez de tudo para trabalhar em equipe, mas os outros *designers* americanos se apossaram dos melhores espaços, deixando para nós o porão.

Os franceses me saíram ainda piores. Estavam em casa e se mostravam esnobes em tudo. Os *designers* eram da alta-costura, extravagantes, globais e muito conhecidos. Dispuseram de um dia inteiro antes dos desfiles para preparar e ensaiar suas encenações elaboradas, enquanto os americanos só conseguiram ensaiar tarde da noite. Não havia café, nem papel higiênico, nem aquecimento — e estávamos congelando!

Contudo, houve um momento mágico durante os ensaios. Meus pés estavam me matando e fui para a plateia a fim de descansar os calcanhares no encosto de uma poltrona. Kay, com seus cabelos prateados e seu porte esguio, apareceu no palco. Dobrando uma perna da calça bem para cima, coreografou o número de abertura de Liza passo por passo, giro por giro. Parecia uma cena de filme ou de minhas fantasias infantis e eu estava hipnotizada.

Mais de setecentas pessoas compareceram ao que era agora um evento globalmente divulgado, uma batalha entre a velha escola da alta-costura e a nova tendência da roupa casual. Nunca vi tantas limusines, tantos diamantes e tiaras. A princesa Grace de Mônaco compareceu, bem como outros reis e rainhas, chefes de Estado e membros da alta sociedade (convidados por C. Z. Guest, a anfitriã americana, e Marie-Hélène de Rothschild, pelo lado francês). Até Andy Warhol e Elizabeth Taylor estavam lá. Todos entraram pela Galeria dos Espelhos, onde os criados os recebiam vestidos com roupas do século XVIII, perucas empoadas, brocados e *slippers*. Como eu estava enorme, fui com um vestido trapézio preto, de gola rulê, e um surpreendente turbante amarrado na cabeça. Não usei joias — não tinha cacife para competir com aquela gente. Nem é preciso

UM NASCIMENTO E UMA MORTE 97

dizer, Anne era meu visual oposto: vestido longo bege e um casaco de pele de raposa.

Agora, o *show*. Os franceses foram os primeiros — é claro. Recorreram a todos os truques possíveis e nisso ficaram mais de duas horas. A maravilhosa Josephine Baker cantou com as dançarinas do Kit Kat Club ao fundo e Rudolf Nureyev se apresentou com sua trupe de balé. Vieram mais artistas e o *show* não acabava mais. Quando as roupas finalmente deram o ar da graça, tiveram por suporte cenários ridículos e figuras em tamanho natural: um Cadillac branco para Saint Laurent, uma espaçonave para Pierre Cardin, um rinoceronte para Ungaro. Tudo exagerado, infindável, excessivo.

Depois, os americanos. Sem cenários, apenas projeções de luz no palco. Planejáramos cortinas, mas, devido a um erro de conversão entre centímetros e polegadas, elas vieram curtas demais. O famoso ilustrador Joe Eula improvisou alguma coisa no último momento, usando uma vassoura para representar a Torre Eiffel recoberta de papel branco inteiriço, o que pareceu sensacional.

Liza Minnelli abriu o espetáculo cantando "Bonjour, Paris", secundada por um coro de 36 modelos com *trench coats* e guarda-chuvas abertos. O mundo nunca vira tantos modelos negros num desfile de moda. Trouxemos Billie Blair, Bethann Hardison, Alva Chinn, Norma Jean Darden e China Machado. Tínhamos também as "Halstonettes", o grupo de modelos regular de Halston que incluía Pat Cleveland e Karen Bjornson. Até minha sósia Marisa Berenson desfilou.

Anne foi a primeira, depois que os outros disputaram para ver quem se apresentaria por último (Halston ganhou). Melhor para nós. Gostávamos de causar a primeira impressão, de sermos selvagens, exageradamente. Enquanto os modelos franceses saíam com cartões numerados (prática antiquada), nós nos retirávamos girando ao som de tambores tribais. As roupas eram o meu estilo — sutiãs pretos, *tops* diminutos, saias acinturadas no quadril e calças largas com o umbigo à mostra. Nos bastidores, eu é que vestia os modelos. Billie Blair, ao deixar o palco, estendeu dramaticamente um braço para o público; o outro, dentro, já era vestido por mim para o número seguinte. Ao final da apresentação de Anne, o público vibrou de entusiasmo, jogando os programas para o ar. Havíamos conseguido.

A produção toda foi um momento de orgulho, com a América mostrando suas muitas facetas: as roupas casuais de Anne, a moda *cool* de Stephen, a alfaiataria de Bill, o glamour de Oscar, o minimalismo de Halston. Se aquilo era uma batalha, os americanos desferiram um golpe para nocautear. A vitória foi nossa.

Em seguida, veio o jantar. Embora o evento tenha recebido o nome de baile, não houve nenhuma dança. Mark e eu poderíamos ter poupado horas e horas de ensaio. Eu havia insistido também para aprendermos a comer formalmente, pois não sabíamos fazer isso; mas pouco importava, uma vez que as porções eram diminutas. Cada convidado tinha cinco ou seis taças, um prato do tamanho de um descanso para copos, doze garfos e várias facas — tudo para o que parecia ser uma porçãozinha de aipo. No meio do jantar, serviram-nos jarros de água morna com limão. Mark bebeu o dele. E eu ia beber o meu quando Anne me cochichou:

— Isso é para lavar as mãos.

Mais tarde, famintos, Anne, Chip, Mark e eu fomos jantar no lendário restaurante Caviar Kaspia, na praça da Madeleine. No dia seguinte, Marie-Hélène de Rothschild deu um almoço em sua propriedade. Os americanos eram brindados à esquerda e à direita. Muitos convidados perguntavam, com espanto:

— Quer dizer então que vocês vestem essas roupas sem ninguém para ajudá-los?

Estavam acostumados com grampos, ilhoses e alta-costura. A condessa Jacqueline de Ribes disse à imprensa que "os franceses foram pomposos e pedantes; o desfile dos americanos foi cheio de vida e cor". Até Ungaro nos chamou de "gênios". Que triunfo para os *designers* americanos! Éramos agora uma força com a qual se devia contar.

Como a vida é um constante dar e receber, uma coisa triste também aconteceu durante o desfile. Nos bastidores, Anne descobriu um carocinho no pescoço. Não sabia o que poderia ser aquilo — um nódulo linfático, talvez —, mas pressentia que era alguma coisa com a qual precisaria se preocupar quando voltasse para casa. Já em Nova York, eu lhe disse que ela teria que encontrar alguém para me substituir, pois eu planejava ficar em casa depois de ter o bebê. De novo, sugeri Louis. Não creio que Anne acreditasse em minha intenção de parar de trabalhar, mas dessa vez se mostrou mais receptiva, o que me surpreendeu. Chip, porém, me chamou de lado para uma conversa.

— Donna, você não pode sair! — exclamou. — Anne está com câncer. — Cobri a boca, assustada. — Ela ficará bem — acrescentou ele, apressadamente. — Só que precisamos de você aqui enquanto ela faz o tratamento.

Parecia mesmo que Anne iria ficar bem. Tomio Taki havia acabado de entrar para a empresa e sua companhia de seguros exigia que ela estivesse saudável, pois era a diretora. Sabiam que Anne estava com câncer e que tinha feito uma mastectomia, mas não hesitaram em investir. O amigo de Anne, Burt Wayne, *designer* de interiores, dera os últimos retoques em seu apartamento na rua 57 Leste. Só Anne sabia que sua situação era grave — e que, no mínimo, teria de ficar fora algum tempo. Louis aceitou o cargo de *designer*, embora seu contrato com Giorgini o retivesse até junho. De muito bom grado esperaríamos por ele, pois tanto Anne quanto eu precisávamos de um parceiro para dar sequência ao trabalho. E eu ficaria até dar à luz.

Uma vez que Anne não estava bem, passei a trabalhar ainda mais que o usual; chegar em casa à meia-noite ou mais virou rotina. Queria deixar o máximo possível em ordem antes da licença-maternidade. Julie Stern morava perto de nós em Long Island e me dava carona diariamente na ida e na volta para o escritório. Era um perfeito pai judeu e até diziam que meu bebê nasceria em seu carro. O filho de Julie dirigia o caminhão de bombeiros local e Julie brincava que podíamos nos considerar seguros, acontecesse o que acontecesse. A essa altura, eu estava tão grande que só de olhar para minha barriga todos ficavam nervosos.

Comigo tudo se atrasa, e o parto não foi exceção. Já haviam decorrido dez dias da data prevista quando minha bolsa estourou no escritório. Voltei para casa num Town Car e senti contrações espaçadas durante a noite. Às 5h da manhã, dia 8 de março de 1974, elas se tornaram mais frequentes. Quem eu chamaria? Julie Stern.

Quando ele chegou, comecei a lhe dar ordens apressadas e outras instruções de trabalho.

— Julie, você deve concluir... — Pausa para uma contração.

— Donna, acho que você não deve se preocupar com essas coisas agora — aconselhou ele, aproximando-se da cama.

— Claro que devo. Estarei muito ocupada depois.

O trabalho de parto durou um dia inteiro. Enquanto eu estava na maternidade em Long Island, Anne permanecia internada no Hospital Monte Sinai em Manhattan, com pneumonia — e não havia ninguém no trabalho. Nossa coleção *pre-fall* devia ser apresentada naquela semana. Conversamos pelo telefone de hospital para hospital, discutindo, por exemplo, quantos botões colocaríamos num casaco de *cashmere* azul-marinho de abotoamento transpassado.

Eu havia planejado um parto natural e quase consegui — até a última contração. "Anestesiem-me!", gritei, e minutos depois surgia uma garotinha de quatro quilos e meio. Nós a registramos como

Gabrielle Hope: Gabrielle por meu pai, e o nome começado com "H" por Harold. Tão logo vi Gabby, fiquei completa, desesperada e loucamente apaixonada por ela. A alegria me dominou. Enfim me tornara mãe, como sempre tinha desejado. Aquela menininha era tudo o que importava. Segurei-a nos braços e não conseguia parar de olhá-la; e, como de propósito, o rádio tocava "The First Time Ever I Saw Your Face" [A Primeira Vez que Vi seu Rosto], de Roberta Flack. Não era preciso mais nada; tudo estava perfeito.

Gabby acabara de vir ao mundo quando Gunther ligou para meu quarto e rosnou em sua voz grave de alemão:

— Donna, *prrecissamos* que *focê folte* ao *trrabalho*.

— Gostaria de saber se tive um menino ou uma menina? — perguntei. — É uma menina, se isso lhe interessa.

— *Muito pom, mas quando focê folta?* Temos uma coleção *parra apresentar* e Anne não *estarrá* aqui a tempo.

Consultei meu médico, que me proibiu de voltar ao trabalho. Era cedo demais.

— Você teve um bebê muito grande, Donna. Está toda costurada.

— Não se preocupe — repliquei. — Tenho um batalhão de costureiras que podem me fechar de novo, se for o caso.

A piada não o comoveu. Ordenou-me que ficasse em casa, sentada numa almofada de borracha com um furo no meio, por dez dias.

Quando contei isso a Gunther, ele propôs:

— Está *pem*, nós *famos* até *focê*. Quando *foltará parra* casa?

Uma semana depois, a turma toda apareceu na nova casa branca para onde Mark e eu tínhamos acabado de nos mudar, num beco de Lawrence, em Long Island. Preparei uma batelada de sanduíches, pensando que viriam para admirar Gabby ou trazer flores e presentes. Então, avistei caminhões que chegavam e araras cheias de roupas subindo pela rampa de entrada. Negócios.

Esvaziamos minha nova sala de jantar para usá-la como ateliê. Betty Hanson, nossa gerente de vendas, mal havia chegado e já atendia o telefone na cozinha.

— Hum... está bem. Sim — ouvi-a dizer. Sua expressão mudou. Viu que eu a olhava e deu-me as costas.

— Que foi, Betty? — perguntei, sentada em minha almofada de borracha. Ela desligou e olhou em volta, claramente sem saber o que dizer. — Caramba, Betty, que diabo aconteceu? — insisti.

Ela se aproximou.

— Anne morreu.

O choque foi tamanho que comecei a tremer sem parar. *Anne morreu?* Como isso poderia ter acontecido? Tinha apenas 50 anos! Eu pensei que ela ficaria bem. Todos pensaram. Lembrei-me de todas as palavras que haviam dito para me tranquilizar.

— Alguém me dê um cigarro, por favor — gritei. Eu não fumava desde que soube que estava grávida. Um cigarro Pall Mall e um isqueiro surgiram diante de mim. Dei uma tragada e Betty se ajoelhou ao meu lado.

— Donna, escute — disse ela em tom suave. — Isso é terrível, mas você precisa terminar a coleção. As lojas estão esperando e Anne gostaria que você não as desapontasse.

Dei outra tragada. Então compreendi: *todos sabiam*. Todos, o tempo todo, sabiam que Anne estava morrendo. E ninguém me contou nada. Nem Anne. Nem Chip. Nem Gunther. Nem Betty. Nem mesmo Burt Wayne, seu *designer* de interiores e meu amigo. A mesma coisa que mamãe com seus segredos. Por que não haviam me contado? Quem tomara essa decisão? Eu tinha acabado de ter um bebê; queria ficar em casa. Nada acontecia como eu planejava. Outras pessoas e eventos haviam entrado em cena e nem pediram minha opinião. Anne estava me deixando e eu fora a última a saber. Em estado de choque e com raiva, expeli a fumaça e me levantei.

— Vá se danar, Betty — falei com minha voz mais cortante. — Danem-se essas roupas. Dane-se tudo. Vou à cidade.

Não pude dar adeus a Anne. Céus, nossa última conversa foi sobre botões! Eu a considerava minha mestra, minha mentora, tudo. Éramos íntimas e estávamos nos tornando cada vez mais íntimas. Uma segunda mãe para mim. Eu fui a filha que ela nunca teve, estava com 25 anos, tinha acabado de dar à luz e Anne havia morrido.

A loucura disso tudo ainda me impressiona. De novo, vida e morte apareciam de mãos dadas; só me restava reagir depressa e seguir em frente. Reconheço hoje que não seria o que sou se Anne Klein não houvesse morrido quando morreu. Não seria o que sou se não fosse Anne e ponto. Mas, naquele momento, fiquei parada na sala, com meu bebê no berço, mal conseguindo absorver a notícia. Precisava fazer duas coisas: ir à cidade para sepultar minha amiga e terminar a maldita coleção *pre-fall*.

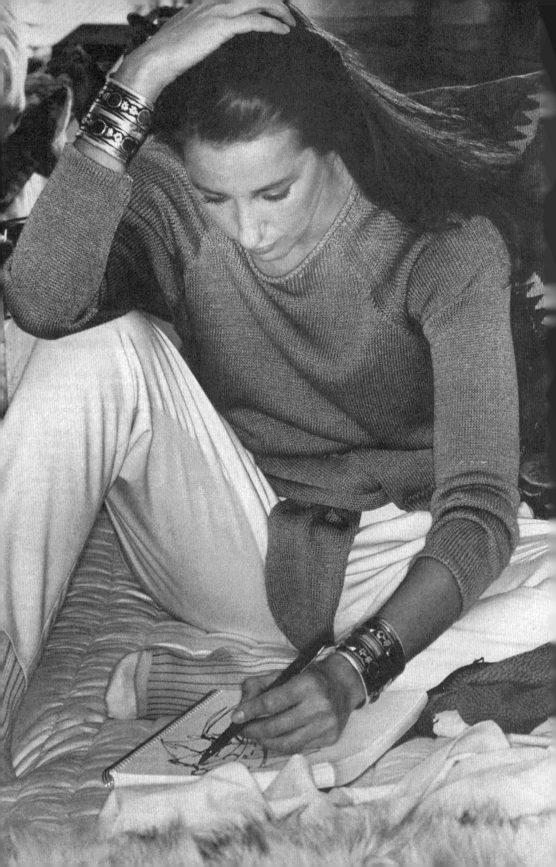

7 | VOO SOLITÁRIO

Um redemoinho. Uma neblina. Uma tempestade de loucura 24 horas por dia, sete dias por semana. Só assim posso descrever as semanas e os dias caóticos que se seguiram à morte de Anne. A indústria inteira da moda estava em choque. O velório aconteceu três dias depois, na Frank E. Campbell Funeral Home, no Upper East Side de Manhattan. A capela podia abrigar quatrocentas pessoas, mas cerca de mil compareceram. Louis nem conseguiu entrar.

Edie Locke, grande amigo de Anne e editor-chefe da *Mademoiselle* na época, disse algumas palavras, como também Stanley Marcus, da Neiman Marcus, o *designer* Rudi Gernreich e Charles Ballon, advogado e amigo íntimo de Anne. Tomio Taki veio do Japão. Fizemos o ritual de luto *shiva* na casa de Anne e Chip. Este deu a Louis um dos leões de Anne, de cobre bruto. Anne era de Leão; e o leão se tornou o mascote da empresa (ela tinha uma grande coleção de estatuetas desse animal). A única coisa de que me lembro desse dia foi que vesti meu casaco longo de pele de raposa na cor prata, igual ao de Anne.

Todos os meus sonhos de ser uma mãe em tempo integral saíram voando pela janela. Fim. Coloquei-me no piloto automático, voltando ao número 39 da rua Oeste, às vezes com a recém-nascida Gabby a tiracolo e ainda com os tornozelos inchados. Como prometido, entregamos a coleção *pre-fall*. Agora eu tinha de pensar na grande coleção de outono, marcada para 15 de maio de 1974. Liguei para Kay Thompson, a atriz e coreógrafa que tinha sido tão bacana comigo e Anne em Versalhes.

— Kay, você tem de vir aqui para me ajudar com o desfile de outono — implorei. — Estou me sentindo perdida. Não me ocorre ideia nenhuma.

Mais que qualquer coisa, eu precisava de apoio e conselhos maternais.

— Conte comigo — respondeu ela. — Ajudarei no que puder.

Eu não tinha um minuto a perder, não podia ficar remoendo as tribulações recentes. Não invoquei Anne enquanto desenhava a coleção: estava abalada demais para isso. Mas segui todas as lições que ela havia me ensinado. Desenhei tendo em mira a flexibilidade, uma roupa casual com peças capazes de se combinar e se complementar, peças que uma mulher pudesse vestir de várias maneiras. Hoje isso pode parecer antiquado, mas em 1974 as mulheres usavam conjuntos, tudo combinando. Decidi pôr meu próprio selo naquela coleção e tornei-a um pouco mais *cool*, um pouco mais solta. Queria que a coleção fosse jovem e *sexy*.

Mencionei que estava 25 quilos acima do meu peso? Minha obsessão era perder esse excesso e ficar magra de novo. Apontei para nosso manequim e disse:

— Quero a jaqueta mais apertada que vocês conseguirem enfiar nele. Peguei o couro e moldei-o na forma planejada. Meu objetivo era caber na jaqueta. Tudo na linha devia ser assim: roupa casual, mas justa, enviesada, esculpida, ajustada ao corpo, talvez em contraponto com calças de lã frouxas ou camisas folgadas. Minha dieta exigente inspirou a coleção inteira — embora, na verdade, eu não me lembre de ter feito dieta alguma. Quando se tem um bebê aos 25 anos, o peso vai embora com facilidade. Mas eu não sabia disso enquanto desenhava freneticamente.

Não sabia, mas estava cumprindo meu destino. Tinha consciência do que fazia. Eu estava determinada. Tinha visão! Era cansativo, mas ao mesmo tempo não parecia exigir esforço. Uma corrida tão louca que eu sequer pensava no modo como a coleção seria recebida. Apenas o ato de organizá-la drenava toda a minha energia. A fim de manter a moral elevada e conquistar a lealdade da equipe no estúdio durante aqueles dias, eu brincava com todo mundo e encomendava generosas porções de comida. Meus instintos de mãe judia vinham à tona. Gabby às vezes ficava comigo e as pessoas a paparicavam.

Kay teve, para a música do desfile, uma ideia que envolvia uma série de sons esotéricos. Aceitei-a até perceber que o desfile era *meu* e aquela trilha sonora não estava correta, de modo que a mudei. Foi um passo importante. Precisei não apenas desenhar uma coleção sozinha, como conceber e dirigir o modo de mostrar minhas roupas. *Minha* visão, não a de Anne, é que contava. Fui em frente. Acrescentei chapéus de feltro e gravatas, dando à coisa toda um ar masculino.

Só mais tarde constatei que estava trabalhando numa bolha. Enquanto preparava o desfile, todo tipo de discussões acontecia no nível administrativo. Nunca fiquei sabendo da história toda, mas várias pessoas dentro e fora da empresa, a começar por Gunther Oppenheim, achavam que alguém mais estável devia assumir as rédeas do negócio. Nomes eram sugeridos. Percebi. Aquilo era um grande negócio, com muito dinheiro em jogo. E eu não passava de uma jovem desconhecida. Quem sabia do que eu era capaz? Fizera uma coleção *resort* bem-sucedida, mas ela não representava uma visão de *design* completa e não dava muito lucro. E depois, era mãe — talvez pensassem que isso me distraía. Naquele tempo, muitas mulheres deixavam o emprego depois de ter um bebê.

Tomio Taki, que tinha investido na empresa e era sócio havia apenas quatro meses e meio desde a morte de Anne, apostou em mim. Achava que eu conhecia a visão de Anne melhor que ninguém. "Vamos ficar com Donna. Acredito nela", declarou, pondo fim à conversa. Mas, para Gunther, o risco era grande. Ele vendeu sua parte a Takihyo. Porém, eu não era a única que o preocupava; Gunther questionava também o futuro da empresa nas mãos de Chip Rubenstein. Entrara por causa de Anne e agora ela se fora.

Tomio transferiu para mim o respeito que devotara a Anne. Ambos partilhavam a ideia de que o caimento é tudo. Tomio dizia:

— A cor atrai a consumidora, o tecido desperta a vontade de tocá-lo, o modelo pode induzir o desejo de experimentar a peça. Mas o caimento é o que realmente leva uma mulher a *comprá-la*. Tomio sabia que eu fora treinada ao máximo em se tratando de caimento — e que eu compreendia o valor e a versatilidade de uma roupa Anne Klein.

Graças a Deus, não tive conhecimento de nada que se falava a meu respeito antes do desfile. As pessoas brigavam por convites. A imprensa, é claro, queria apoiar uma *maison* ferida por uma tragédia tão repentina. Mas havia também os bisbilhoteiros. *Quem é essa pirralha de 25 anos chamada Donna Karan? Está à altura do empreendimento? Haverá ainda, depois disso, uma Anne Klein & Co.?* O mundo da moda esperava para ver se eu teria êxito ou daria de cara no chão.

No dia do desfile, minhas inseguranças de sempre afloraram. Quem era eu para assumir o legado de Anne? As pessoas ririam de mim apenas por eu tentar? Tive sorte por não sofrer um ataque de pânico nem ficar com o rosto amortecido como sucedera durante minha primeira viagem ao exterior com Patti. Visitava o doutor Rath todas as semanas, mas ainda assim sofria horrivelmente com gases e hiperventilação, ficando tão assustada que mal podia respirar. Nada disso aconteceu no dia do desfile, mas eu estava uma pilha. Durante a apresentação, em nosso *showroom*, mexia sem parar na modelo antes de deixá-la levantar a cortina e sair, e segurei o fôlego até que a última garota desfilasse. Então, comecei a chorar. As roupas estavam ali para todos verem. Minha tarefa fora cumprida. Senti-me nua, exposta e completamente vulnerável.

De repente, da escuridão e abafando a música, pude ouvir o som dos aplausos, que ia ficando cada vez mais alto. A reação foi imediata e esmagadora. Alguém me presenteou com um buquê de rosas brancas. A *designer* Margaretha Ley, que viera da Alemanha, deu-me um coelhinho de pelúcia branco para Gabby. Isso me arrancou mais lágrimas. Quando me curvei no palco para agradecer, o público se levantou. Cega por causa das luzes e da emoção, tremi da cabeça aos pés, esforçando-me para não cair. A coleção era um sucesso. *Eu* era um sucesso! Compradores e jornalistas queriam falar comigo, entrevistar-me. *A mim!*

A manchete do *New York Times*, no dia seguinte, foi: "Na Anne Klein, Jovem *Designer* Triunfa". O *Women's Wear Daily* classificou a coleção de "primeira linha", acrescentando: "Anne Klein, grande *designer* de moda casual, foi também uma excelente professora. [...] Donna aprendeu bem sua lição". Elogiaram muito o "toque jovem, atual". Os lojistas não se mostraram menos efusivos. Bill McElree, da I. Magnin, declarou ao *MMD*: "Não precisamos de outra coleção. Este é o melhor conjunto de roupas que já vi em vinte anos no mercado". No mesmo artigo, Rae Crespin, da Saks Fifth Avenue, disse: "Foi fantástico. Perfeição absoluta em roupas casuais". Fiquei nas nuvens o dia inteiro, sem parar de chorar. Toda a tensão reprimida, agravada por meus hormônios, deu vazão. O desfile havia acabado com quaisquer dúvidas que ainda restassem. Eu era a herdeira necessária de Anne Klein. Takihyo assinou comigo um contrato de doze anos.

———————

Dadas a minha juventude e inexperiência, eu estava pouquíssimo preparada para o que viria. O *Women's Wear Daily* quis me entrevistar imediatamente. Nossa empresa alugou uma limusine para apanhar a mim e à repórter, Keitha McLean, nos escritórios da Anne Klein no número 205 da rua 39 Oeste. Quando chegamos à calçada, vi o carro se aproximando e levantei o braço do jeito que se faria para chamar um táxi. Não era a limusine certa. Quando a certa apareceu, entrei sem dar chance ao motorista de descer para me abrir a porta. Tudo isso diante de Keitha. Fomos ao Le Cirque para almoçar e, logo que entramos, perguntei-lhe se ela sabia onde se sentavam as "pessoas famosas, importantes", e se no momento havia ali alguma celebridade. Eu não parava de falar e soltava o que me vinha à cabeça. A pérola da entrevista foi esta frase sobre a criação de roupas: "O que, realmente, pode haver de glamoroso num trapo que você coloca entre as pernas?".

Essa citação foi o título do artigo do *WWD* que me apresentou à indústria da moda como a mulher por trás da coleção de outono da Anne Klein & Co. Outras duas citações no mesmo artigo foram: "Sou de Lawrence, Long Island; portanto, o que posso saber?" e "Quero ser *très chic*". É, eu fui um pouco rude no que diz respeito aos limites.

Também fui convidada para o programa *Today*, de Barbara Walters, com Bill Blass e Oscar de la Renta. A equipe de Barbara pediu-me que a vestisse. Eu sugeri a eles que ela escolhesse a roupa, mas não havia tempo para isso, de modo que lhe enviei um dos *looks* de nossa assinatura: jaqueta, camisa, colete e saia — eram muitas camadas, tudo muito justo.

Durante o programa, perguntei-lhe:

— Barbara, como está se sentindo em nossas roupas?

— Para ser franca, nunca me senti tão desconfortável em minha vida — respondeu ela, antes de cortar para o comercial. Meu sorriso congelou.

Uma coisa se aprende depressa no mundo da moda: você só é bom se sua última coleção foi boa. Não há tempo para descansar e gozar o sucesso quando todos lhe perguntam: "E a próxima? Qual será a novidade?". No fundo, eu até desejava que o primeiro desfile não tivesse sido tão bom. O parâmetro foi colocado muito alto: e se eu não pudesse alcançá-lo de novo? A coleção do outono de 1974 foi sem dúvida um sucesso, mas havia tirado tudo de mim. Eu precisava estar em casa com meu bebê — ou, pelo menos, conseguir algum equilíbrio em minha vida. Na época, as coleções eram enormes, às vezes cem *looks* de passarela e outros cem postos de lado (peças que não integravam a coleção), enquanto hoje apresentamos no máximo uns quarenta. Eu estava desesperada para que Louis se juntasse a nós e, quando ele o fez um mês depois, fiquei eufórica. Louis era a resposta às minhas preces: extremamente talentoso, um amigo magnífico e *engraçado* — você não pode imaginar. Mergulhamos juntos no trabalho. Minha primeira determinação foi anunciar que éramos uma dupla de *designers*. Eu não queria ambiguidades. Subiríamos como equipe ou cairíamos como equipe.

As pessoas sempre me perguntam de que modo trabalhávamos juntos. Para começar, éramos mutuamente dependentes. Sentávamos numa grande mesa, um diante do outro, no ateliê. Estávamos sempre juntos, conversando, avaliando as ideias um do outro e

114   DONNA KARAN

brigando. Louis era dramático, artístico, e eu entrava com o realismo de uma mulher com os pés no chão, lembrando-lhe sempre de que queríamos apenas nos sentir bem e bonitos em nossas roupas. Ele fazia a alfaiataria clássica; eu modelava no corpo. Ele se encarregava da cor e do embelezamento; eu, do tecido e da textura. Havia um perfeito equilíbrio de habilidades. A motivação de Louis era criar, criar, criar; a minha, editar, editar, editar. Louis fazia todos os desenhos e podia criar 36 vestidos em pouquíssimo tempo. Eu dizia:

— Gosto deste, deste e deste. E pronto!

No nível prático, Louis lidava com os detalhes do dia a dia, enquanto eu me ocupava da marca como um todo, das licenças e de nossa imagem. Ele era o mais organizado (é óbvio) e dava conta das minúcias. Graças a Louis, eu podia pegar o trem mais cedo para casa e ver meu bebê. Eu trabalhava na cidade e Mark era quem cuidava quase o tempo todo de Gabby. Seu emprego era flexível: podia ir e vir sem problemas. Também tínhamos uma babá em tempo integral chamada Linda, que chamávamos de "Inda". Viera de Barbados e Gabby a adorava. Na verdade, eu lamentava constantemente que ela gostasse mais de Inda que de mim. Então, veio o momento que considero o pior de minha vida. Eu estava em casa, em Lawrence, descendo as escadas com Gabby no colo. Vestia calças boca de sino e sapatos plataforma; de repente, Felix passou correndo por nós e tropecei em suas pernas. Gabby voou de meus braços e caiu no chão. Devo ter gritado, pois Mark, que estava no banheiro, saiu de lá sem calças e pegou-a. Por um longo e terrível instante, Gabby permaneceu absolutamente imóvel. Tudo nesse horroroso incidente alimentou meus piores medos e inadequações. Senti-me culpada por ser uma péssima mãe e não estar por mais tempo em casa com meu bebê — uma culpa nascida no dia que Anne Klein morreu.

Meu maior desafio profissional, na época, era lidar com Betty Hanson, nossa gerente de vendas. Seu relacionamento com Anne datava de 1938, quando Betty era modelo e Anne *designer*-assistente de Mollie Parnis, *designer* de vestidos e ternos. Achava que conhecia a marca Anne Klein melhor que qualquer pessoa e, em sua cabeça, estava agora no comando. Chip, o presidente, era leal a Louis e a mim, mas não contrariava Betty porque ela era muito bem-sucedida como gerente de vendas. Tomio estava muito longe, no Japão, para arbitrar o conflito. Nós pensávamos no futuro, mas Betty deixou claro que queria deixar as coisas como estavam quando Anne era viva.

Louis e eu tínhamos outras ideias. Queríamos modernizar o ajuste das roupas e eliminar o "tamanho-vaidoso", em que os números são reduzidos para fazer a mulher se sentir menor. Nosso plano era usar tecidos mais macios, mais sensuais. E queríamos proporções *sexy*. Eu era jovem, sonhava com roupas justas, com mais caimento. Também gostava da ideia de uma jaqueta masculina de alfaiataria para mulheres — como a que meu pai fizera para minha mãe.

Louis e eu dispusemos o *showroom* do modo como queríamos que a coleção fosse vendida, combinando nossas peças favoritas e colocando-as numa dada ordem de preferência. Depois, vimos etiquetas coloridas em todas as araras: um dos vendedores nos contou que Betty os instruíra a vender apenas as peças marcadas com aquelas etiquetas. Ela nos boicotava de todos os modos possíveis. Sem dúvida, uma das primeiras coleções que Louis e eu fizemos juntos se distanciava muito do visual de Anne Klein. Era uma coleção resort, toda de seda crua e crepe da china, muito descontraída e leve. A imprensa e os lojistas foram educados; podia-se perceber, no entanto, que não haviam gostado muito. Ficamos arrasados, mas tínhamos de acreditar em nós mesmos e seguir em frente.

Em setembro de 1975, Tomio indicou Frank Mori para nosso novo presidente. Frank era jovem e bonito, talvez com 35 anos, MBA em

Harvard, mas sem nenhuma experiência na Sétima Avenida. Vinha da Hanes e fora vice-presidente executivo da Bali, a divisão de roupas íntimas da marca. A apresentação não foi fácil. Um belo dia, Tomio apareceu com Frank e todos ficaram de queixo caído, pois Chip não planejava ir embora. Takihyo queria que ele ficasse como fundador, mas sem poder real.

Havia agora por ali muita gente e Louis e eu estávamos infelizes. Betty continuava mandando e foi longe demais ao insistir para que desenhássemos uma coleção *pre-fall*. Isso vinha sendo motivo de desentendimento havia muito tempo, pois eu achava que coleções de *pre-fall* eram desnecessárias e apenas nos roubavam o tempo necessário para preparar as de outono. Ela passou por cima de mim, dizendo que precisávamos tapar um buraco entre as entregas com uma coleção-cápsula. Eu me sentia exausta e fazer mais uma coleção — ainda que pequena — estava fora de questão.

Convocamos uma reunião. Tomio, Frank, Betty, Chip e Julie se sentaram num dos lados da mesa; Louis e eu, no outro. O clima esquentou, mas Betty não recuou.

— Está bem, acabou. Eu me demito — disse eu, finalmente.

Louis jogou uma cadeira na parede.

— Eu também — anunciou. Demos as mãos, pegamos nossos casacos e saímos do prédio.

Como eu me sentia poderosa! Fomos ao Bill's, o bar e restaurante frequentado pelo pessoal da moda do outro lado da rua. Por mais fortes que sentíamos, nós tremíamos como vara verde. O telefone do bar tocou e Carolyn, a proprietária, atendeu.

— Vocês estão aqui? — perguntou ela, cobrindo o bocal do aparelho com a mão.

— Não — dissemos ao mesmo tempo, rindo como dois garotos travessos de escola.

Logo depois, Julie entrou, procurando-nos.

— O senhor Taki quer resolver o problema. Pergunta o que ele pode fazer para vocês voltarem.

— Fácil. Ou nós ou Betty.

Tomio e Frank resolveram o problema. Betty saiu para montar sua própria empresa, financiada por Gunther. Agora, a direção de *design* da Anne Klein & Co. pertencia apenas a Louis e a mim.

Era tempo de prepararmos nosso segundo desfile de outono. Agora nos sentíamos maduros e confiantes, amando o que estávamos fazendo. Queríamos criar um espetáculo para informar ao mundo que uma nova equipe e um novo visual haviam assumido o nome Anne Klein. Na época, os *designers* começavam a exibir fora de seus *showrooms* e ouvimos que Oscar de la Renta planejava aparecer no Circle do Square Theatre.

— E se fôssemos para um teatro da Broadway? — sugeri.

Tínhamos contato com a Shubert Organization, que nos levou ao Winter Garden Theatre. O musical *Pacific Overtures*, de Stephen Sondheim, estava em cartaz ali, de modo que só nos restava uma segunda-feira, quando o teatro ficava às escuras. Custaria uma fortuna, pois teríamos de contratar todos os empregados e coreógrafos sindicalizados da casa. Surpreendentemente, Frank e Tomio se dispuseram a pagar. Mas havia outro preço: teríamos de renunciar ao controle criativo. A equipe do teatro montaria o desfile, escolheria a música, faria tudo. Louis e eu, exceto fornecer as modelos e as roupas, só ficaríamos olhando, aflitos.

Tivemos nossa primeira oportunidade de ensaiar na manhã do desfile. "Sentem-se e acreditem", disse-nos o coreógrafo. Uma dançarina vestida de leão correu e abriu as cortinas — e essa foi a única parte bem-sucedida do ensaio. As modelos não conseguiram trocar de roupa a tempo, de modo que muitas se exibiram vestidas pela metade. A coreografia confundiu algumas garotas, que acabaram esbarrando umas nas outras.

"O *Women's Wear Daily* vai acabar conosco!", sussurrou Louis, franzindo as grossas sobrancelhas, preocupado. Tinha razão para estar; os jornais já andavam criticando *designers* por recorrerem àqueles lugares, e o nosso era o mais extravagante de todos. Mas, por ora, não podíamos fazer nada. O teatro estava cheio, com os 1.400 lugares ocupados. Louis, Frank e eu nos sentamos no terceiro balcão. Havíamos decidido que, se o desfile fosse um desastre, sairíamos de fininho e iríamos encher a cara. Até o bar já tinha sido escolhido.

Mas tudo saiu perfeito, como em Versalhes. Os adereços eram sensacionais: telas Mylar do chão ao teto, cerejeiras em flor, cavalos de mentira galopando pelo palco. O encerramento teve por fundo musical o *Bolero* de Ravel. Uma a uma, as modelos foram entrando e enchendo aos poucos o palco. Pode ser o cúmulo da pretensão, mas, em vez de desviar a atenção, os efeitos enriqueceram ainda mais as roupas. A música terminou e houve um segundo de silêncio mortal. Pensamos que o público iria se retirar, mas ele se levantou em peso, aplaudindo e gritando "Bravo!". Olhei para Frank e Louis, com lágrimas nos olhos. Foi meu momento Sally Field: "Meu Deus, eles gostam de nós! Gostam mesmo de nós!".

Recebemos críticas positivas de todos os lados, a começar pela do *WWD*. "Anne Klein Vai à Broadway: A Linha de Outono Encontra *Chorus Line*", disse o *New York Times*, acrescentando que os compradores guardaram as canetas para apreciar o espetáculo. Entre meu desfile solo e esse, havíamos saído da sombra de Anne Klein.

Mais ou menos um ano depois de Frank ingressar na empresa, Chip vendeu sua parte para Takihyo. Este agora era dono do negócio; Frank, sócio minoritário, tornou-se CEO e presidente. Fiquei triste com a saída de Chip, que era minha conexão com Anne. Mas aquele já não era o seu lugar. É difícil permanecer numa empresa que você não dirige mais — ou, como ele disse à revista *People*, "viver no passado morto".

Chip. Sandy. Gunther. Anne Klein. Meus dois pais. E mesmo Stephan. Pode-se pensar que, depois de tantas perdas repentinas nos últimos anos, eu houvesse me acostumado com isso. Não, com isso ninguém se acostuma.

No verão de 1976, eu estava em casa, em Lawrence, com Gabby, quando Felix, nosso cão exuberante, entrou correndo, ergueu-se e, agarrando-me com as patas, caiu ao chão, morto bem diante de meus olhos. Achamos que ele havia sido envenenado — Felix sempre escapava pulando nossa cerca e aterrorizava a vizinhança. Não importa o motivo de sua morte tão súbita, aquilo me traumatizou, eu não estava preparada. Meu grande cão brincalhão, meu primeiro bebê, minha conexão viva com Stephan, se fora.

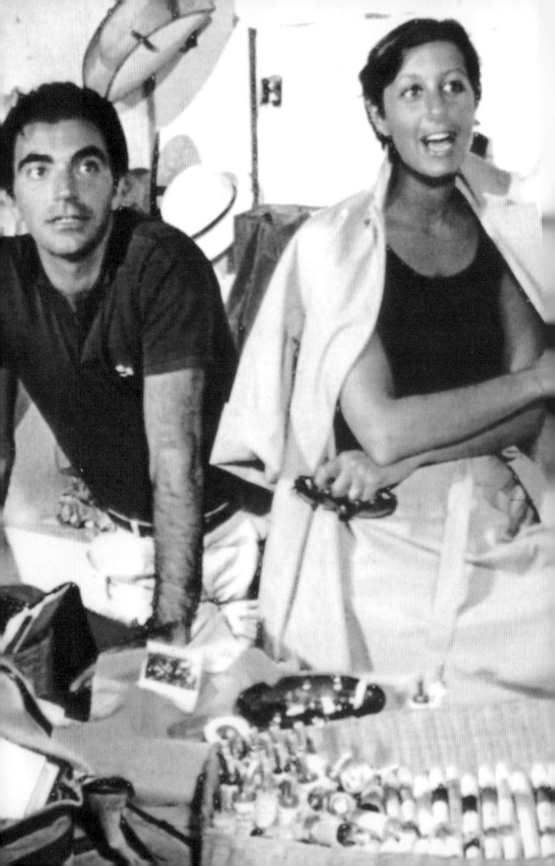

8 AMIGOS PARA SEMPRE

Após a coleção do Winter Garden, nosso setor de imprensa ficou atulhado de pedidos de editoriais de moda e entrevistas. Louis e eu aparecemos na *Vogue*, enquanto Mark, Gabby (agora com 3 anos) e eu fomos objeto de uma reportagem do *Daily News* de Nova York. Meses depois, em 1977, Louis e eu fomos indicados para o Winnie, o principal Prêmio Coty. Os Coty eram os Oscar da moda, os precursores dos prêmios do atual CFDA (Council of Fashion Designers of America). Comentava-se até que podíamos ganhar.

Queenie estava nas nuvens. Meus êxitos no ramo da moda enchiam-na de orgulho; ela os considerava parte de seu legado. Eu me sentia contente por vê-la feliz, mas não a queria na limusine conosco: essa ideia me deixava tensa. Queenie ficou mortificada e ameaçou não ir, mas não acreditei nela.

Na noite da cerimônia, a realizar-se no Fashion Institute of Technology, prendi os cabelos no alto da cabeça e vesti uma blusa transpassada de crepe bege pálido, de textura enrugada, combinando com uma calça estilo harém amarrada nos tornozelos. Os organizadores nos instalaram na primeira fila, ao lado de Tomio e Frank.

Mark, minha irmã Gail e seu marido, Hank, ficaram atrás de nós, com um lugar vago perto de Mark para Queenie. Esperei-a por muito tempo, não entendendo como ela poderia se atrasar. Então Frank se aproximou e me disse:

— Donna, você precisa ver isso.

Segui-o até a janela, olhei para baixo... e lá estava mamãe mandando beijos à multidão do alto de uma charrete parecida com as que levam os turistas a passear pelo Central Park. Ostentava um vestido longo preto com uma fenda até o alto da coxa, com uma estola de plumas sobre o ombro. A rainha chegara.

Louis e eu ganhamos um Winnie. Stephen Burrows, meu amigo de Versalhes, também ganhou. Depois de abraçar todos à minha volta, corri até um telefone público (ainda não existiam celulares) e liguei para o doutor Rath. Ele entenderia perfeitamente o que aquilo significava para mim.

Como colaboradores, Louis e eu tínhamos um pacto: nunca diríamos "não" um ao outro. Se um de nós acreditasse verdadeiramente em algo, seguiríamos em frente. Caso fizesse sentido, permaneceria na coleção; do contrário, seria descartado. Mas tínhamos de concordar no fim. Essa era a única maneira de trabalharmos juntos. Fora do ateliê, Louis se mostrava paciente e cuidadoso, tirando-me de muitas enrascadas. Certa vez, quando estávamos no fim dos vinte anos e tentando encontrar nosso lugar no mundo, fomos a Paris em busca de ideias. Ficamos no Hotel de Crillon, um palácio do século XVIII perto dos Champs-Elysées, e escolhemos um apartamento ao estilo Maria Antonieta com dois quartos, um para mim, o outro para Louis e nossos amigos *designers* Maurice Antaya e Richard Assatly (que colaborariam conosco no Anne Klein II). Compramos até cansar toda sorte de peças — algumas de *design*, outras não — que poderiam despertar alguma ideia. No caminho, um de nós (eu, claro) teve a brilhante ideia de mandar levar as compras para o hotel, onde seriam pagas. Assim não precisaríamos nos preocupar com dinheiro nem com sacolas enquanto vagássemos pela cidade.

Quando Louis foi fazer o *check-out* na manhã de nossa partida, apresentaram-lhe uma conta de aproximadamente 20 mil dólares — em dinheiro. Ao que parecia, o hotel havia pago em francos nossas compras e, devido às taxas e ao câmbio, precisava de dinheiro vivo em troca. Louis correu para o apartamento, onde eu, Maurice e Richard, vestidos com os roupões de pelúcia do hotel, tomávamos um café da manhã decadente.

— Temos um problema — disse Louis. — Precisamos de 20 mil dólares ou ficaremos limpando quartos aqui pelo resto da vida.

— Não se preocupe — tranquilizei-o, recolocando minha xícara no pires. — Vou ligar para Frank e ele nos mandará o dinheiro.

— Mas que diabo vocês compraram? — gritou Frank, tão alto que tive de afastar o aparelho do ouvido. Antes que eu pudesse responder, ele desligou na minha cara.

Nesse instante, nossa amiga Linda Fox, da Parsons, entrou no quarto com seu namorado francês, Jacques. Explicamos a eles nossa situação e Jacques garantiu que poderíamos chegar a um acordo na recepção. Não sei o que ele disse lá, mas a verdade é que acabamos debitando nossas compras num cartão de crédito.

Liguei de novo para Frank e lhe disse que tudo estava bem.

— Bem? — gritou ele. — Vocês gastaram 20 mil dólares!

Ao fazer as malas, pedi a todos que tirassem as etiquetas das peças que havíamos comprado, para não precisar declará-las — outra ideia brilhante. Tínhamos despachado boa parte delas, mas eu queria algumas comigo quando chegássemos.

Desembarcamos no aeroporto John Fitzgerald Kennedy e lá estavam Mark e Gabby, acenando do outro lado das divisórias de vidro. Louis passou fácil. Eu fui detida e levada para uma salinha.

— Por que estão me detendo? — Minha voz era grave, meu coração pulsava acelerado. — Pareço uma traficante de drogas? — E mostrei-lhes minhas mãos vazias.

Então, trouxeram Louis também para a salinha. Eu continuava tagarelando e gritando, gritando e tagarelando, principalmente por estar com medo. Louis apenas revirava os olhos, irritado.

— Você viajou com esta senhora por duas semanas? — perguntou o agente da alfândega a Louis.

— Sim — foi a resposta. — E vocês podem imaginar como estou ansioso para ficar livre dela.

Liberaram-nos. Fui para casa em Lawrence e escondi nossas compras sob os sofás e poltronas, no sótão e no guarda-louça, certa de que os funcionários federais logo bateriam à porta.

Louis e eu agora ocupávamos o topo da lista dos *designers* americanos de roupas casuais, lado a lado com Ralph Lauren, Perry Ellis e Calvin Klein. Os escritórios de Calvin eram no nosso prédio da rua 39 Oeste e, por causa de seu sobrenome e de sua aparência juvenil, muita gente pensava que ele fosse filho de Anne Klein. Na época, Calvin e eu não éramos muito próximos (hoje, somos os melhores amigos), mas sempre nos encontrávamos no elevador e em diversos eventos de moda. Calvin era famoso pela dedicação, mantendo absoluto controle sobre tudo o que fazia. E também pela essência do *cool*, com suas campanhas publicitárias provocativas e suas noitadas no Studio 54. Já eu não era nada *cool*: continuava sendo a garota desajeitada e de língua solta de Long Island, como sempre fui.

— Calvin — disse-lhe eu um dia —, escute, tive uma grande ideia. Já que ambos somos Klein, que tal combinarmos as duas coleções com esse nome? Você faz a de outono e nós fazemos a de primavera. Folgaríamos assim, cada um, metade do ano!

Ele sorriu, educadamente.

— Está louca? Eu amo trabalhar. Não estou em busca de folga.

Acho que ele não entendeu meu humor idiota, mas tudo bem. Pouco me importava não ser uma das pessoas bacanas do meio. O que mais me importava mesmo era minha vida pessoal.

Conheci Patti Cohen, publicitária e grande amiga há quase trinta e cinco anos, numa quadra de tênis. Era o verão de 1976 e Mark havia alugado uma casa em Sea View, Fire Island. Passamos um mês ali e outro na casa que alugamos de Perry Ellis nos Pines, onde Louis também tinha uma. Fire Island era minha fuga, um lugar ao sol para um feliz convívio familiar.

Resolvi jogar tênis porque todo mundo ali parecia jogar também e fui ao clube local. Todos escolheram seus parceiros, mas ninguém me escolheu. E ninguém escolheu também uma ruiva graciosa, bonita e focada, vestida de branco.

— Olá, sou Donna. — Estendi a mão para Patti. — Acho que só sobramos nós duas.

Demo-nos muito bem, imediatamente, na quadra e fora dela. Patti disse que era difícil jogar comigo porque, com minhas pernas e braços muito compridos, podia alcançar a bola em uma ou duas passadas. Mas ela, canhota, tinha um *backhand* mortal. Concordamos em jogar juntas todos os sábados de manhã, às onze. Infelizmente, eu não sabia como fazer contato com ela, de modo que lhe dei o cano no fim de semana seguinte. No sábado seguinte, expliquei-lhe o motivo, fingindo que não fora nada de mais.

— Assunto de trabalho. Precisei me encontrar com a rainha da Inglaterra na Bloomingdale's.

Patti pensou que eu havia enlouquecido, pois só me conhecia como Donna, sua nova parceira de tênis.

(Eu *tinha* mesmo encontrado a rainha da Inglaterra na Bloomingdale's, em companhia de Louis, Calvin e Ralph Lauren. Isso foi a 9 de julho, dois meses depois de nosso desfile no Winter Garden; ela viera para a comemoração do bicentenário dos Estados Unidos em 1976 e queria conhecer Nova York. Fomos convidados a apresentar-lhe nossos desenhos. Louis e eu saímos do escritório da rua 39 Oeste e pegamos o metrô, para ficarmos de pé e não amarrotar nossas roupas. Eu usava um casaco curto de linho azul-claro, saia e saltos altos, por conta do linho, para não amassar as mangas, me segurava na barra de ferro do trem. Vestia também luvas e chapéu de feltro. (Um sujeito no vagão nos viu e perguntou: "Aonde estão indo? Parece que vão se encontrar com a rainha da Inglaterra!" "E vamos!", foi nossa resposta.)

Patti e seu marido, Harvey, tornaram-se meus grandes amigos e de Mark. Passávamos verões juntos, viajávamos juntos e saíamos juntos com frequência. Harvey estava no negócio de papel de sua família, mas Patti não trabalhava.

— O que você faz o dia inteiro? — perguntei, fascinada.

— Compras — riu ela.

Patti era o tipo de garota com quem eu simpatizava. Sempre gostei de trabalhar com amigas e minha intenção era atraí-la para o meu rebanho. Só não sabia como.

Depois de nosso desfile no Winter Garden, a empresa cresceu a olhos vistos e Frank administrava-a muito bem. Todos batiam à nossa porta, propondo licenciamentos. Já havia um Estúdio Anne Klein, um departamento que ocupava a sala toda onde desenhávamos os produtos licenciados de Anne Klein. Mas Louis e eu queríamos controlar melhor o negócio. Em 1977, chamamos o *designer* de interiores Burt Wayne, meu mentor em matéria de estilo desde a morte de Anne.

— Tio Burt, querido, preciso de você... em tempo integral — disse eu. — Terá de dirigir o Estúdio de *Design*. Não faz ideia do que está acontecendo aqui.

— Minha especialidade são casas, Donna, não bolsas ou sapatos — objetou Burt. Ele ostentava grandes diamantes e longos casacos de pele, sempre com os cabelos cor de cobre pintados e soltos ao vento. Sua casa em Connecticut era um Versalhes em miniatura.

— Sim, mas agora fará também as peles e joias que tanto ama, além de outras coisinhas. Pense em quanto iremos nos divertir.

As "peles" o fisgaram. Burt foi nomeado presidente do Estúdio. Seu parceiro de vida e negócios, John Doktor, passou a ser diretor de criação. Juntos, eles supervisionaram o mundo de Anne Klein — marcas licenciadas de malhas, casacos, echarpes, óculos, relógios, sombrinhas, roupas íntimas, roupas masculinas, bolsas e sapatos. Louis e eu examinávamos tudo, seguindo o mantra de Anne: "Um bom *design* é um bom *design*. Tão importante numa escova de dentes quanto numa camisola de hospital ou num vestido de noite".

Com sua gigantesca produção, o Estúdio Anne Klein era o lugar ideal para acolher e lançar todos os novos *designers* que agora estávamos apoiando e avaliando na Parsons, entre eles Narciso Rodriguez e Edward Wilkerson, o principal *designer* da empresa de roupas casuais 148 Lafayette, e Xiomara Grossett, que se tornaria parte integrante da Donna Karan New York. Outros *designers* jovens, como Cynthia Steffe, Rozann "Ro" Marsi e Jane Chung, vieram diretamente da Parsons para trabalhar conosco. (Rozann e Jane ficaram comigo por mais de trinta anos. Jane é para mim o que eu fui para Anne Klein: uma protegida, uma colega, uma filha e uma grande amiga, embora ela seja a mais baixa e eu a mais alta. Cabemos nos mesmos casacos, mas não nas mesmas calças.)

Eu estava com trinta e poucos anos, mas mesmo assim considerava esses *designers* meus filhos. Como Anne fora tão boa para mim, eu tentava — e ainda tento — retribuir. Dei incontáveis festas de aniversário e chás de bebê, fui a praticamente todos os casamentos, inclusive o de Xio, uma cerimônia católica de quase duas horas no sul do Bronx, numa noite de neve. Vou a cerimônias de circuncisão, batismos e qualquer coisa que seja um marco na vida da pessoa. (Edward, meu ex-assistente, ainda brinca dizendo que posso esquecer o nome de alguém, mas nunca deixarei de preparar-lhe uma festa de aniversário, ainda que esteja fora do país.) Tal como Anne fazia comigo, convido meus *designers* para minha casa de praia e para meu apartamento, onde lhes sirvo comidas saudáveis. Se alguém fica doente, dou-lhe canja de galinha e o mando a meu médico. Não sou apenas uma mãe protetora, sou uma mãe *sufocadora*.

Não tenho limites em outras áreas também. Por exemplo, quase todas as pessoas com quem trabalhei viram meus seios. Essa parece uma coisa estranha para contar, mas, como todos falam a respeito, vejo-me na obrigação de explicar. Sou uma *designer* "prática" — gosto de experimentar tudo — e não uso sutiã. Nunca usei. Primeiro porque sempre fui um espírito livre e depois porque, quando comecei a usar roupa de yoga todo dia, um sutiã era desnecessário (além de tudo, odeio aquela tira em minhas costas). Preciso sentir as roupas em meu corpo. Cairão bem? Conseguirei me movimentar livremente dentro delas? O tecido é flexível? Sim, posso usar uma modelo, mas em mim mesma é muito melhor. Edward garante que fui a primeira mulher que ele viu nua. O irmão adolescente de Ro ficou chocado quando, entrando no ateliê, me pegou de *topless*. Estendi-lhe a mão, esquecida de que estava de meias-calças transparentes e peitos de fora. Isso aconteceu há mais de trinta anos e ele *ainda* fala sobre o incidente. Narciso, certa vez, pensou que havia flagrado a mim e a Louis num momento íntimo. Congelou, incapaz de dar mais um passo. "Não fique aí parado", disse eu, impaciente. "Entre e diga o que quer."

Frank, em uma ocasião, perguntou-me onde as modelos podiam se trocar. Andava saindo com uma, chamada Peggy, e queria alguma privacidade para ela. Eu estava provavelmente de *topless* e lhe disse:

— Fala sério, Frank? Isto aqui é um ateliê!

Louis jura que não houve nenhum editor naquele período que não tenha visto meus seios. Quando apresentávamos uma linha, eu tirava um sutiã para pôr outro. Ro se tornou minha "acobertadora", passando-me um roupão de lã toda vez que executivos ou não *designers* entravam na sala. Devo acrescentar que os *designers* homens experimentam em si mesmos roupas de mulheres, incluindo sapatos de salto alto. Acreditem em mim. Vi isso inúmeras vezes, mas não vou citar nomes nem ocasiões aqui. E não os censuro. Faz parte do processo criativo.

Como *designer*, estou sempre criando. Tudo me diz coisas. Em primeiro lugar, o tecido. Mas o sol também. As luzes faiscantes das ruas conversam comigo. As rochas nas praias também. Na verdade, é difícil ter tantos estímulos visuais falando comigo o tempo todo. Olho uma praia e vejo a parte úmida e a parte seca. A úmida é mais amarela, a seca é mais azul. O quente *versus* o frio. Levei pedras para a Europa e molhei-as para as fábricas saberem o que eu estava dizendo. Certa vez viajei com uma batata porque gostava da variação de cores de sua casca. E, na Itália, descobri o cinza mais perfeito que já vira no papel higiênico de um Autogrill, uma das áreas de descanso nas estradas.

A pessoa esquece de si mesma quando entra nessa zona. Certa vez, cortei a gravata de Louis — era o tom mais vibrante de vermelho, o mais perfeito para uma roupa para a coleção *resort*, e guardei o pedaço como amostra. Em outra ocasião, meu grande amigo e *designer* de sapatos, Jean-Pierre Dupré, parceiro de Andrea Pfister, apareceu para almoçar com um suéter fúcsia de cashmere e uma calça de linho; ambos eram da mais linda cor fúcsia que eu jamais tinha visto, por isso eu quis amostras dos dois. O marido de Patti, Harvey, perdeu duas jaquetas japonesas porque tive que dissecá-las para ver como eram feitas. Edward, um dia, veio trabalhar com uma calça xadrez linda de morrer. Tentei fotografá-la com uma câmera Polaroid e até o obriguei a sentar-se numa máquina de Xerox. Quando nada mais funcionou, peguei a tesoura. Há pouco, convenci uma jovem, em minha casa de sucos preferida, a me dar uma mecha de seu cabelo pintado de azul-esverdeado. Vai dar um suéter incrível.

E há *pessoas* que me inspiram. Vou começar por cima: Barbra Streisand. Sim, eu sei, todo homem, toda mulher e toda criança no mundo a amam. Desde que eu era adolescente, me relacionei com Barbra Streisand num nível visceral. Cortava o cabelo curto como o dela, vestia-me como ela. Ouvia suas músicas o tempo todo, prendendo-me profundamente à alma e à emoção que percebia por trás de sua voz hipnotizante. Eu queria *ser* ela. Barbra era uma mulher forte, glamorosa, criativa, judia e pouco convencional de Nova York que foi longe. Meu ídolo. Jamais imaginei encontrá-la, mas queria isso desesperadamente. E, graças à minha amiga Ilene Wetson, por fim consegui.

Era fim de 1977 e Ilene me ligou no trabalho.

— Estou com Barbra Streisand e, se os sonhos podem se tornar realidade, vou realizar o seu.

Ilene estava namorando um rapaz chamado Joachim Springer (com quem se casou), cujo irmão, Karl Springer, era um famoso *designer* de móveis de luxo. Barbra estava no *showroom* de Karl e Ilene lhe disse que tinha uma amiga estilista ansiosa por conhecê-la. Por acaso, Barbra tinha acabado de comprar um casaco de pele vinho que Louis e eu havíamos desenhado para nosso licenciado Michael Forrest, fabricante de artigos de peles. Também se apaixonara por um suéter de chenile que eu havia criado e que aparecera na capa da *Harper's Bazaar*. Sim, disse ela, seria um prazer me conhecer.

Fiquei gelada de medo.

— Mas, Ilene, quem pagará o que ela escolher?

O fato de minha mente voar para algo tão trivial mostra quanto eu estava perturbada.

— Quer conhecê-la ou não? — intimou Ilene. — Posso mandá-la aí amanhã.

Isso era bem mais que conhecer a rainha Elizabeth. Minha realeza era Barbra. Arrumamos o *showroom* e cancelamos todos os compromissos. Ajeitei o cabelo e me maquiei. Uma vez que mostraríamos nossa coleção de primavera em andamento, eu tirei todas as minhas roupas de outono do meu armário pessoal e espalhei-as pelo estúdio. Quando ela chegou, uma assistente conduziu-a ao escritório de Frank para que eu a cumprimentasse ali.

Ao entrar, deparei-me com Barbra de costas. Respirei fundo.

— Olá, sou Donna.

Como numa cena de filme, Barbra se virou lentamente, sorrindo.

— Olá — retribuiu, com a voz mais reconhecível da Terra. Fiquei impressionada com sua pequena estatura (tem 1,68 metro). Eu esperava uma deusa de mais de 1,80 metro.

— Estou emocionada — continuei. — Preciso me sentar e tomar um Valium ou coisa parecida.

E ela sorriu:

— Tenho o seu casaco de pele vinho e eu adoraria alguma coisa que combinasse com ele. Como um daqueles suéteres de chenile que vi há pouco numa revista.

Não era possível! Um mês antes, eu tinha vestido uma daquelas blusas para ir ao consultório do doutor Rath. O cigarro que eu fumava queimara-a e percebemos então que o tecido era altamente inflamável. Meu pensamento voou para o pijama de Gail em chamas, quando éramos meninas.

— Tenho algumas peças muito bonitas em meu ateliê para lhe mostrar — disse eu, na esperança de distraí-la.

Mas, a caminho, tivemos de passar pela sala de expedição e, podem acreditar, talvez uns 25 ou mais daqueles suéteres de chenile, retirados das lojas, estavam espalhados pelo assoalho.

— Ah, é este o suéter que eu quero! — disse Barbra. Entrou na sala, ajoelhou-se e apanhou um.

— Infelizmente, descobrimos que pegam fogo com muita facilidade — expliquei, imaginando Barbra se incendiando no Studio 54. — Sinto muito.

— Está brincando.

— Antes estivesse. Você não pode mesmo ter um.

— Quero o suéter. — A voz assumiu um tom inflexível.

Não sei como conseguimos nos entender, mas foi o que aconteceu. Embora eu lhe desse muitas de minhas peças de outono pessoais, percebi que ela continuava distraída e fixada no suéter.

No dia seguinte, Barbra ligou e me disse:

— Eu realmente gostaria de ter aquele suéter de chenile.

— Não, já lhe expliquei. Não posso correr esse risco.

— Ridículo. Então me dê o nome do fabricante do fio. Ligo para ele e depois mando que teçam um para mim.

— Impossível.

Seguiu-se um silêncio incômodo.

— Está bem — disse ela por fim. — Tenho uma ideia. Vou redigir um documento legal isentando você e sua empresa de qualquer responsabilidade caso o suéter pegue fogo. Que tal?

Nunca vi esse documento e não mandei o suéter. Mas minha querida amiga afirma que ainda o tem. (Deus sabe como foi parar em suas mãos.) Meses depois, ela apareceu na capa de uma revista vestindo um de nossos suéteres de ombros de fora não inflamáveis, de paetês, com um chapéu de chenile e mostrando aquelas belas pernas que tem.

Quando Barbra põe alguma coisa na cabeça, move céus e terras para consegui-la. Percebi que havia encontrado um páreo duro — e uma irmã de coração.

Barbra, Louis, Patti, Jane — eram todos meus irmãos de coração. Quando você faz amizade com alguém, nunca sabe se será para a vida inteira; mas essas pessoas surgiram por uma razão e logo se tornaram uma família para mim — o tipo de família que eu nunca tive.

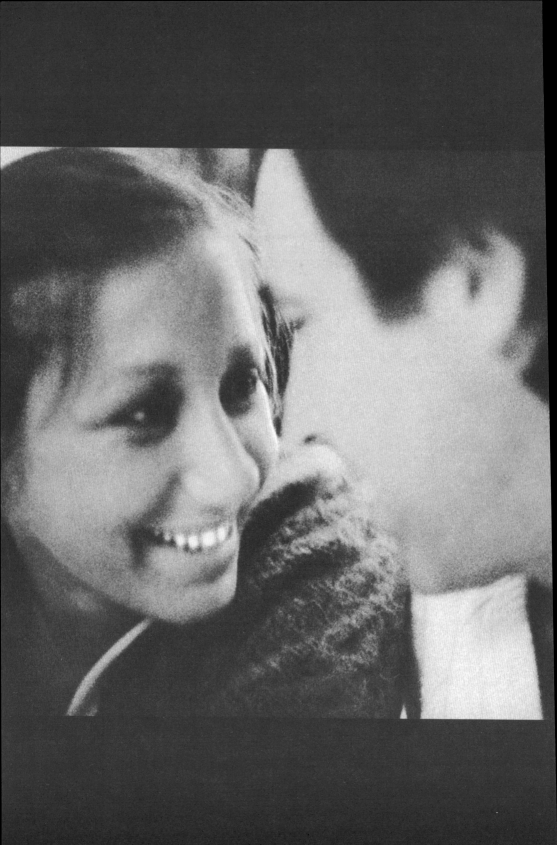

9 JUNTOS DE NOVO

Apesar de minha vida ter mudado muito graças aos sucessos recentes, eu ainda era a mãe suburbana que pegava o trem de Long Island para ir e voltar de Nova York. E estava no trem certa manhã quando ouvi uma voz conhecida dizendo meu nome. Virei-me: era Eric Weiss, o irmão mais novo de Stephan.

Fazia anos que eu não o via, mas logo começamos a conversar. Ele me contou que Stephan continuava solteiro, morando no centro da cidade e ocupando um estúdio em Long Island City.

— Quando vocês se encontrarem, peça a ele que me ligue — eu disse, tentando ser o mais indiferente possível.

Stephan me ligou naquela mesma manhã e combinamos um encontro à noite. Estávamos em fevereiro, faltava um mês para fazer dez anos desde o nosso primeiro encontro e uma forte tempestade de neve se anunciava. A história se repetia. Eu não poderia sair de Manhattan. Telefonei para Mark e lhe disse que tinha trabalhado até tarde e dormiria na casa de Burt.

Stephan e eu nos encontramos. Descemos a parte oeste do Central Park sob a neve. Nos quatro anos mais ou menos desde que eu o tinha visto pela última vez, ele não mudara nada. Nossa ligação também não. Foi tudo instantâneo e apaixonado, como se o tempo houvesse parado.

Stephan ainda era casado. A esposa se recusava a lhe dar o divórcio e ele resolvera não entrar na justiça. Trabalhava no negócio do pai cada vez mais. O dinheiro era um problema constante, de modo que não conseguia dedicar muito tempo à sua arte e isso o incomodava muito. Mas ainda viajava para Long Island todas as noites de terça-feira para ver seus filhos e seu psicoterapeuta.

Eu não podia acreditar que havíamos nos encontrado de novo e, dessa vez, estava decidida a não deixar passar a ocasião. Pode-se pensar que eu não tivesse tempo para um caso amoroso: era uma estilista bem-sucedida, com múltiplos compromissos. Era mãe de uma menina de 4 anos que eu quase não via. E precisava viajar horas todos os dias naquele trem ridículo. Mas achei tempo.

Minha vida logo se transformou numa comédia de erros. Louis e meus assistentes vigiavam Queenie, que vivia ligando ou aparecendo sem avisar. Minha assistente Ro atendia e, quando mamãe recomendava: "Não digam a Donna que estou no telefone", eu lhe fazia um sinal para dizer que saíra. Queenie então sobrecarregava Ro com perguntas sobre o que estávamos fazendo. Com Stephan de volta à cena, o telefone do estúdio se tornou a linha direta de Peyton Place. Ele ligava e eu saía de fininho para encontrá-lo em algum lugar. Mark telefonava querendo saber que trem eu pegaria para voltar. E Queenie, agora cheia de suspeitas, perguntava insistentemente a Ro onde eu estava, onde estive e se ela sabia que planos eu tinha para a noite.

Louis e Ro me protegiam; tio Burt era meu confidente. Conversávamos horas e horas pelo telefone, à noite, sem necessariamente chegar a alguma conclusão. Para ser franca, eu não sabia o que fazer. Aquilo não era mais um triângulo amoroso. Eu precisava pensar em Gabby.

Não é que Mark e eu fôssemos infelizes. Na realidade, éramos melhores amigos. Mark podia ser considerado o homem mais tranquilo, mais compreensivo do mundo. Tínhamos uma ótima vida em comum e raramente brigávamos, o que tornava as coisas ainda mais difíceis. Eu quase já não via Gabby à luz do dia e as viagens começavam a me cansar, de modo que resolvi me mudar para a cidade. Mark estava procurando um apartamento para nós e ia a dezenas de lugares. Eu deveria tê-lo detido, mas não o fiz. Ele me ligou no trabalho um dia, muito entusiasmado.

— Encontrei... o apartamento perfeito. Grande! Precisa ir vê-lo imediatamente.

— Será que devemos mesmo entrar nessa agora, Mark? Tenho tanta coisa a fazer com a coleção de outono... — disse eu, tentando enrolá-lo.

— Como assim, Donna? — espantou-se Mark. — Estamos planejando isso a vida inteira!

Encontrei-o no apartamento 211 da rua 70 Leste, e ele estava certo: era perfeito. Um palácio para os padrões de Manhattan, com três quartos e um estúdio anexo. Uma atriz havia morado ali. Eu não conseguia pensar num motivo para não me mudar para lá imediatamente e consultei o tio Burt a fim de descobrir uma maneira de conciliar as coisas. Ele sabia de Stephan, mas sabia também que era inútil tentar me dissuadir de ficar com o apartamento. Mark e eu pusemos a casa de Lawrence à venda.

Confusão, paixão, tristeza, amor, culpa — esses sentimentos me dominavam o tempo todo. Mas não podia nem queria deixar Stephan, o cerne do meu turbilhão emocional. Cheguei a lhe pedir que desenhasse um cenário para nosso desfile de outono. Dada a natureza do negócio de sua família, isso lhe daria um motivo legítimo para estar por perto e eu sabia que o resultado seria fabuloso. Louis levou isso em consideração. Não me julgou, pois sabia quanto eu amava Stephan, quanto eu *sempre* amara Stephan.

Além disso, aquela aventura era a grande inspiração para a coleção. As roupas destilavam sensualidade crua. Casacos de pele. Pele sobre pele. Grandes e sedutores cardigãs de cashmere. Camisas transpassadas de cetim. Botas de montaria de camurça e calças *palazzo*. Saias com fendas acima da coxa. Tudo em tons naturais de vicunha, bege, vinho e ouro. Cada peça era extremamente moderna, atemporal, elegante. Eu vestiria qualquer uma delas hoje.

Descobrir um modo de ficar a sós com Stephan era outra história. O apartamento dele na cidade era uma droga e o tio Burt nos deixava usar sua luxuosa residência de Connecticut. Eu dizia a Mark que estava com minha irmã no Queens e ela precisava me dar cobertura — coisa difícil, pois Gail trabalhava com Mark dois dias por semana como contadora e diretora-assistente. Gail gostava de Stephan; era *impossível* não gostar de Stephan. Mas não gostava de mentir para Mark, que pertencia à família.

E então minha velha amiga Ilene Wetson caiu do céu. Acabara de se mudar com o namorado, Joachim, e seu apartamento da rua 64 com a 1 ficara vazio. Perguntei-lhe se podia ocupá-lo enquanto reformávamos o da rua 70 Leste. Sua única condição era que eu não perdesse a chave, algo bastante provável em se tratando de mim. Sempre que nos falávamos, depois dessa ocasião, ela perguntava sobre a chave e eu respondia: "Tudo bem".

Quando Ilene chegou ao desfile do outono de 1978 da Anne Klein e viu o enorme pano de fundo de tecido orgânico no palco, adivinhou. Ergueu os olhos para a cabine de projeção e lá estava Stephan, sorrindo para nós.

— É claro que você não perdeu a chave, Donna — murmurou ela, cutucando-me o braço. — Stephan fica lá o tempo todo!

Uma noite, Stephan me disse baixinho, na cama:

— Acho que estou me apaixonando por você.

Era a primeira vez que dizia isso e me senti nas nuvens. Aquele caótico romance começava a se tornar sério para ele. E, sem dúvida, sempre fora para mim.

Na sexta-feira antes do Dia das Mães daquele ano, 1978, fui ver o doutor Rath e não consegui conter as lágrimas. Amava Mark. Havíamos criado uma menina linda, perfeita. Como podia eu destruir nossa família? Entretanto, sabia que estava tornando as coisas piores enganando-o. Se pudesse me afastar de Stephan, eu o faria. Mas Stephan era minha Estrela Polar e sentia-me atraída por ele com cada célula do meu corpo.

Assim como me abrira com Harold anos atrás, contei ao doutor Rath que sabia o que fazer, mas não tinha forças nem coragem para isso.

— Tem sim, Donna — disse ele. — Vou ligar para Mark e pedir que venha aqui agora. Você conversará com seu marido ainda hoje, na minha frente.

Por incrível que pareça, o doutor Rath era psiquiatra de Mark também. E de minha mãe, o que só descobri anos depois. (Gabby e eu tínhamos ido ao mesmo psiquiatra, podíamos dizer que ele era um médico de uma família bem disfuncional.) Na época, Mark trabalhava na Gabby's, sua nova loja em Cedarhurst que só vendia roupas Anne Klein. Minha irmã Gail, sua diretora-assistente, estava lá quando o doutor Rath ligou e foi ela que atendeu o telefone.

Não há maneira fácil de pôr fim a um casamento. Os detalhes daquele encontro desapareceram de minha mente há muito tempo — são dolorosos demais para recordar. Lembro-me apenas de que eu chorava, enquanto o doutor Rath consolava Mark. E Mark estava em choque. Eu me sentia horrível e, por mais estúpido que pareça, queria proteger meu marido. Ele nunca soube absolutamente de nada, não tinha a mínima desconfiança de que eu me encontrava com Stephan. Eu queria fazer alguma coisa para resolver o problema, para atenuá-lo, para melhorá-lo. Mas era impossível, obviamente. Tinha de ficar ali sentada, amargando minha traição. Mark saiu primeiro. Disse-me mais tarde que estava tão furioso e devastado que gostaria de me atropelar com seu carro. Minha irmã esperava por ele na loja. Contou que Mark lhe pareceu diferente — estava branco como um fantasma e pouco depois desmoronou.

Passou o fim de semana na casa de Gail e Hank, chorando o tempo todo.

Devido ao sentimento de culpa, deixei tudo para Mark. A casa de Lawrence. Minha parte na loja. Os carros. Só queria uma coisa: umas botas de *cowboy* já desgastadas, mas bonitas, que dividíamos (calçávamos mais ou menos o mesmo número). Liguei para Mark de um telefone público e pedi-lhe que as desse a Gail por mim.

— Nada feito, Donna — teimou ele. — São minhas.

— Eu lhe dei tudo o que tinha e você não quer me dar um par de botas?

— Não.

— Merda! — Bati o telefone. Não estávamos na mesma posição, mas me pareceu conveniente mostrar raiva por alguma coisa.

Depois de muitas idas e vindas, Mark voltou para casa e eu fui morar com Gail e Hank provisoriamente. Dormia no sofá. Mas então meu advogado me advertiu de que eu poderia perder Gabby caso ficasse longe por muito tempo. Assim, Mark e eu nos revezamos na casa de Gail até o apartamento na cidade ficar pronto. Gail me contou que Mark estava passando por um mau bocado, mas, fora as botas, não deixou de cooperar — especialmente no caso de Gabby, que entraria para a escola em setembro. Até permitiu que Stephan e eu ficássemos com o apartamento da rua 70 Leste.

Naquele verão, Gabby ficou com Mark em Lawrence, frequentando o acampamento nos dias de semana. Aos poucos, fui aproximando-a de Stephan. Juntamente com os filhos dele, íamos ao rancho de um amigo, nas imediações, ou a levávamos a um parque de diversões. Em setembro, Gabby, agora com 4 anos, se mudou comigo e Stephan para o novo apartamento na cidade e entrou para a escola. Tudo daria certo.

Só Queenie não me perdoava. Gostava de Mark, gostava dele de verdade e se recusava a conhecer Stephan.

— Mark é seu marido, Donna — disse. — Stephan é um homem casado e com dois filhos. Não quero saber dele.

Tio Burt nos ajudou a decorar o novo apartamento, tão bonito e minha primeira residência na cidade. Sofás de camurça de vicunha, biombos Coromandel, um grande espelho com duas cadeiras recobertas de plush na frente — era chique, simples e aconchegante. (Anos depois, descobri que se parecia muito com o apartamento de Coco Chanel. Mera coincidência, sem dúvida, pois Burt, que morreu algum tempo depois, teria sido o primeiro a me contar caso essa houvesse sido sua inspiração.) Dispúnhamos de um quarto para Gabby, um para a babá e outro, semelhante a uma sala de estar, para os filhos de Stephan, quando aparecessem. O estúdio se tornou nosso quarto principal; eliminei a cozinha e a substituí por um armário embutido.

Gabby adorou Stephan desde o começo. Corey e Lisa, os filhos de Stephan, moravam com a mãe, mas visitavam-nos com frequência. Sua vida em casa era difícil e instável porque a mãe, bipolar (dizia-se, na época, maníaco-depressiva), às vezes agia de maneira irracional — mais ou menos como Queenie. Seus filhos viam o tempo que passavam conosco como uma fuga. Stephan e eu queríamos que se sentissem parte de nossa família, não enteados só de passagem. Eu dizia sempre: "Isto é um apartamento familiar. Aqui não há meios-irmãos nem enteados".

Para um homem solteiro, Stephan mostrava-se um pai muito prático. Corey estava no começo da adolescência (tinha 13 anos) e agia como tal. Mais tarde, admitiu que provavelmente sentia raiva de Stephan por ele ter inventado uma vida inteiramente nova e ser pai de Gabby em tempo integral. Lisa tinha 11 anos e se apaixonou por Gabby, a quem tratava como uma boneca viva. As duas eram inseparáveis. (É sem nenhum orgulho que admito: eu sentia ciúme do amor que Gabby tinha por Lisa; sentia ciúme de todos que Gabby amava.) Para Lisa e Corey, eu era a madrasta boazinha. Tinha um carro bonito, roupas bonitas e uma personalidade aberta. Nós nos entendíamos em nível, por assim dizer, orgânico.

Até a esposa de Stephan, Dale, acabou por aceitar a nova vida dele. Dale esperava ansiosamente para ver Gabby quando nós visitávamos as crianças. Ainda insistia em não dar o divórcio a Stephan, mas eu não me importava: era tão casada com ele quanto uma mulher podia ser. Então, no Dia dos Namorados, em 1979, ele se decidiu. Eu estava em Paris, comprando tecidos, quando recebi o telegrama da Western Union:

NÃO SE ASSUSTE. MAS, COM ESTE TELEGRAMA, ESTOU LHE ANUNCIANDO MEU AMOR POR VOCÊ. A ESTA ALTURA, PRESUMO QUE SEU AMOR NÃO SEJA UMA FARSA E QUE VOCÊ QUERERÁ SER MINHA ESPOSA. ISTO É UM PEDIDO FORMAL DE CASAMENTO. FELIZ DIA DOS NAMORADOS. TE AMO. STEVE

Dei um grito. Chorei. Derreti-me toda. E liguei de imediato para ele dizendo que aceitava. Nós dois sabíamos que cabia a Dale decidir se, e quando, nos casaríamos. Mas já era ótimo poder chamá-lo de meu noivo.

Seis meses depois, Queenie adoeceu. Sempre fora hipocondríaca, de modo que era difícil saber quando eu podia acreditar nela. Mas agora estava doente mesmo. Primeiro, os médicos acharam que era o apêndice; depois, os ovários. Semanas depois, quando descobriram que era câncer, a doença já havia se espalhado para o estômago.

Gail levou-a a diversos médicos. Um mês depois do diagnóstico, o câncer piorou e nós a internamos no Hospital Valley Stream. Gail, verdadeira santa que era, visitava-a todos os dias. Eu, agora morando e trabalhando na cidade, só podia vê-la uma ou duas vezes, no máximo, por semana. Louis e eu estávamos preparando uma coleção *resort* e trabalhávamos em tempo integral.

Minha mãe ainda se recusava a ver Stephan — que então decidiu solucionar pessoalmente o problema fazendo algo de que nunca me esqueci. Gravou esta mensagem em áudio:

Queenie, sou Stephan. Amo sua filha. Lamento nunca termos nos encontrado e que as coisas estejam neste pé. Se alguma vez e de algum modo eu a ofendi, peço-lhe desculpas. Não se preocupe. Cuidarei bem de Donna e de Gabby. Elas são tudo para mim. Eu as amo.

Mesmo doente, minha mãe não cedeu: recusou-se a ouvir a fita.

Em certa ocasião, Gail precisou fazer uma viagem de negócios de quatro dias a Porto Rico, com Hank, e decidimos transferir

Queenie para o Hospital Monte Sinai, em Manhattan, onde eu substituiria minha irmã nas visitas. Stephan estava conosco quando a ambulância chegou e cumprimentou mamãe, enquanto ela estava sedada. Sabia que essa era a única maneira de se aproximar dela.

Eu visitava Queenie sempre que Gail não podia. Minha mãe ia piorando rapidamente, perdendo e recobrando a consciência. Eu falava suavemente com ela, contava-lhe histórias sobre Gabby e descrevia a coleção *resort* em que estava trabalhando — todas as coisas que eu sabia que lhe importavam.

Na manhã em que voltou de Porto Rico, Gail foi diretamente para o hospital e Queenie a censurou por estar bronzeada. Como ela ousa sair de férias com a mãe doente?! Gail dirigiu-se para a porta; tentei detê-la, mas foi inútil. Tive a esmagadora sensação de que minha mãe morreria naquele dia. O desfile *resort* seria à tarde e eu também não poderia ficar. Seriam dois desfiles, um depois do outro, pois precisávamos dividir o público, que não cabia na pequena sala.

— Mamãe, não vá a lugar nenhum — supliquei. — Tenho um desfile a apresentar, mas voltarei logo. Falo sério... não vá a lugar nenhum!

Queenie obedeceu. Quando voltei, sentei-me ao seu lado, enquanto sua consciência ia e vinha. Eu queria que ela partisse plenamente consciente e abordei o grande "segredo" com o máximo cuidado.

— Mamãe, eu sei que foi casada antes de meu pai — sussurrei. — Não se preocupe, sei de tudo e não ligo. — Acho que ela esboçou um aceno concordando; não tenho certeza. Morreu logo depois, comigo a seu lado.

Superei todos os obstáculos para o serviço fúnebre de Queenie no Riverside Memorial. Tio Burt mandou as flores, enchendo o salão com lírios casablanca brancos. Mandei alguém ao nosso depósito em

Nova Jersey para trazer um novo vestido preto para minha mãe. Pedi ao rabino Sobel, que havia celebrado meu casamento com Mark, para conduzir a cerimônia. Pelo menos trezentas pessoas compareceram, inclusive meus amigos, os amigos de Gail e o resto de nossa família.

Fiel a meu pai Gabby até o fim, ela foi sepultada a seu lado e ao lado dos outros Faske. Outra morte, outro começo. Minha mãe faleceu justamente quando eu iniciava minha vida com Stephan.

10 | SEGUNDO ATO

Todos amavam Stephan. Ele era bonito, encantador, mas, acima de tudo, sensível e carinhoso. Meus sobrinhos adolescentes Glen e Darin adoravam Mark, por isso não queriam gostar de Stephan. Entretanto, no dia em que o levei à casa de Gail, Stephan pediu-lhes que o acompanhassem para comprar cigarros e os garotos voltaram com um brilho de admiração nos olhos. Não só eu, ninguém conseguia resistir a Stephan.

Em 1978, fizemos para Louis, no Studio 54, uma festa surpresa em comemoração de seu trigésimo aniversário. Foi quando muitos de meus amigos conheceram Stephan. Parecia que eu estava acompanhada de Warren Beatty ou Mick Jagger. Todos ficaram apaixonados, em especial meus amigos gays, que não deram mais bola para mim desde o momento em que o viram. É o que acontece com os homens bonitos: até sem querer, eles chamam a atenção geral. Às vezes, o encanto de Stephan causava problemas. As mulheres flertavam abertamente com ele. Algumas chegavam a me dizer que "conheciam" Stephan. Eu dava de ombros e sorria polidamente, mas, logo que ficava a sós com ele, disparava: "E essa aí, pode me explicar?". Era difícil não ser ciumenta.

Nosso relacionamento era quente — no sentido sexual, passional, mas também no afetivo. Mark, meu amigo mais solidário, nunca discutia; Stephan, porém, me enfrentava. Embora me amando e sendo completamente dedicado, não tolerava minhas conversas sem sentido. Eu, mulher forte, reagia. Brigávamos. Como doidos.

Tínhamos disputas ferozes a respeito de qual trabalho era mais importante, o meu ou o dele. Brigávamos por causa de Gabby. Stephan dizia que eu a mimava demais (verdade) e desejava impor-lhe um pouco mais de disciplina, como fazia com seus filhos. Mas eu, mãe judia com complexo de culpa, defendia meu direito de ser superindulgente. Eu ainda viajava muito a trabalho e esse era outro problema. Stephan decretava que eu podia ficar longe três semanas: se me atrasava um dia, ai de mim! Telefonava para ele e dizia: "Olá, querido, é sua esposa!" E ele: "Que esposa? Se eu tivesse esposa, ela estaria aqui".

O maior motivo de tensão, contudo, era o dinheiro. Mais especificamente, qual era o *nosso* dinheiro contra qual era o *meu* dinheiro. Stephan tinha dois filhos para sustentar. Na época, eu ganhava bem, mas não me parecia certo cuidar da família dele. Queria ajudá-lo para que ele próprio cuidasse dos filhos, não castrá-lo. Stephan se via forçado a pegar todos os tipos de trabalho para fazer frente às despesas. Trabalhava no negócio do pai, mas também vendia banheiras e chuveiros de luxo, tendo por um tempo fabricado móveis de acrílico. Nos fins de semana, dedicava-se à sua arte. Se há alguma coisa que lamento na vida é não lhe ter dado mais apoio financeiro na época. Assim, ele disporia de mais tempo e energia para seus trabalhos artísticos. Mas quando eu enfiava uma ideia na cabeça, eu batia o pé... sim, fui idiota, agora reconheço.

Stephan e eu quase rompemos algumas vezes, mas nunca desistimos um do outro. Fazíamos muita coisa juntos: terapia, espiritualidade, misticismo. Ele não me levava muito a sério às vezes, mas se esforçava para deixar tudo claro e melhorar nosso relacionamento. Fazia terapia desde que o conheci, era aberto a novas ideias e maneiras de resolver nossas diferenças. Como acontece com todos os casais, não raro o trabalho envolvia a aceitação das próprias diferenças que de início nos aproximaram. Stephan podia ser teimoso e insistir em fazer as coisas de seu jeito, enquanto eu era impetuosa, dispersa e indecisa. Ele gostava de tranquilidade, eu de ação. Tínhamos de achar um jeito de conciliar nossos temperamentos.

Felizmente, havia as crianças. Nos anos seguintes, sempre que possível, nos esforçávamos e saíamos de férias em família. Íamos para ranchos de amigos, remávamos, caminhávamos. No Natal, esquiávamos em Aspen ou em Sun Valley. No verão, corríamos para as praias. Em nossos primeiros anos juntos, frequentamos Fire Island, um lugar perfeito para as crianças. Não havia carros nem preocupações, apenas bicicletas e carrinhos de puxar. A casa estava sempre cheia de amigos e parentes, inclusive Patti e Harvey, que aceitaram Stephan incondicionalmente. Éramos vizinhos de Carole e Saul Zabar, dos famosos empórios de comida judaica. Comecei a cozinhar e fiquei famosa por minhas massas. Era muito caseira quando estava na praia — exceto pelo *topless*. Vestia apenas biquínis minúsculos, para desgosto de meu marido mais conservador. Sei que essa talvez não seja a melhor maneira de criar filhos (o de Stephan, Corey, já era adolescente e seus amiguinhos viviam entrando e saindo de casa o tempo todo). Eu, porém, me sentia totalmente eu mesma: uma mãe apaixonada, imersa na natureza.

Estava me descobrindo e isso dava uma enorme sensação de liberdade. No trabalho, por exemplo, contratei uma modelo que muita gente não compreendia: Lynn Kohlman. Rosto novo na Perry Ellis, Lynn era tudo, menos a loira padrão de olhos azuis que fazia sucesso na época. Tinha cabelos joãozinho castanhos espetados e havia morado com David Bowie por um ano na Europa. Chamei-a para aparecer num desfile Anne Klein e depois decidi colocá-la num anúncio. No dia da sessão de fotos, pedi a Lynn que se mostrasse forte e *sexy* — e ela o fez. Stephan, que havia desenhado o cenário, deu uma olhada nela e disse: "Quem é essa biscatinha?" Lynn era rebelde e acentuadamente andrógina. Parecia-se comigo. Não que eu própria fosse andrógina, mas ainda me considerava uma estranha no mundo da moda. Gostava daquela Donna não suburbana que estava me tornando. Era mais *eu* do que nunca.

"Precisamos de uma Anne Klein Dois." Todos andavam dizendo isso, de Frank e Tomio aos consumidores que Louis e eu encontrávamos pela frente. E por uma boa razão. As vendas da Anne Klein haviam chegado a 30 milhões de dólares, mais que o triplo do que quando Anne era viva. Mas, como empresa de *design*, havíamos atingido o teto. Havia, em 1982, apenas *blazers* de 500 dólares para vender.

Para mim, a mudança e o novo projeto foram bem-vindos. Decidimos chamar a linha de Anne Klein II, que eu poderia abreviar para AKII. Imaginei roupas descontraídas, de fim de semana, mas a diretoria tinha outra ideia. Queriam uma Anne Klein mais barata: lã comum em vez de cashmere, roupas para moças que trabalhavam. Eu também queria vestir essas moças, mas de um modo adequado à sua idade: roupas mais *sexy*, descoladas, ousadas.

Louis e eu trouxemos nosso velho amigo Maurice Antaya. Ele estava conosco em nossa escapada para o Hotel Crillon e, nos anos 1960, conhecera Queenie, que o ajudou a conseguir seus primeiros trabalhos. Talvez ela ainda estivesse em contato conosco do céu, mandando-me Maurice justamente no momento em que eu precisava dele. Precisávamos também de um novo diretor de publicidade. Finalmente, eu havia encontrado um lugar para Patti Cohen.

— Mas nunca trabalhei com relações públicas! — exclamou ela.

— Vai aprender — garanti. — É uma grande compradora... e entende de moda como ninguém.

Patti tinha bom gosto. Era divertido vê-la chegar para trabalhar vestindo marcas de ponta como YSL e Sonia Rykiel e ficar genuinamente excitada com nossa linha mais comercial. Patti era uma das pessoas que mais me davam apoio, uma verdadeira amiga. E uma ótima crítica, pois, embora entusiasta, mostrava-se ao mesmo tempo realista. Quando eu gostava muito de uma coisa, a primeira a explicar por que não podia e não iria funcionar era ela. Eu precisava disso numa amiga e relações-públicas. Patti, além de amada por todos os editores da cidade, estava sempre ligada em tudo. Eu precisava *muito* disso numa amiga e relações-públicas. Com Patti a bordo, minha família de trabalho estava se organizando.

Nossa primeira coleção AKII, lançada em fevereiro de 1983, apresentou novidades em roupas casuais: jaquetas masculinas, roupas de couro, camisas brancas, saias pregueadas ou justas, *tweeds* e calças. Acrescentamos muitas inovações, como peças de alfaiataria feitas de tecidos de moletom. O sucesso foi instantâneo. Não havia no mercado nada como aquilo. Editores e lojistas não pouparam elogios. E, com preços equivalentes à metade ou a um terço das roupas de alta moda da Anne Klein, as vendas dispararam. Sem mesmo nos darmos conta, havíamos inventado uma nova categoria na área de roupas casuais chamada "bridge"*, pois cobria o vazio entre a roupa feita pelo *designer* e a moda contemporânea.

Minha visão para a Anne Klein II sempre fora uma moda desenhada como estilo de vida e não focada apenas no trabalho: os suéteres devem ser tão importantes quanto os ternos. Mas Marilyn

---

* Atualmente, essa prática vem sendo chamada de "coleções colaborativas", nas quais um designer já reconhecido associa seu nome e sua direção criativa à alguma marca de grande varejo, garantindo uma moda assinada, porém mais acessível. (N.R.)

Kawakami, nossa nova presidente, via-a como um guarda-roupa para a mulher que trabalha e ponto-final. Queria determinar a linha e o modo de vendê-la. Percebi ecos do "Sei mais que você" de Betty Hanson e fiquei preocupada.

Sigo minha intuição e não um plano de marketing quando desenho, embora nem sempre esteja certa. Quando Maurice me mostrou a versão cor-de-rosa do icônico *blazer* da Anne Klein II, meus dentes doeram. Não sou muito ligada a cores, nunca fui.

— Tem de parecer tanto com uma goma de mascar? — resmunguei.

— Donna, precisamos de cor e as mulheres adoram o rosa — objetou Maurice. — E veja como fica bem em combinação com calças de flanela cinza.

Acrescentei uma gravata para obter um visual de brechó e deixei passar.

Na época, minha amiga Lynn Kohlman estava atuando na frente e atrás das câmeras. Arthur Elgort e Irving Penn, para quem ela trabalhara como modelo, patrocinaram-na e, graças a seu caso com David Bowie, Lynn tinha bons contatos, fotografando estrelas do rock e personalidades *pop* para a revista *Interview*. Chamei-a para a foto do primeiro anúncio Anne Klein II, onde apareceria aquele *blazer* cor de chiclete. Vendemos mais de 3 mil deles. Estou convencida de que a foto de Lynn, com sua assinatura, ajudou.

Minha luta criativa na Anne Klein II continuava. Marilyn insistia: "Mais roupas, Donna!" Isso me deixava louca. Apelei para Frank e Tomio, mas é difícil se opor ao sucesso: em pouco tempo, nossas vendas atingiram dezenas de milhões.

Stephan e eu vivíamos juntos havia mais de seis anos quando Dale resolveu, enfim, dar-lhe o divórcio. Unidos como éramos, fiquei ansiosa por oficializar nosso relacionamento e planejar a cerimônia.

Casamo-nos a 11 de setembro de 1983, o dia mais quente do ano, na casa da mãe de Stephan em Hewlett, Long Island. Eu havia desenhado nossa próxima coleção de primavera (que seria minha última na Anne Klein) com base nas cores da festa, a fim de matar dois coelhos com uma só cajadada. Vesti uma blusa de paetês, uma saia ampla de chiffon e um chapéu de abas largas. As crianças foram com cores pastel.

Tio Burt e eu fizemos toda a direção de arte, desde os pavilhões até os mapas e designação de lugares. Mas não podíamos controlar o calor. Todas as minhas flores murcharam e morreram — todas. As pessoas suavam. Dou graças a Deus pelos paetês, é o que posso dizer (os artistas de palco gostam de paetês, pois eles não deixam ver o suor). Todos bebemos muito e dançamos até tarde da noite.

Apesar do calor escaldante, a cerimônia foi mágica. Meu passado, presente e futuro se uniram sob aqueles pavilhões. Gabby, com 10 anos de idade, dançou com seus irmãos adolescentes Lisa e Corey. Lá estava a mãe de Stephan, que eu adorava. E lá estavam também Gail, Hank, meus sobrinhos, e Louis e sua bela namorada Jac, nossa modelo. Patti e Harvey. Lynn e Mark. Jane Chung e outros de minha família Anne Klein — muitos dos quais se juntariam a Stephan e a mim na Donna Karan Company.

No centro de tudo, Stephan. Dezesseis anos e meio depois de encontrar minha alma gêmea *sexy* e criativa, o amor da minha vida, eu finalmente me casava com ele. Ele vestia um smoking de abotoamento transpassado de linho branco e o maior sorriso do mundo.

11 | DESPEDIDA E CONTRATADA

Nascimento, morte. Morte, nascimento. No mesmo ano em que me casei com Stephan, meu contrato com a Anne Klein & Co. chegou ao fim.

A Anne Klein ia bem como sempre e, após o nascimento da Anne Klein II, a empresa estava voando alto. Mas o sucesso me deixa inquieta. O que viria em seguida? Encontrei, na renovação de meu contrato, uma oportunidade para redefinir meu futuro. O problema era: eu não tinha uma ideia clara do que queria fazer. Precisava de ajuda.

O doutor Rath era meu primeiro ouvinte, é claro; mas, havia pouco tempo, eu tinha ouvido falar do Erhard Seminars Training (EST), graças ao qual vários amigos do mundo da moda haviam tido experiências extraordinárias. Pensei então: por que não embarcar nessa também? O EST era muito popular em 1979 e no começo da década de 1980. Supostamente, ajudava as pessoas a ter mais clareza para explorar ao máximo seu potencial. Os seminários aconteciam em dois fins de semana (sessenta horas). Participei de um deles, chamado "The Power of Being" [O Poder do Ser], num hotel do centro de Nova York. Pedi a Louis que fosse comigo, mas ele se recusou. Outros *designers* fizeram o mesmo. Por fim, ameacei despedir Jane (estava brincando, é claro) se ela não fosse comigo; ela percebeu como aquilo era importante para mim e aceitou, assim como Edward.

Minha vida mudou no EST. Lembro-me de estar sentada no palco, diante de centenas de pessoas. Pediram-me para pensar numa frase de três palavras que gostaria de dizer aos presentes e depois repeti-la várias vezes. Como, na época, eu estava sendo puxada para todos os lados ao mesmo tempo, a frase que brotou em minha mente foi: "Quero ficar sozinha". Disse-a muitas, muitas vezes. Quero ficar sozinha. *Quero ficar sozinha. QUERO FICAR SOZINHA!* O líder do ESP observou que ficar sozinha era, na verdade, a última coisa que eu queria. Tinha medo de ficar sozinha. Na verdade, fazia de tudo para que os outros dependessem de mim, pois desse modo podia responder às necessidades e exigências do outro em vez de encarar a mim mesma e indagar: "O que *eu* quero?"

Parece simples, não? Mas as mulheres são educadas para pôr os outros em primeiro lugar. Preocupamo-nos tanto com as necessidades alheias que raramente perguntamos quais são as *nossas*. E essa era a pergunta a que eu tinha de responder.

Criativamente, o que eu queria era isto: desenhar uma pequena coleção de roupas para mim e meus amigos. Estava cansada de desenhar para estranhos. A Anne Klein tinha uma clientela que desejava determinado visual, mas este já não era o meu. Eu queria explorar o que *eu* queria vestir, basicamente um *collant* de manga comprida Danskin com um grande lenço amarrado na cintura — as mesmas roupas que eu usava no colégio! Também queria peças fluidas e flexíveis que não me incomodassem, em especial quando viajava. Como toda trabalhadora urbana que eu conhecia, não tinha tempo para voltar para casa e vestir roupas para a noite: ia direto do escritório para o restaurante. Por fim — e talvez o mais importante —, desejava roupas que me fizessem sentir moderna e sofisticada. Toda manhã, tinha de enfrentar o espelho.

DESPEDIDA E CONTRATADA **163**

Estava longe de ser uma mulher perfeita, tamanho 36 ou mesmo 38. Quando não se é magricela, o ato de vestir-se é problemático: *Esta calça vai me deixar gorda? Esta jaqueta me valoriza o bastante?* E eu era uma *designer*! Como se sentirá então uma mulher comum?

Ao mesmo tempo, eu não queria renunciar a meu sucesso e à minha segurança profissional. Não poderia produzir uma pequena coleção com a marca Anne Klein, ter algo em que aplicar minha criatividade? Minha coleção seria realmente pequena, sem nenhum desfile de moda de grande envergadura e com distribuição bastante limitada — talvez apenas na Bergdorf Goodman e na Neiman Marcus. Algo desse tamanho não poderia coexistir com a Anne Klein?

Procurei Dawn Mello, a presidente da Bergdorf, a fim de sondar seu interesse. Dawn era bonita, alta e magra — tão elegante quanto a própria loja. Comuniquei-lhe minha ideia para um guarda-roupa de sete peças.

— Para onde olho, só vejo roupas. Roupas, roupas e mais roupas — disse a ela. — No entanto, mulheres como nós, sofisticadas, elegantes e profissionais, não têm nada para vestir. Pretendo desenhar um conjunto perfeito de sete peças de que toda mulher precisa, não importa o que faça e aonde vá. Apenas sete peças, que a acompanhem de dia e de noite. E em cada estação introduzirei mais sete, para combinar com as anteriores.

— Sete peças, Donna? — Ela me olhou, incrédula.

— Sim, sete peças — reafirmei. — Veja a coisa pelo seguinte ponto de vista. Muitas mulheres estão na luta, viajando constantemente para a Europa ou para outros lugares. O que levam na mala? É uma mala só, que tem de conter o essencial. O que terão para ir trabalhar, para sair à noite e, havendo tempo, para visitar um museu? E se fizer frio ou calor? O que haverá para agasalhá-las ou deixar um pouco de pele à mostra? Ninguém quer levar um monte de roupas, apenas as roupas *certas*. Sete peças são o ideal. Isso deixa espaço para os acessórios, as echarpes e os sapatos.

Dawn pensou por um instante e disse:

— Donna, vamos apoiá-la em tudo o que fizer. Mas precisaremos de mais que sete peças. Que tal trinta?

Com sete ou trinta peças, ela achou a pequena coleção uma grande ideia, que eu deveria apresentar aos meus patrões.

A resposta foi um "não" contundente.

— Você não faria nada pequeno, ainda que quisesse — observou Frank. Insistia para que eu pusesse toda a minha atenção em Anne Klein. Estavam protegendo sua marca e isso era compreensível. Mas eu odiava ouvir a palavra "não". Consultei advogados a torto e a direito para saber se poderia fazer o que queria na Anne Klein & Co. Mas o outro lado não cederia.

Por fim, Charles Ballon, que tinha sido advogado pessoal de Anne, me disse:

— Fique ou saia, Donna. Eles esperam sua decisão.

Foi a decisão mais difícil de minha carreira. Fiquei tão aflita que pensei estar enlouquecendo. Nunca vou me esquecer de uma ocasião em que, sentada no banheiro do escritório, à noite, arranhava a tinta da parede por pura frustração.

Mas o destino interveio. Estávamos no auge dos preparativos para o desfile de primavera de 1985. O ateliê se enchera de modelos, assistentes, costureiras e sapatos atulhando as prateleiras. Faltava Louis, mas não me preocupei com isso. Então, o telefone tocou.

— Donna, o senhor Taki e o senhor Mori querem vê-la agora.
— Não era um pedido, era uma ordem.

No mesmo instante, Louis entrou na sala. Estava pálido e evitava me olhar. Parecia muito tenso. Eu não tinha tempo para perguntar o que havia acontecido, pois os chefes esperavam por mim.

— Donna, você está despedida — disse Tomio, encarando-me.

— Como? — Eu estava certa de ter ouvido mal.

— Esse chove não molha já foi longe demais — interveio Frank. — Tomamos a decisão por você. Não vamos renovar seu contrato.

— Estão brincando!

Frank sacudiu a cabeça.

— Não. É uma decisão difícil para nós, mas você não se dedica mais à empresa de corpo e alma.

Antes que eu digerisse o que estava acontecendo, Tomio continuou:

— Acreditamos em você, Donna. E por isso vamos apoiá-la, com muito prazer, em sua própria empresa. Pode nos escolher ou a outros para sócios. Pessoalmente, acho que somos a melhor opção. Mas você decide. A Anne Klein, porém, está fora de cogitação.

Minha cabeça deu voltas. *Fui despedida?* Estava na Anne Klein havia mais tempo do que estivera a própria Anne. Eu *era* Anne Klein. Eles não podiam me mandar embora!

Mas mandaram. Não houve sorrisos nem abraços. Deram-me o fim de semana para pensar em sua proposta de parceria; discutiríamos os detalhes na segunda-feira e eu usaria a sala de conferências de Takihyo como minha nova base de operações. Ou não. Caberia a mim decidir.

Atordoada, arrastei-me de volta ao ateliê. Louis devia ter sido informado, ao menos de minha demissão. Não conversamos. Liguei para Stephan e pedi-lhe que viesse me buscar; em seguida, juntei minhas coisas, peguei minha bolsa e caminhei para o elevador. Acho que parecia tranquila e sob controle — mas, na verdade, estava transtornada e em choque.

— Donna, não vejo nenhum mal nisso. É uma grande notícia — disse Stephan mais tarde naquela noite, após o jantar, enquanto nos demorávamos à mesa. — É tudo com que você sempre sonhou... e ainda por cima terá sócios para ajudá-la, para nos ajudar!

Eu admirava a coragem de Stephan, mas não a compartilhava. Sentia-me aterrorizada. Quem era eu, Donna Karan, sem a solidariedade da Anne Klein & Co. me dando força? Não conhecia sequer os rudimentos da administração de uma empresa. Tudo o que possuía era meu instinto, meu próprio senso do que queria vestir. E se os outros não tivessem a mesma visão que eu? Minhas ideias de *design* eram tão pessoais e ligadas ao meu estilo de vida! Não sabia nada de tendências, ignorava o que as pessoas fora de meu círculo gostariam de comprar.

Stephan não partilhava minhas dúvidas.

— Esqueça o problema da administração — disse ele. — Você tem a mim. Sou seu sócio. Resolverei o que tiver de ser resolvido. Tratarei com Charlie, com Frank, com Tomio. Protegerei você, que só precisará desenhar.

— Stephan, eu te amo, mas você não é exatamente um homem de negócios — ponderei. — É um artista. Precisa passar mais tempo no estúdio, não menos.

— Os negócios *exigem* criatividade, Donna. Você os analisa, você os esculpe e cria algo a partir do nada. Essa será minha arte por algum tempo. Vamos começar já — decidiu, esmurrando a mesa. — Podemos fazer isso, eu sei.

— E se não pudermos? — sussurrei.

— Então fracassaremos — disse ele, sorrindo com aquele eterno brilho nos olhos. — Nunca tenha medo de fracassar. Esse é o primeiro passo para o sucesso.

Naquele instante, junto à nossa mesa de jantar, a Donna Karan Company nasceu.

Entramos em sociedade com a Takihyo Inc. Tomio e Frank nos ofereceram 50% do negócio, com um investimento simbólico de nossa

DESPEDIDA E CONTRATADA   167

parte. Stephan pediu 3 milhões de dólares para começarmos, que eles deram sem problemas. Essa quantia pode parecer enorme, mas é quase nada quando se calculam os custos iniciais de uma empresa. E convém ter em mente que nem Tomio nem Frank sabiam o que eu estava planejando. Na verdade, nem plano tínhamos! Todos agíamos na base da fé.

Conforme o prometido, emprestaram-nos a sala de conferências de Takihyo para os passos iniciais, o que era bem conveniente, pois eu ainda trabalhava na coleção de primavera Anne Klein com Louis. Depois da coleção, Louis seria *designer*-chefe da Anne Klein & Co., uma excelente oportunidade para ele, tão excelente quanto a minha. Mas meu coração pesava por perder meu parceiro. Eu valorizava muito o talento, as opiniões, a amizade e a constância de Louis. Ambos formáramos uma equipe por muito tempo, na mais perfeita sincronia. Mas, por isso mesmo, tínhamos de nos separar de uma vez por todas: não podíamos misturar nossas ideias porque a partir dali eu seria concorrente dele, tanto quanto de Calvin ou Ralph. Em matéria de criação, eu estava sozinha de novo.

Stephan se encarregou dos negócios e das transações legais. Éramos agora quatro sócios; Frank e Tomio tinham muito mais experiência que meu marido e eu, mas Stephan soube enfrentar o desafio, lendo todos os contratos e documentos legais, fazendo perguntas e exigindo detalhes quando discordávamos. Reunimo-nos no escritório do advogado de Tomio para oficializar o negócio. Havia dezessete documentos a assinar. Fui nomeada *designer*-chefe e CEO. Mais importante, retive a propriedade do meu nome sob uma uma instituição denominada Gabrielle Studio. Assim, acontecesse o que acontecesse com a empresa, meu nome continuaria meu para fazer dele o que quisesse, inclusive retirá-lo, se preciso. Isso era realmente importante. Víramos o que a venda do nome tinha causado a Halston: ele perdera o controle e o prestígio quando sua marca começou a aparecer em produtos baratos. A Bergdorf chegou a banir sua linha de *design*.

Alguém começou a servir champanhe, mas eu não quis. Por melhores que fossem aqueles termos — e o eram, em todos os sentidos —, eu não conseguia parar de chorar. A ideia de me separar da Anne Klein para abrir uma empresa com meu próprio nome era demais. Perder algo grandioso sempre me apavorou. Será que eu estava mesmo em condições de me meter naquela aventura?

———

Há coisas na vida cuja lembrança é excessivamente dolorosa e por isso as bloqueamos. Meu último desfile Anne Klein foi uma delas. Mesmo tendo sido inspirada no meu casamento, eu não me lembro da coleção de primavera. Só me lembro de soluçar enquanto atravessava a passarela com Louis. A última vez que tinha chorado tanto fora durante meu desfile solo para a Anne Klein. De novo, algo precisava acabar para outra coisa começar.

12 | SETE PEÇAS (NÃO TÃO) FÁCEIS

Marido novo. Empresa nova. Emprego novo. Tudo isso em Nova York, onde dez milhões de coisas acontecem ao mesmo tempo. Com 36 anos de idade, eu era esposa, mãe e uma *designer* que recomeçava. Estava constantemente me movimentando e fazendo malabarismos. Havia muita coisa para fazer, tocar, lembrar. Eu tentava não deixar a peteca cair, confiar em mim mesma, reduzir meu mundo multifacetado a proporções que conseguisse controlar. Tudo que eu desenhava respondia ao estilo de vida urbano à minha volta. Logo de início, decidi uma coisa: eu não só vestiria essa mulher, eu também me dirigiria a ela.

A transição do emprego anterior para o novo foi um choque emocional. Certo dia, cheguei à Anne Klein e a porta do ateliê, com todas as minhas coisas dentro, estava fechada para mim. Na porta, a frase "Não Entre", reforçada pelo desenho da caveira e das tíbias cruzadas. A sala de conferência que nos deram não tinha janelas, ar ou espaço para eu colocar metade das coisas de que precisava ali. Era preciso remanejá-la. Mas então percebi que tinha de mudar o negócio para meu apartamento.

No meu caso, o melhor de estar atarefada era não ter tempo para pensar. Eu apenas *fazia*. E havia muita coisa a fazer. Primeiro, necessitava das pessoas certas, pois só somos bons quando aqueles que nos apoiam também são. Depois, teria de encontrar um espaço e montar um ateliê. Por fim, organizaria uma sala de provas do zero, contrataria modelos, recrutaria vendedores, e formaria equipes de *merchandising* e produção. Fazer orçamentos para tudo, planejar cronogramas, decidir uma estratégia de marketing, escolher varejistas... *Design*, escritório, bastidores... Desenvolver uma estratégia de marca (não tínhamos sequer um nome para a empresa)... E, depois de tudo isso, onde e como exibiríamos as roupas? Minha cabeça ardia, mas fui em frente.

Criativamente, eu precisava de tecidos para continuar. Chamei minha amiga Alida Miller, então vice-presidente de Desenvolvimento e Merchandising da Bottega Veneta, e pedi que viesse trabalhar comigo, ser minha primeira funcionária. Alida tinha sido modelo da YSL, tão talentosa quanto bonita. Pedi que me acompanhasse à Ideacomo, a feira têxtil italiana.

— Alida, você tomará conta do dinheiro — preveni-a. — Gasto tudo com tecidos. Os tecidos são minha droga.

Eu tinha 100 mil dólares no total para fazer a coleção — algo bem diferente do cheque em branco que me davam na Anne Klein. A viagem foi uma enorme frustração. A última vez que eu estive lá, encomendara uma mescla específica de lã com *cashmere*, bem elástica, na Loro Piana, a tecelagem de luxo. Mas agora o tecido tinha o nome de Louis, não o meu. Pior ainda, ele tinha preferência, e a tecelagem deixou claro que as ordens da Anne Klein deviam vir primeiro. Para uma viciada em tecidos como eu, aquilo doía.

Então, um milagre aconteceu. Alguém me mostrou uma peça de crepe preto elástico e eu me apaixonei. Era leve e confortável, com uma flexibilidade natural, e percebi imediatamente que aquele tecido iria mudar tudo. Mas também era caro — cerca de 35 dólares o metro —, algo que não se via na época, quando o melhor tecido custava no máximo 20. Contudo, eu sabia que aquele crepe me permitiria fazer exatamente o que eu desejava: jaquetas, saias, calças, tudo.

Ainda na Itália, procurei Jane Chung, minha ex-assistente na Anne Klein. Jane saíra da empresa havia alguns meses e estava trabalhando em Milão, o que facilitou bastante as coisas, pois eu não podia tirar ninguém da Anne Klein. Jane tinha sido uma de nossas assistentes mais criativas. Por um triz eu não a dispensei por ela não controlar o peso, mas seu talento e fácil trato a salvaram. Lembrei-me de Anne e de mim bem jovem: a mentora disciplinando e incentivando a protegida promissora.

A criatividade é tudo para mim e Jane era uma visionária. Notei isso quando a orientei na Parsons (onde, por sinal, ela usava Gabby como modelo) e depois, várias vezes, na Anne Klein. Um verdadeiro *designer* não fere uma nota só, sabe apreciar a amplitude da moda: dia, noite, roupa casual, vestidos, corte perfeito, sensualidade. Você pode ter um corte perfeito, mas consegue ver o que está à sua frente e fazer algo que nunca fez antes? Tem ousadia bastante para inovar indo contra a corrente ou as expectativas? É isso que sempre busco num *designer*. Certa vez, Jane procurava chegar a uma silhueta nova, com cavas profundas. Louis observou que não iria funcionar porque não se poderia vestir uma jaqueta por cima. Eu, porém, gostei de vê-la fazer algo sem olhar para o passado, quer funcionasse ou não. Jane olhava para o futuro. E isso não se ensina.

Quando Jane e eu nos encontramos, pedi-lhe que participasse do meu novo empreendimento.

— Mas, Donna, acabei de chegar — objetou ela. — Tenho um contrato de dois anos com meu novo empregador e arranjei um namorado...

— Entendo. Mas esta é uma *empresa nova* — repliquei. — Podemos desenhar o que quisermos! Você nunca mais terá uma oportunidade assim. De quanto tempo precisa? Duas, três semanas?

— Digamos dois ou três meses... pelo menos.

— Está bem, vou esperar.

— Então você me dá um tempo para pensar no assunto?

Sorrimos uma para a outra porque Jane sabia que eu não iria desistir. Estava determinada a tê-la ao meu lado.

De volta a Nova York, a primeira coisa que fiz foi contratar uma assistente-executiva. Não para atender o telefone, mas para me ajudar no que fosse necessário. Tinha a pessoa perfeita em mente: Beth Wohlgelernter. Beth era assistente de Mary McFadden e Mary era presidente do CFDA. Organizara e dirigira os jantares de premiação por três anos — tarefa nada fácil, especialmente devido aos egos em conflito. Ofereci o emprego a Beth sem rodeios, tornando-a minha segunda contratação depois de Alida.

— Donna, você deve saber que observo o sabá — disse ela.

— E daí? — Não percebi bem aonde ela queria chegar.

— Significa que ficarei fora nas tardes de sexta-feira e o dia inteiro nos sábados.

— Sem problemas. Mas eu não observo o sabá — informei-lhe, acrescentando: — Trabalho até no Yom Kipur.

Lembrei-me de Anne Klein e de mim, duas moças judias, empurrando araras até o Lincoln Center para um desfile e ouvindo o chofar (buzina de chifre de carneiro) anunciando o fim do dia santo. (Pelo menos, nos sentíamos culpadas por trabalhar.) Beth disse que aquilo era comigo, mas, anos depois, revelou-me que não marcava propositadamente nenhum compromisso externo para mim naquele dia, o mais santo de todos. Talvez minha futura professora de cabala,

Ruth Rosenberg, a tenha enviado a fim de me preparar para o que estava por vir.

Beth foi ao meu apartamento para nosso primeiro encontro e conversamos no quarto, onde lhe passei quatro pequenas pastas contendo nossas pesquisas preliminares e a lista dos trabalhos que precisaríamos fazer.

— O mais importante — eu disse — é encontrar espaço para desenhar enquanto esperamos nossa *maison* definitiva. Stephan não gosta desses rolos de tecidos no apartamento.

Até dispormos de um escritório apropriado, Beth poderia se virar na sala de conferências de Takihyo e eu iria lá para as reuniões quando necessário; mas, por enquanto, teria de desenhar em casa mesmo.

O *design* continuava sendo meu foco principal, é claro. Xiomara Grossett, como Jane, era outra *designer* da Anne Klein que saíra da empresa para morar na Itália. Ouvi dizer que estava de volta a Nova York e liguei para ela na mesma hora. Xio é uma artista extraordinária — seus desenhos contam a história da mulher, suas roupas e atitudes, captando perfeitamente o ponto onde a arte se encontra com o *design*. (A ilustração da página 234 é obra sua.) Com base em umas poucas palavras e gestos que lhe dirijo, ela consegue criar uma imagem perfeita do que tenho em mente e aperfeiçoá-la. Ao contrário de Jane, podia se juntar a mim imediatamente. Tínhamos nosso terceiro funcionário.

Trabalhávamos em meu cubículo, que possuía um espelho de moldura dourada e uma *chaise* no centro. Esboços de Xio inundavam as paredes amarelas e, em volta deles, montamos um painel semântico (*mood board* ou colagem). Trabalhando em casa naqueles primeiros meses, pude ter mais tempo para Gabby, que estava então com 10 anos. Ela adorava a bagunça e a novidade de me ver a seu lado, em companhia daquelas amigas jovens e simpáticas.

Gabby também gostava de estar com Patti o tempo todo. Patti fora a única funcionária que pude, sem problemas, tirar da Anne Klein & Co., pois Frank sabia que ela não ficaria lá depois que eu saísse. Começaria comigo depois do Ano-Novo, mas também foi ao meu apartamento para pedir apoio moral e trocar ideias. Tínhamos gostos parecidos em roupas e Patti era uma das amigas que eu queria vestir em minha nova coleção. Conversávamos muito sobre a indústria da moda e as roupas de que gostávamos ou não. Patti era eu de cabelos ruivos. Conhecia-me melhor do que eu mesma e ainda conhece. O fato de nossos maridos serem os melhores amigos e companheiros de motocicleta tornava tudo ainda mais divertido. Nós quatro planejamos esquiar no Natal, após concluir que precisávamos de um pouco de calmaria depois da tempestade.

Nosso estúdio provisório era no número 80 da rua 40 Oeste. Tinha dois andares, com grandes janelas para o Bryant Park e vista da cidade. Ao que tudo indicava fora o local onde Liz Claiborne iniciara sua empresa — um ótimo presságio. Enchemos o espaço com tanta pressa que não houve tempo para personalizar nada. Alida, Beth e Patti usaram prateleiras de armários embutidos como mesas (tinham de esticar as pernas para o lado quando se sentavam). Nosso pequeno *showroom* era uma cozinha elegante e preta, instalada pelo antigo ocupante, um *designer* de interiores. Para a recepção, Patti trouxe uma mesa de jogo recoberta com couro preto sintético e cadeiras que ganhara de presente de aniversário. No meio da sala, colocamos duas mesas Parsons enormes para mim e Xio — e também para Jane, que se desdobrava entre Nova York e seu emprego em Milão. Uma escada em espiral levava à saleta onde os modelistas trabalhavam. Em termos de criatividade, eu nunca fora tão feliz.

— Donna, precisamos urgentemente de um nome — disse Patti um dia. — Precisamos de uma marca, nem que seja um logotipo para nossa papelaria. Tenho usado um bloco de notas simples. Loucura! Quem somos, afinal?

— Isso é com você. Encontre um diretor de arte para criar nossa identidade e nos colocar nos livros — disse eu, referindo-me às revistas de moda.

Nosso negócio podia ser novo, mas eu estava na área havia dez anos, conhecendo muito bem as pessoas e as coisas que tinham de acontecer. Já havíamos contratado uma agência de relações públicas, Cristina, Gottfried and Loving, a mesma da Anne Klein. Gottfried era Carolyn Gottfried, ex-editora de moda do *WWD* e minha boa amiga desde Fire Island. Patti entrevistou várias agências de marcas e imagens, inclusive uma nova chamada Arnell/Bickford. Peter Arnell havia recentemente feito um projeto para Dawn na Bergdorf e ela o adorava. Não ia além disso a experiência de Peter com a moda, mas nós nos entendemos na mesma hora. Para mim, quando conheço alguém, o entrosamento é tudo, principalmente em termos criativos. Existe ou não existe. Peter era grande, um barril de alegria. Usava óculos bem redondos, daqueles que remetem aos olhos de uma coruja, camisa branca, calça cáqui e tênis brancos. Falava um milhão de palavras e expunha um milhão de ideias por minuto. Conversamos horas a fio, ele movido a café, eu a infindáveis copos de minha água fervida com limão. Peter me entendeu, captou minha mensagem e a essência do que eu desejava: criar um estilo dia e noite para a mulher urbana, que trabalhava como eu, proporcionando-lhe conforto e sofisticação. Sem perceber, eu havia redigido minha declaração de objetivos.

Agora, o nome. O mais óbvio seria pôr o meu na marca, mas isso não me parecia certo. Nem bom o bastante. Desenhara sob outro nome por muito tempo e me sentira protegida. Não é você que está lá para dar a cara a tapa, é seu trabalho. Meu nome soava fraco em comparação com o de Anne e eu não conseguia aceitá-lo. Então, um belo dia, vi uma caixa de sapatos guardada em nosso estúdio-cozinha para o próximo desfile. Li: "Maud Frizon Paris London". De repente, ocorreu-me uma ideia: "Que tal Donna Karan New York?". E repeti em voz alta: "Donna Karan New York". *Isso* soava maior que eu.

Comuniquei minha ideia a Peter.

— É a coisa mais boba que já ouvi — disse ele, fazendo uma careta. — E quanto às pessoas que moram em Los Angeles? Como ficam?

— Peter, Nova York é o mundo — ponderei. — A cidade mais cosmopolita de todas. Transpira sofisticação, modernidade, inovação, poder, tudo o que quero para a marca.

Peter finalmente concordou e reapareceu com as imagens mais inspiradas de Nova York que eu já vira. Em branco e preto. Intensamente românticas. Vistas desfocadas de pontes e prédios. Não havia mulheres nem roupas nas imagens, o que era ótimo, pois não podíamos pagar modelos. Apenas panoramas da cidade com "Donna Karan New York" em letras douradas embaixo. Patti e eu ficamos sem fala — o que não acontece sempre, podem acreditar.

— Essa é a visão de mundo da consumidora — explicou Peter. — Velocidade, luz, movimento, energia pura. Se pudermos vender-lhe Manhattan, comunicar fantasia e emoção, mostraremos a ela de onde as roupas vêm. E se ela se ligar a isso, então se ligará ao que vocês estão fazendo.

Não me contive de alegria. Se a Donna Karan New York era nosso bebê, aquele portfólio era nosso comunicado de nascimento.

É difícil descrever um milhão de coisas que acontecem ao mesmo tempo, mas assim era minha vida na época. Toda manhã, depois de tomar café com Gabby e me despedir de Stephan com um beijo, meu novo motorista, Marvin, me levava ao estúdio no novo e comprido Lincoln Town Car comprado por Takihyo. (Eu nunca tive carro nem motorista antes e ficava deliciada por entrar num lugarzinho sossegado, só meu, segurando uma xícara com água quente e limão, antes de encarar o escritório. Marvin, que ficou comigo anos e anos, era da Carolina do Norte — e, juro, nosso relacionamento era uma espécie de *Conduzindo Miss Donna*. Eu o adorava.) Quando eu aparecia, o caos começava. Telefones tocavam. Pessoas surgiam. Tecidos eram entregues. Meus compromissos diários se multiplicavam (com fornecedores, lojas, jornalistas) e eu passava as noites com minha equipe de *design*, Patti e Peter. Ele ficava conosco o tempo todo nos primeiros dias. Eu voava, turbinada por adrenalina. Nem podia acreditar que estava fazendo aquilo.

— Donna, o *Women's Wear* quer falar com você — chamava Patti. — Precisamos marcar com urgência uma data para as fotos.

— Ah, meu Deus! — exclamava Jane do outro canto. — Que visual mais elegante! Donna, venha ver esta jaqueta. Você estava certa quanto ao tom.

— Preciso da assinatura de Donna Karan aqui — dizia um carteiro, entrando com um pacote endereçado à Donna Karan New York.

—Andrew, pegue isto — pedia Beth ao recepcionista. — Donna, por favor, preciso de você aqui.

Beth tinha o controle de tudo e filtrava os visitantes. Guardava as chaves do estúdio, acendia as luzes, pagava as contas e gritava ordens para todo mundo. No trabalho, se Patti era minha irmã, Beth era minha mãe.

E meu pai era Julie Stern. Frank afrouxara, para ele também, a regra de "não tirar nenhum funcionário da Anne Klein" e Julie se tornara nosso presidente. Sempre irritado e revirando os olhos, era o primeiro a gritar comigo quando se sentia frustrado por algum motivo.

Julie me conhecera quando eu ainda era criança; e continuava me vendo como criança.

Certa vez, anos antes, íamos viajar para a Europa a fim de comprar tecidos. Atrasei-me para pegar o avião e parei para perguntar a Julie, já sentado, se ele tinha algum dinheiro.

— Por que está me perguntando isso? — estranhou Julie, franzindo as grossas sobrancelhas.

— Na correria, esqueci minha carteira — respondi.

Ainda não existiam caixas eletrônicos e os aeroportos mal checavam as identidades.

— *Esqueceu sua carteira?* — rosnou Julie. — *Vamos ficar fora dez dias e você esqueceu sua carteira?* — Todos os passageiros olhavam para nós, mas ele não se importou.

Repreendia-me diante de minha equipe de *design* o tempo todo, exigindo que eu *escolhesse* imediatamente entre 32 tons de preto ou teimando que eu não teria aquele *cashmere* divino de 200 dólares o metro, pintado à mão, bordado e de dupla face, por mais que o quisesse. Julie se reportava a Frank, de modo que era inevitável prestar contas — mas não muito. Apesar de seu temperamento explosivo, Julie era uma pessoa amável e muito cativante.

Montamos o negócio e desenhamos a primeira coleção simultaneamente, no início de 1985. Iríamos para nosso novo *showroom* no número 550, da Sétima Avenida, e faríamos a apresentação na mesma semana de maio, dali a quatro meses. Só de pensar naquilo eu sentia falta de ar.

Preto. A cor que combina com tudo. É sofisticada como Nova York, cai bem em qualquer pessoa, pode ser usada de dia e de noite, combina com qualquer roupa, não suja muito, é ótima para viagens, funciona como pano de fundo para joias, elimina quilinhos extras e dá brilho à pele, realçando a personalidade da mulher. Preciso dizer mais? Mas vou dizer de qualquer maneira. Você nunca se arrependerá por comprar uma peça na cor preta. Para o preto não há tempo, estação ou idade e ele parece adequado em qualquer parte do mundo. A meu ver, é um uniforme que se veste e pronto: tudo está resolvido.

Criativamente, o preto permite que o *designer* — eu, por exemplo — se concentre apenas na silhueta, na forma e na proporção. Para minha primeira coleção, o preto resolveu inúmeros problemas. Tínhamos vários rolos do crepe preto pelo qual eu havia me apaixonado na Itália. Então encomendamos uma tonelada de jérsei em lã preto para usar como musselina (o tecido básico que em geral os *designers* preferem ao criar protótipos). Eu gostava do jérsei devido à sua elasticidade natural. Na verdade, gostava tanto que o mantivemos na coleção já finalizada.

Nosso objetivo como *designers* era a perfeição, não a quantidade. Eu queria um guarda-roupa reduzido. Não importava a peça, ela tinha de ser perfeita, a única do tipo realmente necessária. Isso era fundamental, pois eu sonhava com o pouco que pudesse fazer muito: um guarda-roupa inteiro, para o dia e para a noite, com sete peças "fáceis". Cada item devia ser flexível e estar pronto para mudar em atitude e finalidade, dependendo da ocasião em que fosse ser usado. Tinha de ser uma mistura de masculino e feminino, pois não há nada mais *sexy* do que uma mulher com jaqueta, casaco, camisa ou suéter masculinos. Tinha, além disso, de acentuar o positivo e apagar o negativo, já que isso dá confiança à pessoa — e, para a mulher urbana, confiança é poder.

Nomeei-as minhas sete peças "fáceis", mas, vou ser franca, desenhá-las não foi nada fácil.

AS PRIMEIRAS SETE PEÇAS FÁCEIS

1. **O body.** O alicerce, a base, o ponto de partida. Coloque-o e você está vestida — quer acrescente uma calça ou uma saia, uma jaqueta ou um suéter. Inspirado por meu amor à yoga e à dança, o *body* garantia maciez por baixo de qualquer roupa. Conseguimos golas redondas e golas rulês perfeitamente ajustadas, tanto no jérsei quanto em cashmere. E para ir ao banheiro? Simples: três fechos na virilha — uma melhoria significativa em relação a meus Danskins.

   Alternativamente, fizemos uma camisa-*body* branca — sensual e feminina, baseada na versão masculina. Elegante e feminina, em crepe acetinado brilhante, com gola em V e punhos dobrados. O branco iluminava o rosto e contrastava com o preto. O V cavado alongava o pescoço, enquanto o *body* mantinha o decote no lugar.

   Meias-calças para completar. Jane e eu descobrimos nossa versão dos sonhos na Itália, feita por uma mulher que havia montado uma pequena fábrica em sua garagem. Eram as meias-calças mais opacas que já tínhamos visto. Quando combinadas com o *body*, a mulher estava protegida — literalmente. Se, por acaso, a saia se abrisse ou subisse (na hora de sair do carro, por exemplo), não havia problema.

   Por que roupas tão escuras? Porque eu queria uma linha alongada da cabeça aos pés, sem detalhes para distrair. O efeito não apenas emagrece como dirige a atenção para o lugar certo: o rosto, a mulher, a personalidade. Meias escuras também resolvem o problema das pernas de mulheres que se preocupam muito com elas: acham-nas excessivamente curtas, grossas, finas, ou seja lá o que for. Nossas meias-calças acabavam com essa preocupação.

2. A saia para transpassar e atar. Essa foi uma ideia de Jane. Devia ser cortada de modo a afinar e alongar o corpo. Eu sempre estreitava as saias à medida que se aproximavam dos joelhos, porque esse truque emagrece. Não posso dizer quanto tempo gastamos nessa saia para fazê-la parecer casual. Xio era a única capaz de dar ao transpassado o ajustamento que eu mesma dava, por isso foi chamada para vestir as modelos em todas as apresentações. Tínhamos também a saia-lápis. Use-a com um *body* que combine, acrescente um cinto largo de couro de crocodilo (cobrindo o cós da saia e assim você tem um vestido). Minimalismo. Luxo. Genial.

3. As calças. As mulheres nunca gostam de seu visual quando vestem calças, eu inclusive. Preocupam-se com os quadris, a barriga, o bumbum. Eu estava determinada a mudar isso. Oferecemos duas escolhas: calças clássicas inspiradas nas masculinas e calças retas que desciam até os tornozelos. Feitas de meu crepe favorito, qualquer das duas afinava a silhueta. Usadas com o *body* e o cinto largo, tinha-se um macacão. Para um visual mais arrojado, bastava vestir uma saia por cima daquela calça. (E nem se fala na economia de peso nas malas.)

4. A jaqueta. Eu era filha de alfaiate, por isso sabia o que era precisão. De crepe preto ou cashmere bege, nossas jaquetas tinham um ajuste sensual ao corpo. Uma vez que as mulheres já carregam nos ombros um peso tão grande, eu queria dotá-las de ombros que transmitissem autoridade. Queria também uma lapela grande, um torso esculpido, uma postura descontraída e bolsos perfeitamente arqueados à altura dos quadris. Nossas jaquetas eram compridas o bastante para afinar os quadris e a barriga, mas não tão compridas que encolhessem as pernas. Apesar da estrutura, insisti em infundir-lhes a sensualidade e o conforto dos suéteres. Depois de horas e horas de trabalho, muitas tentativas e erros, chegamos lá. Era uma jaqueta que a mulher não precisaria, nem desejaria, tirar — por ser extremamente confortável.

5. **A jaqueta transpassada de camurça.** Essa peça dava um ar esportivo à linha. Em camurça de vicunha, comprida até a cintura, tinha uma longa lapela cavada, o peito drapejado e mangas raglã. Podia-se vesti-la com calças, saias ou jeans — valia tudo. Para mim, pele sobre pele é tão essencial quanto o toque do cashmere. Acrescenta uma dimensão e uma textura *sexy* a um guarda-roupa urbano. Nunca fiz uma coleção sem uma jaqueta de camurça ou couro de algum tipo, estilo motoqueiro ou de lã de carneiro. (O aroma dessa camurça de vicunha acabou sendo um dos ingredientes de meu primeiro perfume.)

6. **O casaco bege.** Para mim, um casaco é um elemento essencial no guarda-roupa, não um acessório. Inspirado na clássica gabardine, esse casaco era uma mescla de masculino e feminino: ombros fortes, mangas raglã (assim você poderia jogá-lo sobre uma jaqueta) e cinto próprio para ajustar a cintura com atitude. Elegemos o *cashmere* bege de tons dourados. Nunca saía de moda e era um toque aconchegante para o preto, o branco e o cinza em nossa linha. Tal como joias de ouro.

7. **A saia dourada de lantejoulas.** O elemento noite era essencial. Era necessária uma peça que pudesse transformar qualquer uma das citadas acima para a noite, quer a mulher fosse a um jantar ou a um evento de gala. As lantejoulas douradas fizeram isso para mim. Era a nossa mesma saia transpassada, mas comprida até o chão. Vista-a sobre o *body*,

acrescente algumas joias grandes e exuberantes e terá uma saia de lantejoulas moderna para um baile de gala.

Havia mais peças. Um fabuloso casaco de corte amplo. Uma túnica drapeada, fechada na frente. Uma saia comprida acinturada. Vestidos de noite sensuais. Mas as sete mencionadas eram as básicas, o uniforme elegante e "fácil" que valia por um guarda-roupa. A estrutura reduzia-se ao mínimo, o que não era comum na época; eu queria que as peças parecessem uma segunda pele, sem nada para atrapalhar os movimentos. Era um novo tipo de classicismo — como o guarda-roupa de um homem, mas talhado para uma mulher forte. Igualzinho às peças que meu pai fazia para minha mãe.

Por fim, acrescentei um toque pessoal. Dado o meu amor pela arte, queria um verdadeiro elemento artístico para realçar as roupas. Tinha de ser algo expressivo — não apenas joias, mas um casamento de tecido com metal, de delicadeza com força. Na Anne Klein, eu havia trabalhado com o joalheiro Robert Lee Morris e tinha ficado profundamente ligada à sua escultura sensual, tribal. Não havia modismo ali. Cada elemento tinha um toque de deusa guerreira, tal como minha visão da mulher urbana.

Quando pedi a Robert que colaborasse comigo em meu novo empreendimento, seu rosto se iluminou. Abriu seus estojos de joias para mim e brinquei com elas por horas. Foi como no Natal, eu tirando peça após peça e exclamando: "Mais desta!" e "Esta aqui, só que maior, mais ousada!" Ele tinha grandes pérolas douradas, braceletes, cordões de serpentes fragmentadas. Logo imaginei cintos com placas de metal e fivelas feitas à mão. Essas peças douradas dariam definição à simplicidade das roupas, e a combinação de preto e dourado se tornaria a assinatura da Donna Karan New York. Nossa parceria fora sem dúvida decretada pelo destino.

Tínhamos também uma conexão pessoal. Como eu, Robert é uma alma jovem, com entusiasmo de criança pela criação. Eu sabia disso por ter trabalhado com ele na Anne Klein. Robert faz tudo instintivamente, é um escultor autêntico que traz o primitivo para o moderno. Nós dois não suportamos um ambiente estruturado. Colaboramos intuitivamente: eu adoro envolver um corpo com tecidos, enquanto ele molda a peça orgânica de metal capaz de iluminar esse corpo.

Aos elementos básicos acrescentamos chapéus vibrantes, organicamente moldados, do chapeleiro Maeve Carr, bem como lenços de cabeça de jérsei presos por alfinetes RLM. Terminamos com um cinto justo de couro de crocodilo, escarpins de camurça para continuar a linha estabelecida pelo tecido de malha e as meias-calças mate, luvas de camurça e uma bolsa de couro grande o bastante para a mulher levar tudo de que precisa durante o dia e ao mesmo tempo elegante o bastante para se tornar parte de seu corpo. Fizemos uma manta de *cashmere* para jogar sobre os ombros de dia e enrolar no corpo à noite (ou usar como cobertor no avião e mesmo num quarto de hotel). Calculamos que todas essas roupas, joias e acessórios venderiam pouco, quase como uma edição limitada de peças. Não tínhamos ideia do que estava por vir.

Havíamos tomado o caminho certo. Foi muito divertido criar algo tão especial, tão moderno, tão apropriado em todos os níveis. Tudo o que eu fiz antes na vida havia me conduzido àquele momento. Pouco me importava a opinião dos outros. Em minha mente, aquelas eram as roupas que eu tinha nascido para desenhar, a essência pura do que eu queria dizer. Eu tinha dado um grande passo criativo — que moldaria o resto de minha carreira.

13 HORA DO SHOW

— Olá, querida! Vou ficar só hoje na cidade, por isso vamos nos encontrar.

Era Sonja Caproni, minha amiga e *merchandiser* de moda da I. Magnin, em San Francisco.

Eu estava muito ocupada, mas não podia perder a oportunidade de passar algum tempo com Sonja, que havia parado em Nova York a caminho dos desfiles de Milão. Muito parecida com Sophia Loren, Sonja era sofisticada e cosmopolita. Gostava de ajudar como ninguém. Num evento especial recente da Anne Klein com fornecedores para apresentar as mercadorias (*trunk show*), confidenciei-lhe que pretendia desenhar minha própria coleção.

— Faça isso, Donna! — encorajou-me ela. E chegou a me apresentar um pedido em aberto com sua assinatura, rematando:
— Compraremos o que você desenhar.

Sonja e eu fomos ao Whitney Museum, que apresentava uma mostra de Jonathan Borofsky intitulada "All Is One" [Tudo É Um]. Borofsky é um escultor americano especializado em exposições multimídia. Tudo naquela mostra era tridimensional. Em vez de olhar passivamente para a arte, o público interagia com ela, passeando em volta e dentro dela, ouvindo-a, vivenciando-a. Era algo incrivelmente moderno. Eu disse a Sonja:

— Quero que meu desfile seja exatamente como esta mostra!

— Por falar nisso, como está indo o *design*?

— Venha e veja com seus próprios olhos — respondi. — Você será a primeira. — Eu confiava em Sonja e estava ansiosa para ter uma opinião preliminar.

— Muito, muito elegante! — exclamou ela mais tarde, sentada em nossa pequena cozinha preta. Havia gostado do trabalho, isso eu podia garantir. Pedi-lhe que experimentasse o *body*, que caiu perfeitamente em seu corpo.

— Fique com ele! — ofereci. — Para usar na Europa.

Nem meia hora depois de Sonja sair, Julie entrou gritando:

— Mas que diabo, você ficou louca? Deu-lhe a peça-chave da coleção e ela vai para a Europa? Traga-a de volta, *agora*!

Sonja foi para a Europa sem o *body*, mas contou a todo mundo quanto havia gostado das peças que eu tinha mostrado. O boca a boca é decisivo no ramo da moda, de modo que logo o telefone começou a tocar com pedidos para ver a coleção. Apesar do barulho todo, sempre que alguém se sentava em nossa pequena cozinha escura, na presença de nossas modelos de prova Gina e Doreen, parecia que eu lhes apresentava algo exclusivo. Estávamos tão no começo que tínhamos de exibir as roupas a alguns metros de onde as desenhávamos. Era como dar um jantar na cozinha, sem nenhum cantinho que servisse de esconderijo. Mas fizemos de tudo para dotar o acontecimento de um ar profissional e até elegante. Patti trazia sua louça fina, sua baixela de prata e seus guardanapos de linho. Beth, transtornada, encomendava refeições. Alida corria a buscar flores na floricultura coreana da esquina. E Andrew, nosso recepcionista, saía para comprar frutas frescas, fatiava-as e dispunha-as numa das bandejas de Patti. A fim de nos prepararmos para a visita da Bergdorf

Goodman, nosso Santo Graal dos lojistas, Patti ligou para o escritório de Ira Neimark — CEO e presidente da loja — e perguntou o que ele desejaria para o almoço.

— Ele gosta de empada de galinha — foi a informação. Beth saiu para procurar a empada certa. Nada muito requintado: mal podíamos pagar as contas de luz.

A 5 de abril de 1985, um mês antes de nosso desfile, o *Women's Wear Daily* anunciou oficialmente a coleção em reportagem de primeira página:

Um primeiro vislumbre da Donna Karan

Num brinde à sensualidade, Donna Karan está criando uma coleção de outono onde se mesclam o espírito e o luxo que ela sempre quis. Para sua primeira coleção, Karan não esqueceu seu gosto pelo corte masculino, mas acrescentou-lhe uma consciência corporal fluida que é absolutamente feminina.

A foto da capa mostrava Doreen e outra modelo vestindo dos pés à cabeça nossos trajes exclusivos, completados com chapéus e joias de Robert, postadas diante de nossa enorme janela que abria para a cidade, lá embaixo. Dentro, uma página dupla exibia a coleção inteira. Não era preciso mais. A pobre Patti e nossa agência de relações públicas estavam inundadas de pedidos, ameaças e ultimatos de pessoas que queriam assistir ao desfile. A largada havia sido dada.

Dias antes do desfile, nos mudamos para nossa nova casa, desenhada pelo arquiteto Nicholas Goldsmith. Mas fizemos mais que mudar para o número 550 da Sétima Avenida. Todos os grandes nomes estavam lá: Oscar, Ralph, Bill Blass, Geoffrey Beene e Karl Lagerfeld. Faltavam apenas os Klein — Calvin e Anne —, que dispunham de andares demais no número 205 da rua 39 Oeste para sair de lá. No novo endereço, o décimo quarto andar estava desocupado e nós o alugamos. (Era na verdade o décimo terceiro, o que considerei mais um bom presságio, pois meu apartamento também se situava num décimo terceiro andar.)

A reforma ainda não estava concluída. Nossos catorze funcionários é que transportaram suas coisas do número 80 da rua 40 Oeste, fazendo cada qual diversas viagens. Beth alugou carrinhos de mão para as caixas pesadas e pediu ajuda a alguns amigos da Anne Klein para transportar as mesas Parsons. Julie e sua esposa, Nina, chegaram com uma sacola cheia de material de limpeza e deram brilho às mesas e cadeiras de metal com Windex. Julie era assim. Embora presidente de nossa nova empresa, mostrava-se o menos pretensioso dos homens que jamais existiram.

Imaginem a cena: nós estendendo as roupas, vestindo as modelos, experimentando músicas e elaborando cenários enquanto os operários instalavam os assentos e passarelas em nossos três *showrooms* conjugados. Acrescentamos um toque gráfico e arquitetônico esticando um tecido em toda a extensão do teto, à semelhança do que Stephan tinha feito no desfile de outono de Anne Klein anos atrás. Isso deu uma sensação de aconchego ao ambiente, como se estivéssemos num casulo. A equipe terminou a uma e meia da manhã, no dia do desfile. Todos ainda continuávamos lá, é claro. Voltei para casa uma ou duas horas depois, o suficiente para descansar um pouco na cama, abraçar Stephan e levar Gabby à escola. Marvin veio me apanhar às sete.

Na sexta-feira, 3 de maio de 1985, meu exemplar do *Women's Wear Daily* esperava por mim no carro. Havíamos conseguido a primeira página. "Karan Hoje", anunciava o título que encimava a foto de uma modelo com nosso vestido de noite com bustiê de *cashmere* tricotado, contra um fundo de cortinas brancas. Foi isso.

Queenie e nosso Pontiac amarelo conversível

Minha foto escolar do sexto ano

Mamãe e eu no Camp Alpine (eu tinha 11 anos)

Queenie e meu padrasto, Harold Flaxman

Gail e eu no dia de seu casamento

Último ano de colégio

Com meu vestido Anthony Muto

Macacão de meu
primeiro desfile

O cabide da loja de meu pai

Um modelo da Anne Klein que eu não hesitaria em usar hoje

new york

Desenhando em meu primeiro apartamento em Manhattan

Com Louis Dell'Olio no estúdio da Anne Klein

Foto publicitária de Louis e eu

Com meu casaco de pele de raposa prateado (o mesmo que Anne Klein usava)

Eu e Gabby com 1 ano de idade

Com Gabby e Mark em Fire Island

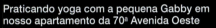
Praticando yoga com a pequena Gabby em nosso apartamento da 70ª Avenida Oeste

Com Gabby no estúdio da Anne Klein

Com Stephan, nosso bom amigo Saul Zabar e nossas crianças

Fumando meus Pall Malls

Meu casamento com Stephan, 11 de setembro de 1983

Gabby, Corey e Lisa

Telegrama de Stephan me pedindo em casamento

Minha velha amiga Ilene Wetson, Stephan e eu

Com o tio Burt Wayne

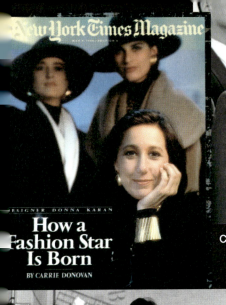

Campanha presidencial de Donna Karan, 1992

Bodies no desfile de primavera de 1985

Vestindo a modelo Gina DiBernardo

As primeiras Sete Peças Fáceis na revista *Elle*

Minhas equipes de design da Donna Karan e DKNY em East Hampton, início da década de 1990

DKNY agitando em Nova York

Meu anoraque e jeans favoritos da primeira linha DKNY

A família DKNY (inspirada na minha própria)

Com Jane Chung, minha outra metade na DKNY

Os táxis "amarelinhos", uma inspiração essencial

Campanha do outono de 1994 da DKNY

Terno masculino da DKNY

Nosso icônico vestido "de mergulho" em neoprene

Eu e Stephan, fotografia de Lynn Kohlman

Nós dois trabalhando

Ele em seu estúdio de Greenwich Village

Caminhando em Canyon Ranch, Arizona

CFDA unido após o 11 de Setembro

Com Anna Wintour e Carolyne Roehm durante o primeiro evento Seventh Sale para angariar fundos

Com Stefania e Gabby no Super Saturday

Minha companheira de spa e viagens, Linda Horn

Kids for Kids: com Liz Tilberis, Hillary Clinton e Elizabeth Glaser

Stephan e eu com Liz Tilberis, Kate Moss e Johnny Depp no Kids for Kids

Kathleen Boyes, Patti Cohen e Marni Lewis

Com Peter Speliopoulos e a estilista Nicoletta Santoro

Com Denise Seegal, Mary Wang, Linda Beauchamp e Sonja Caproni

Bonnie Young e Gabby

Tommy Tong, Julie Stern, Kyoko Nagamori e Nelly Biden

Bessie Afnaim e Oliver Corral, designers do Urban Zen

Do canto inferior esquerdo: Xio Grossett, Shelly Bromfield, Bonnie Young, Beth Wohlgelernter, Istvan Francer, Jane Chung, Robert Lee Morris, Julie Stern, Alida Miller, Patti Cohen e Edward Wilkerson

Lynn Kohlman, Colleen Saidman Yee e Rodney Yee

Com Marisa Berenson

... e Christy Turlington Burns

... com Trudie Styler e Sting

... e Ralph Lauren

... com o colega yogue Russelll Simmons

Barbra vestindo Donna Karan

Com meu ídolo, Giorgio Armani

Com Deepak Chopra e Arianna Huffington

... e Bernadette Peters

Assistindo ao Oscar com Oprah e Mary J. Blige

Com Natasha Richardson e Gabby

Com Susan Sarandon, que me entregou o CFDA Lifetime Achievement Award, em 200-

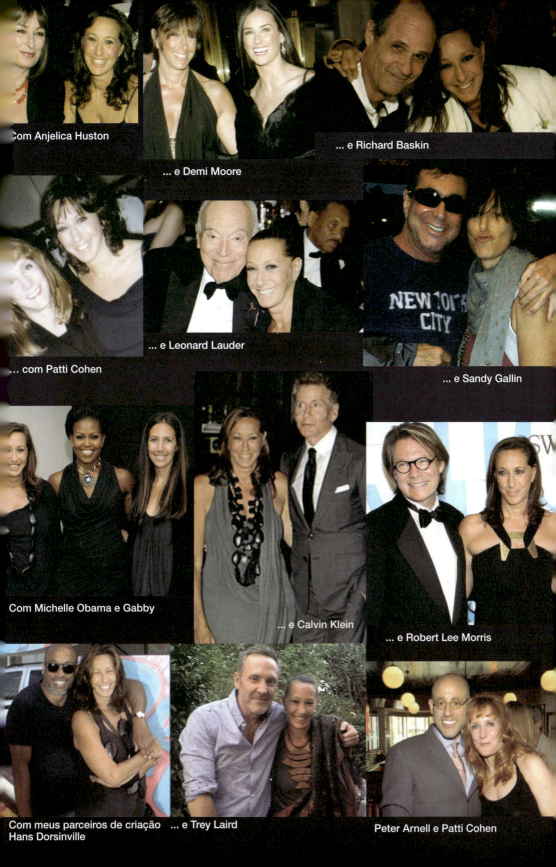

Steve Ruzow, eu, Stephan, Tomio Taki e Frank Mori em nossa estreia em Wall Street

Nossa volta comemorativa a bordo de um veleiro ao longo de Manhattan depois da abertura de capital

Inspirada pela mostra de Borofsky, pedi que as modelos permanecessem em passarelas separadas, vestindo apenas *bodies*. Quando todos já estavam sentados, as garotas começaram a se vestir, camada sobre camada. As roupas ganhavam vida bem diante do público. A coisa toda era bastante confusa para mim — nos bastidores, tentava me lembrar de não me esquecer de nada. O espetáculo terminou com a canção que se tornaria a marca registrada de nossos desfiles: "New York State of Mind", de Billy Joel.

Agora, cruzando a passarela — na verdade, uma rampa sinuosa estendida pelos três recintos —, eu não era a única que chorava. O público chorava também. Stephan. Frank. Tomio. Tio Burt. Dawn, da Bergdorf. Grace Mirabella, então editora-chefe da *Vogue*. Polly Mellen, a lendária editora de moda e estilista. Carrie Donovan, da *New York Times Magazine*. O público, em lágrimas, me ovacionou de pé, parecendo que não ia parar nunca. Fizemos três desfiles naquele dia — as salas eram muito pequenas — e todos terminaram da mesma maneira. Naquele momento, nem minhas inseguranças mais arraigadas podiam eclipsar o fato de que eu tinha sido aceita e reconhecida universalmente.

À noite, Stephan e eu demos um despretensioso jantar em nosso apartamento para os funcionários, familiares e amigos mais chegados. Às 10h55, Patti e Ilene foram de táxi a uma banca na Sétima Avenida para comprar o *New York Times* do dia seguinte. Percebi que os olhos azuis de Patti estavam úmidos quando elas voltaram.

Donna Karan Estrela com Brilho Próprio

por Bernadine Morris

A sala se transformou num pandemônio quando as três últimas modelos apareceram com seus provocantes vestidos de noite de *cashmere* preto, sem alças nos ombros nem recortes no abdome. Todos, na sala, queriam tocar, beijar e cumprimentar Donna Karan. Estreitamente ligada à organização Anne Klein por boa parte de sua vida profissional, a *designer* apresentou ontem a primeira coleção sob seu próprio nome. Sucesso imediato.

O *Women's Wear Daily* chamou meu desfile de "destaque da temporada na Sétima Avenida... A moda de Nova York no ápice de sua sofisticação" e descreveu as roupas como "perfeição absoluta". A manchete do *Chicago Tribune* informava: "Primeira Coleção de Karan: Sucesso Instantâneo".

A loucura que se seguiu foi ainda maior que a do meu primeiro desfile solo na Anne Klein. Minha vida se transformou num dilúvio de entrevistas, fotos, reportagens exclusivas, encontros em lojas e negociações com meus sócios. Eu queria preservar a exclusividade e só vender para a Bergdorf e a Neiman Marcus, ou talvez a Browns em Londres. Mas Frank esclareceu que era necessário abastecer outras grandes lojas, pois estávamos ligados à Anne Klein. *Se não pudermos comprar da Donna Karan*, ameaçavam os revendedores, *não compraremos da Anne Klein.* (Pode haver muita política na moda.) Não estávamos preparados para produzir tantas roupas assim e esforçamo-nos para resolver esse problema mediante uma estratégia rotativa, entregando os produtos a uma loja numa semana e a outra na seguinte. O sistema estava longe de ser perfeito e os lojistas não se mostraram nada satisfeitos, mas conseguimos vender essa primeira coleção a 120 das lojas mais prestigiosas do país, entre elas a Bloomingdale's, a I. Magnin e a Saks Fifth Avenue (esta nos colocou em onze de suas 41 lojas).

Eu tinha uma visão bastante específica de nosso negócio a varejo. Queria que as lojas nos dessem butiques integradas para expor tudo o que produzíssemos — roupas, bolsas, sapatos, joias, meias — num só lugar. Não queria que meus clientes ficassem vagando pelos departamentos a fim de completar um *look*. Nenhuma das grandes lojas ouviu essa proposta de bom grado: elas gostam de vender sapatos no departamento de sapatos e bolsas no departamento de bolsas. Isso levou a incontáveis negociações e dores de cabeça, mas no fim conseguimos impor nossa ideia.

Eu avançava com cuidado. Como uma *designer*, não uma mulher de negócios, e aquele era um mundo completamente novo para mim. Um belo dia, entrei e sentei-me na mesa de Alida, diante da de Patti, e comecei a remexer na pilha de correspondências à minha frente.

— Que está fazendo? — perguntou Patti. — Esse trabalho é da Alida!

— Meu nome está aqui — repliquei, muito séria.

— A empresa toda tem seu nome, Donna — ponderou Patti, rindo. Eu não achei graça nenhuma naquilo; achei esquisito. Donna Karan era agora uma marca, não uma pessoa. Um nome, sim, mas possuído e manejado por outros. Isso assinalou o início de minha evolução de mulher privada para marca pública de moda e não posso fingir que tal coisa me fosse agradável — ou que ainda seja. Meu nome jamais seria meu e só meu dali por diante.

Nosso primeiro *trunk show*, uma pequena reunião onde clientes VIP conhecem antecipadamente uma coleção e já fazem seus pedidos, foi na Bergdorf, a 18 de junho de 1985. Estaríamos em todas as vitrines da Bergdorf da Quinta Avenida — meu grande sonho se realizava — e Patti ajudava a montar a exposição. Por volta das dez da noite de terça, antes do evento, olhei para Beth, no outro lado da sala, e sussurrei:

— Que tal ir dar uma espiadinha?

Chamamos Marvin, entramos no carro e fomos para o número 57 da Quinta Avenida. Eu ainda segurava minha caneca de água morna com limão quando descemos; e, ao ver as vitrines ainda cobertas de papel pardo, meu coração quase parou. Mas um dos rapazes me reconheceu. Pôs um dedo nos lábios e tirou o papel. Lá estava: fundo preto, roupas pretas, chapéus pretos em contraste com a camisa branca, a saia de lantejoulas douradas, o casaco bege e todas as joias de ouro de Robert. E, em letras douradas na vitrine, *Donna Karan New York*.

Minha mente voltou a 1972, na época em que parei diante das vitrines da Bonwit Teller a fim de contemplar minha primeira coleção para a Anne Klein. Naquele momento, senti muito a falta de Harold. *Você conseguiu, Donna*, imaginei-o me dizendo agora. "Você tem razão, papai. Consegui mesmo", murmurei para a noite.

O dia seguinte foi um pandemônio. Nosso espaço era o primeiro a ser visto bem no alto da escada rolante. As mulheres estavam malucas e eu observava tudo em êxtase.

— Que acha, Donna? — Era Dawn Mello, que se postara ao meu lado.

— Honestamente, nunca pensei que ia vender tanto — respondi, sem o mínimo de falsa modéstia.

O *New York Times* relatou que, em nossa primeira temporada, vendemos mais por metro quadrado na Bergdorf Goodman do que qualquer outro *designer*. A Saks disse a mesma coisa de suas lojas que exibiram nossas roupas. A Bergdorf se tornou o lar de nossa marca fora de nosso lar. Minhas lembranças dessa época são inúmeras, um verdadeiro tesouro para mim. Queríamos que nosso espaço na loja fosse exclusivo, de modo que as roupas ficassem penduradas atrás de portas corrediças e não apenas em araras (muito elegantes, por sinal). Certa vez, insisti em nichos escuros para nossos suéteres, mas descobri que não seria possível ver roupas pretas ali (o que não era nada elegante). Não bastasse tudo isso, eu vivia esbarrando com amigos.

— Barbara Walters está nos provadores — avisou Patti um dia, quando paramos diante da loja. — Você precisa ajudá-la.

Fiz mais que ajudar. Dei-lhe, literalmente, algumas peças que estava vestindo e que ainda não tinham ido para a loja. Barbara ficou muito elegante, sentindo-se fabulosa — algo bem distante de quando usou minhas roupas Anne Klein na televisão, anos antes. Patti me deu um roupão felpudo que trouxe do departamento de roupas íntimas e eu me esgueirei pela porta lateral até o carro.

Em outra ocasião, resolvi um problema médico de uma mulher recorrendo à moda. Eu estava fazendo uma apresentação pessoal de nossos acessórios no primeiro andar quando ela se aproximou.

— Eu adoraria usar suas joias, mas não posso — disse ela, mostrando um colar cervical em sua bolsa.

— Venha comigo — pedi-lhe, e levei-a ao departamento de meias. Pegamos um par de meias pretas, fizemos um invólucro para seu colar cervical e pregamos nele um alfinete RLM. É espantoso o que meias pretas podem fazer num passe de mágica.

Podem também salvar a nossa pele. Minha amiga Sonja Caproni foi certa vez a um jantar do Fashion Group vestindo *body*, meia-calça e uma saia de lantejoulas douradas. Estava dançando com Michael Coady, editor do *Women's Wear Daily* e sujeito brincalhão, quando ele, de propósito, desatou sua saia, que caiu no chão. A imprensa não deixou passar o incidente, é claro, mas Sonja apenas riu. "Graças ao *body* preto e às meias-calças", disse ela, com alívio, "não foi tão embaraçoso quanto parece."

Por falar em meias-calças pretas, Stephan e eu concordamos logo de início em controlar todo o negócio e fazer tudo nós mesmos. Licenciaríamos nossa marca apenas quando precisássemos de *expertise* e foi assim que passamos a trabalhar com a Hanes.

As meias haviam se tornado uma obsessão para mim. As meias-calças pretas da senhora da garagem na Itália estavam dando problemas. O material não tinha o tipo de "memória" que eu desejava. Era bom para desfiles, mas a vida real não é a mesma coisa e os joelhos das meias se tornavam frouxos com o uso! Cathy Volker, uma executiva nova da Hanes, veio ao meu escritório.

— Quero uma coisa e uma coisa só — eu lhe disse. — Meias opacas que não deixem ver um milímetro sequer de pele, nem mesmo quando o joelho estiver dobrado. Vou testá-las pessoalmente. E precisam envolver a pessoa dos pés ao pescoço sem necessidade de cinta.

Havia um motivo para eu insistir na opacidade total. Minha próxima coleção de outono seria toda de saias curtas. Eu precisava de uma linha fluida e não queria que as mulheres ficassem preocupadas com suas pernas ou rejeitassem uma nova proporção por estarem autoconscientes de suas coxas e panturrilhas.

Cathy entendeu o problema. Foi à fábrica da Hanes e os fez inovar a tecnologia para obter a opacidade que eu desejava. Disse-me que fizeram trinta testes para chegar ao resultado pretendido. Não se tratava meramente de empregar um fio mais resistente, mas também do modo de tecê-lo e manipular tecnicamente as agulhas. Como eu, Cathy não conhecia a palavra "não". Fez com que a coisa acontecesse e uma nova máquina para meias surgiu no processo.

Meias pretas eram tão importantes para meus *looks* que mandei colocar um par delas em cada provador a fim de que as mulheres as vestissem quando provassem as roupas. Meu raciocínio era que uma mulher compra suas peças de outono quando o tempo ainda está quente, e usar meias parece fora de hora e pesado demais sobre uma perna nua. (É o contrário de comprar uma roupa de banho no meio do inverno — nenhuma situação é ideal.) Quando as lojas me disseram que eu estava louca, retruquei: "Ah, é? Vocês não passaram a vender muito mais roupas com as meias nos provadores? E vêm dizer que eu enlouqueci?" Hoje, ter meias sempre à mão é imprescindível nas grandes lojas.

— Stephan, você ficou maluco? — perguntei. — Eu já disse não.

Eu poderia fazer muitas coisas, mas anunciar desodorantes já era demais.

— Precisamos do dinheiro — insistiu ele. — Aumentaram a oferta para 100 mil dólares e outros 100 mil caso usem o comercial no ano que vem. Não podemos nos dar ao luxo de recusar.

Stephan tinha razão. Nossos 3 milhões originais escorriam como água. Quando a agência de publicidade do Dry Idea da Gillette contatou Beth com uma oferta de 25 mil dólares para que eu aparecesse num comercial, eu recusei terminantemente. Mas a agência subiu a oferta e Beth transmitiu-a a Stephan, pois sabia que ele se interessaria. Assinamos o contrato e eles até nos convidaram para ajudar na redação do texto. Pediram que sugeríssemos três "nuncas", que acabaram entrando no anúncio:

KARAN: Há três "nuncas" no *design* de moda. Nunca confunda modismo com moda. Nunca se esqueça de que seu nome aparecerá em cada rótulo. E, ao mostrar sua linha para a imprensa, nunca deixe que a vejam suar.

ANUNCIANTE: É aí que entra o novo Dry Idea em bastão. Máximo controle. Mantém você mais seca que qualquer outro desodorante em bastão.

KARAN: Ficar tenso é compreensível. Parecer tenso é estar fora de moda.

ANUNCIANTE: Dry Idea. Nunca deixem que a vejam suar.

Lá estava eu na TV, usando tantas peças da Donna Karan New York quanto podia sem me sentir desconfortável — tratava-se, afinal de contas, de um comercial nacional. Foi um sucesso e, dada a repercussão, a Gillette renovou rapidamente nosso contrato por mais um ano e mais 100 mil dólares.

Agora eu tinha outro lema: nunca despreze um comercial que faça propaganda gratuita de sua marca.

14 | DE MULHER PARA MULHER

Percebi que havia realmente conseguido quando apareci na capa da *New York Times Magazine* de 4 de maio de 1986. A manchete dizia: "*Designer* Donna Karan: Como Nasce uma Estrela da Moda", para um artigo de autoria da famosa editora de moda Carrie Donovan. Já estava me sentindo o máximo. Deixando os outros para trás, ganhei o prêmio CFDA de 1985 para *designers* femininas do ano por minha primeira coleção, bem como o prêmio especial CFDA por destaque em vestir a mulher dos pés à cabeça. Mas aquela matéria de capa significava muito mais que qualquer prêmio. Para uma nativa de Nova York criada na Sétima Avenida, não havia nada melhor.

E também não havia nada mais assustador. O sucesso é traiçoeiro. Nunca acreditamos nele ou pensamos que vá durar. Eu havia colocado meu coração, alma e vida naquela primeira coleção e agora precisava fazer tudo de novo, de novo e de novo. E se não tivesse nada de novo a dizer?

Enquanto isso, Peter Arnell contava minha vida nos comerciais.

— Mostramos a perspectiva a partir de seu carro — disse ele. — Agora é hora de virar a câmera e mostrá-la em casa, no escritório, no interior do carro com Marvin.

— Peter, minha vida é uma bagunça — confessei-lhe, lembrando a pilha de papéis em minha escrivaninha e os montes de roupas espalhadas sobre minha cama. Até os quartos de hotel onde eu ficava pareciam ter sido varridos por um ciclone pouco depois de minha chegada. (Quando Julie e eu viajávamos juntos, ele sempre ameaçava tirar fotos.)

— Mas essa é a questão — disse Peter. — A vida de *todo mundo* é uma bagunça. E foi em resposta a essa bagunça que você criou uma marca.

— Tudo bem, mas não vai ser sobre roupas. Nada me aborrece mais do que isso — repliquei. Falava a verdade. Nunca fiz moda pela moda. O que me fascina é a mulher que veste as roupas. Meu primeiro objetivo, ao desenhar, sempre foi conseguir que a mulher seja vista primeiro. Se alguém comenta primeiro as roupas, então não fiz bem meu trabalho.

Peter e eu decidimos contar uma história íntima numa série de anúncios a fim de mostrar como uma mulher (eu, minha cliente) vive no dia a dia, misturando o privado com o profissional. Como eu, o único momento de sossego dessa mulher seria no carro. Caso percebêssemos que ela estava autoconsciente ou posando, descartaríamos.

Contratamos a modelo Rosemary McGrotha como meu *alter ego*. (Muita gente pensou que ela era eu — ah, se eu me parecesse mesmo com ela!) Demos-lhe um marido, o ator Peter Fortier, e um bebê, Mackensie — filho de Lisa, que era na verdade a primeira neta minha e de Stephan. O fabuloso fotógrafo Denis Piel captou nossa mulher arrumando-se no quarto, com o bebê sentado na cama desfeita e brincando com joias. Mostrou-a na pedicure, ao telefone no trabalho, saindo do avião com suas malas, sendo abraçada na cozinha pelo marido e no carro com o bebê brincando com um telefone. Só se viam vislumbres das roupas, pois *ela* era o foco. Esse foi o tema central da campanha. Sem dúvida, tratava-se de uma visão romantizada das coisas: ela parecia incrivelmente serena apesar do peso que carregava e seu bebê nunca chorava nem babava. Existe realidade e *realidade*.

A minha era constituída por momentos caóticos, não planejados. Um dia antes de meu desfile de primavera de 1987, eu tinha Naomi Campbell, Christy Turlington e Linda Evangelista (as supermodelos originais) em meu ateliê para provas. Na época, as modelos ganhavam honorários exorbitantes para mínimos de duas horas (7.500 dólares para prova e desfile, e faziam muitos por dia). Minha boca estava cheia de alfinetes quando Beth encostou um telefone em minha orelha e me disse que era Stephan.

— Gabby precisou ser hospitalizada — disse ele. — Fumou um cigarro e teve uma crise forte. — Gabby era adolescente e sofria de asma crônica. — Estou com ela — prosseguiu Stephan. — Venha quando puder.

Tirando os alfinetes da boca, comecei a chorar. Devia ir ou ficar? Qual seria a coisa certa a fazer? Como qualquer malabarista, fiz as duas. Fiquei para as provas e tarde da noite, com Patti, fui ao hospital. Acabei dormindo no quarto de Gabby e na manhã seguinte fui direto para o desfile.

Nós, mulheres, temos todas os mesmos problemas, inseguranças e momentos de dúvidas em que não sabemos como fazer as coisas. Não importa quão famosas, ricas ou bem-sucedidas sejamos. Nenhuma olha no espelho e acha que está bem. As mulheres precisam trabalhar, cuidar da família, viajar, estar sempre "ligadas". Não têm muito tempo para gastar consigo mesmas, mas fazem o que podem. Nunca encontrei uma mulher que achasse seu corpo perfeito — nem as que tinham um corpo perfeito! Todas procuram se sentir bem consigo mesmas, sensuais e à vontade em sua própria pele.

Desde meu primeiro desfile, conheci e vesti inúmeras celebridades, mulheres que eu admirava havia muito tempo e presumia que levassem vidas fascinantes, ideais. Mas, no momento em que as arrastava para o provador ou para o escritório de Patti, começávamos a trocar histórias pessoais. Passei a considerá-las pessoas privadas com vidas públicas.

Eu gostava de pensar que estava vestindo mulheres, não meninas — pessoas que sabiam quem eram e o que queriam, pessoas com pleno conhecimento de seus corpos. Qualquer um pode vestir uma menina bonita, que fica bem com qualquer roupa. Mas vestir uma mulher contemporânea, que quer parecer fabulosa, *sexy*, confiante e com roupas próprias à sua idade, isso não é fácil. Vestimos Susan Sarandon e Bernadette Peters, que ainda hoje usam nossas roupas. Nos anos 1980, Candice Bergen, que então estrelava *Murphy Brown*, comprou a linha sem consultar estilistas e fez, ela própria, o pedido. Parecia maravilhosa em nossas roupas, como também Patti LaBelle (que mais tarde cantou em nossa festa de Natal), Anjelica Huston, Isabella Rossellini, Sigourney Weaver e Annette Bening, que nos visitou com seu marido, Warren Beatty. Annette e Warren pediram que os vestíssemos para a capa de *W* e orgulhosamente nos mostraram uma foto de seu primeiro bebê. Conhecemos até Raisa Gorbachev, que chegou com quatro guarda-costas. Vestimos Uma Thurman e ela e eu acabamos por nos tornar amigas graças a nosso trabalho filantrópico. Vestimos também Marisa Berenson, minha antiga sósia de St. Tropez.

Eu conhecia Diane Sawyer desde meus tempos na Anne Klein e fiquei honrada por ela ter adotado a Donna Karan New York, no ar e fora dele. Ninguém parecia mais forte e confiante em nossas roupas. Ela queria se vestir para seu casamento com Mike Nichols e apaixonou-se por uma jaqueta de renda cor creme e uma saia-lápis. Disse que ficaria com a amostra mesmo (tinha medidas de modelo), embora Patti quisesse lhe fazer peças novas. Isso é que é não ter frescura. Natasha Richardson pediu-me que desenhasse seu vestido para o casamento com Liam Neeson: foi a primeira vez que fiz um vestido desses, uma peça realmente de alta-costura. Desenhei um modelo simples, sem alças na cor marfim, recoberto por organza pura. Todo mundo, no ateliê, se empenhou nas provas, pois ela era muito bonita, doce, encantadora e apaixonada. (Mas quem não gostaria de se casar com Liam Neeson?) A história de amor dos dois foi linda, o que tornou a morte súbita de Natasha, em 2009, especialmente trágica.

— Fomos convidados para o programa da *Oprah*! — gritou Patti certo dia, no início dos anos 1990. Estava fora de si. De algum modo encontramos um meio de levar roupas e modelos para Chicago, e tudo correu surpreendentemente bem. Fiz o possível para agir como se conversar com Oprah sobre roupas diante de milhões e milhões de espectadores fosse a coisa mais natural do mundo. A atriz Linda Gray, do seriado *Dallas* (mais uma estrela que vestimos), era a outra convidada. Terminado o programa, Oprah foi aos bastidores para falar conosco.

— Vou a um jantar em Nova York — disse para nós e para Linda.
— Vocês querem uma carona no avião, senhoritas?

Patti e eu exultamos com o convite, embora eu ache que tenhamos nos comportado com dignidade. No voo de volta tivemos duas horas maravilhosas de papo sem fim entre mulheres. Oprah mencionou que planejava fundar um clube do livro na televisão, algo inconcebível na época. Conversamos sobre a fama, e Oprah confessou que se descobrira bem-sucedida quando parou de pensar se os outros gostavam dela ou não. As mulheres, reconhecemos todas, querem a todo custo ser amadas. Mas o ponto alto do voo foi quando ela apontou para minha roupa.

— Donna, gosto do que está vestindo — disse. — Seria ótimo vestir algo assim para o jantar.

Em segundos, tirei minhas roupas e dei-as a ela. Oprah desembarcou trajando as roupas com que eu havia embarcado.

Minha amizade com Barbra Streisand começava a decolar. Liguei para ela quando vi uma foto sua numa revista usando uma de minhas peças tomara que caia e cumprimentei-a pela aparência exuberante. Conversamos e ela me perguntou se eu gostaria de acompanhá-la a uma exposição de antiguidades. (Eu me lembro do que estava vestindo dessa vez: a jaqueta bege da primeira coleção.) Passamos a nos encontrar e não tardou para que Barbra me convidasse para conhecer seu apartamento no Central Park West — um tríplex.

— Eu adoraria ver se você tem suéteres que combinem com algumas de minhas pedras — disse ela.

Estávamos no quarto de Barbra, que era bem feminino, bem elegante, bem Barbra, todo branco e com toques *vintage* como uma cama de quatro colunas e um candelabro de cristal. (Durante essa primeira visita, desastrada que eu sou, quebrei dois de seus castiçais de 1920. Fiquei mortificada, mas ela se mostrou bastante compreensiva quanto a isso.) Todas as suas "pedras" estavam espalhadas pelo tapete branco. Não eram esmeraldas nem lápis-lazúli, apenas colares com pedras semipreciosas ou bijuteria, coloridas. Ela queria combinações exatas. Exatas mesmo.

Barbra combina cores como nenhum outro ser humano que já conheci. A única que talvez se compare a ela é Demi Moore, outra boa amiga. Elas são meticulosas e detalhistas, percebendo coisas que o comum dos mortais não percebe. (Por coincidência, ambas têm coleções de bonecas antigas.) Os artistas parecem mais imponentes nas telas dos cinemas. Conhecem seus corpos de todos os ângulos e, para eles, alguns milímetros são da máxima importância. Ensinaram-me mais sobre moda do que quaisquer outras pessoas. Também me mostraram que as celebridades contam mais que os críticos quando se trata de influenciar a moda — e isso era um conceito novo na época.

Tive o primeiro gostinho disso em 1992, quando desenhei um vestido chamado Cold Shoulder, com recortes nos ombros. Dois fatos me inspiraram: primeiro, uma mulher nunca ganha peso nos ombros, por isso gosta de mostrá-los. Segundo, pareceria conservador de dia, sob uma jaqueta, e supersensual à noite. Para nosso desfile de outono, coloquei-o em Linda Evangelista, disfarçado pela jaqueta, que ela tirava ao desfilar pela passarela. O *Women's Wear Daily* odiou-o — e como! Achando que fosse um fiasco, guardei o Cold Shoulder no fundo do armário de roupas a descartar e esqueci-o.

Mas então Liza Minnelli, de quem eu era amiga desde Versalhes, veio me visitar. Estava de partida para a Europa e precisava de algumas roupas. Abriu o armário, tirou o Cold Shoulder, vestiu-o e exclamou: "Divino! Amei!" Seus olhos bailavam enquanto ela desfilava pela sala. Usou-o durante toda a viagem pela Europa e, quando voltou, pediu-me que o transformasse num vestido longo, o que eu fiz. Devo dizer que, quando a vi apresentar-se, ela parecia sensacional (exceto pelo fato de o tecido ficar transparente sob luz forte — e foi quando percebi a importância das roupas de baixo certas). Liza vestiu-o no Academy Awards, e Candice Bergen apareceu com uma versão dele no Emmy.

Não muito depois, nossa nova primeira-dama, Hillary Clinton, usou o Cold Shoulder em seu primeiro jantar oficial. Descobri isso do mesmo modo que todo mundo descobriu: quando sua foto no jantar apareceu na primeira página do *New York Times*. Ela parecia elegante e moderna, e inspirou toda uma nova geração de primeiras-damas. Aparentemente, havia comprado o vestido numa loja no

Arkansas e pagara com seu próprio dinheiro. Vendemos dezenas de milhares de *bodys*, suéteres e vestidos Cold Shoulder, tanto pela Donna Karan Collection quanto pela DKNY. Vocês poderiam dormir sem essa, críticos de moda!

Bem antes de roupas masculinas serem sequer aventadas em nossa empresa, o apresentador Peter Allen, ex-marido de Liza, pediu emprestada nossa camisa de lantejoulas douradas para usar no palco.

— Mas, Peter — objetei —, ela abotoa do lado feminino!

— É uma camisa de lantejoulas douradas, por Deus! — riu ele. — Acha mesmo que o lado de abotoar me incomoda?

Anos depois, conheci Hugh Jackman, que estrelava na Broadway o musical *The Boy from Oz*, sobre Peter Allen. Falei-lhe a respeito da famosa camisa de lantejoulas douradas e ele me garantiu que o lado de abotoar também não o incomodaria nem um pouco.

Edward Wilkerson, esse é que não se incomodou mesmo! Meu ex-assistente de *design*, depois de deixar a Anne Klein, fora assistente e sócio de Calvin· por três anos. Em seguida, voltou para mim na Donna Karan. Fiquei animada. Ninguém me faz rir como Edward; e ele é o único homem que veste minhas roupas melhor que eu. Afro--americano de 1,85 metro de altura e com *dreadlocks*, gostava de brincar com minhas peças mais vistosas: as joias RLM, a camisa transpassada de lantejoulas douradas, tudo ele experimentava. Edward não era exatamente uma *drag*: era, digamos... Edward.

Tive muitos assistentes em minha carreira, mas nenhum me agradou tanto quanto ele. Quando Edward me via de mau humor, punha, sem dizer nada, uma música de Barbra Streisand para tocar, pois isso me acalmava. Supunha que eu não percebia sua manobra. Em certa ocasião, eu estava com um humor tão terrível que olhei para ele e rugi: "E não adianta tentar Barbra!" Eu também o enrolava às vezes. Quando ele se queixava de que já havia passado da hora, de que estava cansado, eu dizia: "Imagine-se num clube", pois Edward nunca estava cansado demais para dançar. Ficou comigo por quinze anos na Donna Karan e depois saiu para desenhar sua própria coleção com a bem-sucedida marca 148 Lafayette.

Vários talentos notáveis passaram pela Donna Karan New York e DKNY. Muitos trabalharam também para Ralph e Calvin, o que não é bom, porque sempre há o medo de que transmitam nossos melhores e piores segredos aos concorrentes. E há os que, sabemos com antecedência, um dia nos deixarão para montar seu próprio negócio, por terem talento de sobra.

Um bom exemplo é Mark Badgley, da Badgley Mischka, que esteve comigo nos primeiros anos. Era muito elegante, muito bonito. Tinha um talento extraordinário e, naturalmente, desenhava roupas de noite para nós. E havia também Christopher Bailey, que modernizou inteiramente a Burberry e foi há pouco nomeado CEO da empresa. Isso não me surpreendeu nem um pouco: Christopher foi uma das pessoas mais organizadas com quem trabalhei e uma das menos pretensiosas. Tenho muito orgulho dele.

Istvan Francer, que desenhara para a Theory durante vários anos, também esteve conosco por muito tempo. Introduziu, nas roupas, uma sofisticação europeia que simplesmente não se encontra nos Estados Unidos. E trazia de casa, como um estudante, sua lancheira. Sua esposa lhe preparava um sanduíche e uma sobremesa diariamente, o que eu achava engraçado até experimentar um pedaço: eram deliciosos. Edward, todo espalhafatoso, provocava o conservador Istvan passando batom devagarzinho na frente dele.

Até nossos *designers* de sapatos conquistaram fama e sucesso. Edmundo Castillo trabalhou conosco por anos e deu-me o par de que eu mais gostei na vida (ainda o uso): de camurça preta, com cadarços, a versão moderna de minhas sandálias gladiadoras do colégio. Paul Andrew substituiu Edmundo em 2003. Os sapatos de Paul são obras de arte, mas em todas as estações discutíamos sobre a altura dos saltos. E meu argumento era: "Paul, nós dois queremos que sejam bonitos, mas quem vai usá-los sou eu!"

Os primeiros anos de Donna Karan foram tão rápidos e borrados como as primeiras fotografias de Denis Piel. Trabalhávamos até tarde da noite, com amigos como o tio Burt, vindo da Anne Klein após o expediente com seu casaco de pele e sua Diet Coke, ou Liza e Barbra, passando para jantar em meu escritório e ver o que eu estava fazendo. Aparecíamos constantemente na mídia e o *look* Donna Karan, com *body* preto, camisa transpassada e joias douradas, era imitado a torto e a direito, algo que preocupava mais aos outros que a mim. Minha resposta de sempre era: "Eles só podem copiar o que fiz ontem, não o que farei amanhã". Mas, é claro, isso aumentava um pouco minha insegurança quanto ao que viria depois, ao que era novo, ao que ainda não havia sido feito.

A coleção estava vendendo como nunca, mas o dinheiro saía com a mesma rapidez com que entrava. Eu ainda era viciada em tecidos e não poupava gastos. Havia contratado Cristina Azario, uma britânica elegante e confiável que me ajudou a desenvolver tecidos na Europa. Cristina havia morado na Itália com Jane e essa era a recomendação que me bastava. Encontrou-me no aeroporto de Milão e embarcou no trem de alta velocidade que era a Donna Karan New York. Cristina já nascera em panos finos: seus pais eram donos da Nattier, que supriu toda a alta-costura parisiense nos anos 1960. Ainda sem conhecê-la bem, dei-lhe um cheque em branco para que comprasse uma longa lista de tecidos. Meu desejo era que ela consultasse as tecelagens sobre a possibilidade de tornar mais elásticos alguns tecidos de luxo, como a renda e o *cashmere*. A menos que fosse natural, a elasticidade, como no caso do jérsei, era usada naqueles dias sobretudo em trajes de banho ou de esqui.

Eu mesma ainda viajava atrás de tecidos sempre que possível, marcando reunião após reunião sem perder um minuto. Edward se queixava: "Você faz meu tempo com Calvin parecer férias de luxo", dizia ele, descrevendo o Mercedes que os esperava no aeroporto e suas agradáveis estadias no Plaza Athénée em Paris. Em nossas viagens, mal descíamos do avião e pegávamos um táxi rumo a tecelagens em cidadezinhas de montanha, e ficávamos em hotéis pequenos, sem nenhum glamour. A pobre Cristina levava uma sacola com biscoitos toscanos para manter as forças, pois eu não parava antes da meianoite. Carregávamos oito ou nove malas, repletas de inspiração: um corte de tecido aqui, por sua cor e textura, outro corte de tecido ali, por sua forma e detalhes. Minha memória não é das melhores, mas, de algum modo, lembro-me muito bem de cada item que levamos para casa.

— Pode me trazer aquela peça de *vison*? — eu gritava do quarto.

— Que peça de *vison*, Donna? — gritava Cristina de volta.

— Você sabe, aquela lindíssima, cor de chocolate com bordas pretas. Podemos fazer com ela um suéter, não acha? Nós a trouxemos, não há dúvida.

Posso imaginar Cristina e Edward revirando os olhos enquanto vasculhavam as malas.

Combinar era outra fixação minha. Sou a primeira a brincar com Barbra, mas eu também insistia em que todos os itens de uma roupa combinassem perfeitamente: a jaqueta de *cashmere*, o suéter, o *body*, os sapatos, as meias. E que combinassem vistos sob qualquer intensidade de luz. Eu deixava todo mundo maluco, eu mesma em primeiro lugar.

Outras vezes, quando a situação o exigia, mostrava-me mais descontraída. Logo no começo, tive uma ideia para a coleção *resort* de 1986: usaria seda lavada e de baixo custo, do mesmo tipo que a confecção de roupas casuais Go Silk empregava.

— Não, não e *não*! — berrou Julie. — Você destruirá a empresa com essa porcaria barata.

Não me importei, pois desenhava como mulher atenta às próprias necessidades e não como empresária. *Resort* significa viagem; queremos apenas jogar alguma coisa dentro de uma mala e não nos preocupar mais com isso. Sedas lavadas em cores vivas como fúcsia, tangerina, cobalto e azul-petróleo combinam perfeitamente com o bronzeado e com as saídas à noite. O tecido não era caro, o que dava às consumidoras acesso a cores saturadas e silhuetas suaves e soltas. Foi uma de nossas coleções mais bem-sucedidas.

Agora eu estava me tornando uma estrela também no departamento das meias. Insistindo em peças foscas bem escuras, criei uma nova moda luxuosa e essencial, pois, mesmo que a mulher não pudesse comprar nossas roupas (e a mulher média provavelmente não podia), pelo menos nossas meias lhe eram acessíveis. Por 11 dólares o par, custavam o dobro das que eram vendidas na maioria das lojas de departamento, mas todas as mulheres as queriam. Hanes calculara que seria um negócio à parte de 3 milhões de dólares, mas na primeira temporada recebemos pedidos da ordem de 6 milhões e esse número ia dobrando. De novo, Peter descobriu uma abordagem nova para a publicidade. Ele e Denis Piel fotografaram uma mulher nua para um anúncio belo e sensual. Está certo, usamos pernas à mostra para vender meias, para mostrar como as meias ficarão bem nas pernas. Achei aquilo extraordinário e, certamente, revolucionário: em 1987, o CFDA nos honrou, e à Arnell/Bickford Associates, com um prêmio especial conjunto pela campanha.

Em 1988, apenas três anos após a criação de nossa empresa, fomos convidados, juntamente com mais oito *designers*, para participar do desfile Bicentennial Wool Collection na Austrália. Apresentado na Ópera de Sydney, tinha os mesmos elementos de Versalhes: a grandiosidade, os *designers* internacionais brigando para aparecer, a realeza (dessa vez representada pela princesa Diana e o príncipe Charles — Patti e eu juramos que ele acenou para nós durante o espetáculo). Estávamos em companhia de Oscar de la Renta, Kenzo, Missoni, Gianni Versace, Claude Montana, Bruce Oldfield, Sonia Rykiel e Jean Muir. Viajamos no mesmo avião de Oscar, e Patti e eu nos espantamos com a pressa de sua equipe quando pousamos horas depois em Sydney. Mas Oscar era assim: o cavalheiro consumado, elegante. Conhecemo-nos em Versalhes e tínhamos escritórios no número 550 da Sétima Avenida, onde gozávamos o chamado "relacionamento de elevador". Oscar amava as mulheres e isso transparecia em seu trabalho.

Todas as nossas experiências na Austrália foram maravilhosas, desde a visita à fazenda de Rupert Murdoch até o dia em que nosso grupo passeou pela praia Tamarama, apelidada de "Glamourama". Por alguma razão maluca, fomos até lá numa limusine branca, que nos deixou a um quarteirão de distância. Ali nos sentamos, um punhado de profissionais da moda inteiramente vestidos, incluindo Patrick McCarthy, do *Women's Wear Daily*, e apreciamos a beleza natural da areia, das ondas e do céu. Estar numa praia

216 DONNA KARAN

daquelas, de uma cidade grande e vibrante, foi uma experiência simplesmente mágica.

Quanto mais bem-sucedida eu me tornava, mais crescia minha convicção de que as mulheres deviam conhecer seu poder e acreditar em si mesmas. Não me considerava uma feminista tradicional. Na época, esse movimento parecia jogar as mulheres contra os homens. Eu via a todos como iguais, achava que todos contribuíam com uma coisa única e valiosa. O estilo de liderança feminino é bem diferente do masculino: somos mais inclusivas, tiramos de cada pessoa o que ela tem de melhor, dando-lhe apoio e encorajamento.

Para a primavera de 1992, decidi fazer uma coleção que revelasse a força da mulher de um modo mais óbvio. Imaginei roupas em tecidos riscados de azul-marinho e cinza, com blusas elásticas rendadas, e acabamento final de pérolas, é claro. Planejamos uma campanha publicitária inspirada na famosa frase "Não tentem me f..., caras", do filme *Mamãezinha Querida*. Joan Crawford diz isso aos diretores da Pepsi-Cola Company, que querem afastá-la após a morte de seu marido, Al Steele, ex-presidente da empresa. Eu pretendia mostrar uma mulher forte, de ombros largos, com as mãos pousadas numa comprida mesa retangular. Peter Arnell e eu concebemos o projeto juntos e Peter Lindbergh iria filmar o comercial em Manhattan.

Na noite anterior à filmagem, tive uma epifania e chamei Peter e Patti.

— Por que uma empresária? — perguntei-lhes. — Por que não a presidente dos Estados Unidos?

Patti até hoje não consegue acreditar na rapidez com que Peter deu conta do recado. Logo na manhã seguinte, ele colocou Rosemary, Peter Lindbergh, cabeleireiros, maquiadores e figurantes num avião para a Flórida. Como nossa mulher iria ser presidente, precisava estar ao ar livre na hora do juramento — e era inverno em Nova York.

A campanha se tornou um ícone, nossa peça publicitária mais comentada de todos os tempos. Rosemary, com expressão serena, ostentando um terno risca de giz e cravejado de pérolas, pousava a mão na Bíblia, rodeada de bandeiras americanas e um grupo de homens. A legenda dizia: "Confiamos nas Mulheres".

Barbra e eu nos víamos tanto quanto possível. Eu voava para Los Angeles, ela voava para Nova York. Tínhamos muita afinidade; tínhamos as mesmas paixões, obsessões e gostos por roupas ou decoração. Stephan chamava-a de "esposa número dois". E eu descobri um modo de dobrá-lo quando queria: bastava fazer com que Barbra lhe pedisse qualquer coisa. Se púnhamos na cabeça passar férias extravagantes juntas, Barbra apresentava a ideia a Stephan primeiro.

As pessoas muitas vezes me perguntam por que ela quase não ia aos meus desfiles e a resposta é simples: foi uma vez, mas estávamos totalmente despreparadas para a loucura dos fotógrafos e repórteres à sua volta. O desfile começou com quase uma hora de atraso e isso nos custou caro. Todos ficaram furiosos conosco. Os desfiles de moda podem parecer glamorosos, mas são trabalho duro para quem os promove. Além disso, um atraso prejudica o *designer* que vem depois de você. Barbra se contentava em assistir o desfile gravado.

Lá estava eu, pois, passeando com Barbra, voando com Oprah, vestindo celebridades. Meu nome ia rapidamente se tornando sinônimo de Nova York e de mulheres poderosas. Fomos até convidados para um jantar na Casa Branca, onde nos sentamos à mesa do presidente Ronald Reagan e me vi ao lado de Sly Stallone. A única pessoa que não se impressionava com minha fama era Stephan. Ele me conhecia como Donna Faske e não tolerava esnobismo. Recusava-se a ficar à minha sombra; se um convite dizia "Donna Karan e Convidado", ele não ia (Patti ia em seu lugar). Se eu me atrasava para um encontro, ele não me esperava.

Parecia que eu levava vida dupla. Corria para casa a fim de jantar quase todas as noites. Quando o desfile estava próximo, eu ia ao apartamento, preparava o jantar, voltava ao estúdio e trabalhava a noite inteira. Comparecia a todos os eventos na escola de Gabby. E, a menos que estivesse viajando, reservava os fins de semana à família. Fazia o possível para manter esse equilíbrio, mas, quando não conseguia, Stephan me chamava a atenção. Nunca me esqueci de que o papel de esposa e mãe vinha antes da profissão de *designer*.

15 DKNY: UM NEGÓCIO DE FAMÍLIA

Jeans elusivos. Uma filha adolescente. Uma jovem *designer* irrequieta. Esses foram os fatores por trás da criação da DKNY. E, é claro, meus sócios estavam comigo para ganhar dinheiro. Havia muito tempo nossas reservas tinham se esgotado e Takihyo entrara com mais fundos para nos manter funcionando. O mais lógico a fazer seria lançar a Donna Karan II, à semelhança da Anne Klein II. Mas eu sempre pus o instinto à frente da lógica.

Primeiro, os jeans. Eu realmente precisava de um. Até então, os jeans femininos eram feitos para mamães (Deus me perdoe, mas eram muito feios) ou para modelos (gente sem curvas). Eu queria jeans para pessoas como eu, justos e *sexy* ou *cool* e confortáveis. Precisava também de roupas para minhas horas de folga — fins de semana, férias, dias em que perambulava pela cidade. Minha coleção era sofisticada demais para o dia a dia.

Em segundo lugar, desejava vestir minha filha de 15 anos, Gabby, que vivia vasculhando meu guarda-roupa, com ou sem suas amigas. Às vezes, pegava um vestido de noite de veludo pintado à mão, punha um cinto de couro e botas de *cowboy*, e, talvez, colocava por cima uma jaqueta jeans. Por mais bonita que ela ficasse, eu odiava ver minhas belas e luxuosas peças jogadas de um lado para o outro. Gabby precisava de suas próprias roupas.

Havia também, a *designer* irrequieta Jane Chung, minha assistente desde os tempos da Anne Klein. Após quatro anos comigo na Donna Karan New York, ela se demitiu quando outra empresa lhe ofereceu a chance de criar sua própria coleção. Verdade seja dita, Jane nunca tinha sido cliente da Donna Karan New York. Fazia o tipo rock'n'roll chique. Usava jeans rasgados no trabalho, às vezes com uma jaqueta Chanel ou Matsuda. Tinha longos cabelos negros e gostava de saltos muito, muito altos.

— Entendo, Jane. Entendo mesmo — eu lhe disse. — Mas você pode criar suas próprias roupas aqui.

— Preciso de tempo e espaço — explicou ela. — Para viajar, explorar e ter inspiração de novo.

— Então viaje, vá ver o mundo. Mas volte com ideias.

Em abril, pouco depois do lançamento de nossa coleção de outono, Jane foi para a Europa e a Ásia. Voltou dois meses depois, animada, com a mala cheia de esboços, amostras de tecidos e ideias novas para a próxima coleção.

Em uma coisa Jane e eu concordávamos: as roupas seriam a pizza para o caviar da Donna Karan Collection, igual, mas diferente. Gosto de pizza e gosto de caviar. O caviar não é melhor do que a pizza. Precisamos de ambos. A linha representaria meu outro lado e de modo algum se sobreporia à Donna Karan New York. Nós a víamos como uma coleção básica: unissex, acessível, fácil de usar e repleta da vida da cidade de Nova York. Só faltava um nome para nossa pizza.

Deus abençoe Peter Arnell, que com sua equipe bolou o nome DKNY, o logotipo e a identidade da marca. Poucas semanas depois de criarmos a nova coleção, ele nos apresentou um filme curto e um grande jornal de mentirinha para ilustrar o que eram aquelas roupas e qual seria seu público-alvo. Para o nome, usou a sigla DKNY, de

DKNY: UM NEGÓCIO DE FAMÍLIA   223

Donna Karan New York (para ter certeza de que havíamos entendido, escreveu "Donna Karan New York" com pontinhos sob as iniciais). Peter falava sem parar enquanto percorríamos o jornal falso: "Gosto do nome porque ele tem a força e a credibilidade do FDNY (Fire Department of New York [Corpo de Bombeiros de Nova York]) ou do NYPD (New York Department Police [Departamento de Polícia de Nova York]). É preciso pronunciá-lo rapidamente. FDNY. NYPD. DKNY".

Ficamos impressionados com seu talento completo e incontestável. Em seguida, o logotipo. Enquanto o da Donna Karan New York era leve, elegante e dourado, o da DKNY era robusto e claro, em letras Helvetica brancas e pretas. As imagens — uma ficha de metrô, uma tampa de bueiro, um *outdoor* — foram tiradas das ruas da cidade. A essa altura da apresentação, estávamos todos chorando. Chamamos então Xio, Istvan, Edward e nossas modelos Doreen e Gina; no mesmo instante, Peter apareceu com seis pizzas, cada qual ostentando por cima a marca DKNY em azeitonas pretas.

Trey Laird, um jovem gestor de contas que trabalhou com Peter e se tornou nosso diretor de serviços criativos, foi um dos que, na pizzaria, orientaram o desenho das letras DKNY, agarrado à bolsa com os materiais do logotipo depois que a equipe havia passado a noite inteira produzindo-os. Quando você está na outra ponta de uma apresentação fabulosa, não avalia os detalhes e o estresse responsáveis por ela acontecer. É como um desfile de moda: o público vê a modelo de expressão calma e segura, mas não a histeria dos bastidores e muito menos as incontáveis noites sem dormir.

Para divulgar nossa nova marca, Peter distribuiu camisetas com o logotipo DKNY. Aquilo para mim era alta-costura, um vislumbre exclusivo de um clube antes de sua inauguração. Como amei aquela camiseta! Eu usava a minha todos os dias. Ela fazia com que tudo parecesse jovem e original.

224 DONNA KARAN

Desde o começo, eu vi a DKNY como uma coleção de *família* — para mulheres, homens, crianças, cachorros, todo mundo. Uma noite, eu contava a Stephan, durante o jantar, que planejava criar uma coleção DKNY masculina e ele me interrompeu:

— Você não pode criar uma coleção DKNY masculina antes de criar uma coleção masculina Donna Karan New York.

— Por que não?

— Porque, depois de criar uma coisa barata, não conseguirá criar de novo uma coisa cara.

Não descobri como Stephan tinha conseguido chegar intuitivamente àquela conclusão, mas ele estava certo: desenha-se de cima para baixo, não o contrário. Tínhamos de fazer roupas masculinas Donna Karan New York antes de roupas masculinas DKNY. Por isso, deixei a ideia de lado — ao menos por enquanto.

Para a DKNY, Jane e eu começamos com sete peças fáceis, femininas e essenciais de estilo urbano. Era tudo que a mulher precisava para parecer moderna e clássica, *sexy* e esportiva. Mais importante ainda, as peças convidavam à personalização. Duas mulheres não as usavam do mesmo jeito.

DKNY: AS SETE PEÇAS CONFORTÁVEIS DE ESTILO URBANO

1. **Jeans.** Eu queria dois tipos: o *sexy* e o confortável. O jeans *sexy* tinha curva na cintura, aumentava os quadris e as coxas, e alongava as pernas. O confortável tinha um corte ligeiramente masculino. Usamos duas lavagens, clara e escura. Testamos provavelmente uns dez antes de chegar aos primeiros modelos. Ajudou muito o fato de Jane e eu termos estilos e corpos diferentes (ela, magra; eu, curvilínea). Nosso objetivo era fazer com que as peças ficassem bem em todas as formas e tamanhos.

2. **O *blazer boyfriend***. Todas as mulheres "roubam" roupas dos maridos, sobretudo *blazers*, pois tudo o que é masculino parece supersexy numa mulher. Feitos de gabardine azul-marinho, os nossos eram folgados, mas não grandes demais. E — aí estava o segredo — não fizemos saias para combinar. Preferimos calças de cintura frouxa ajustada por cintos, para parecerem de homem. A última coisa que eu queria era um guarda-roupa para a mulher que trabalha. A jaqueta era para se usar com calças jeans.

3. **A camiseta.** A nossa era uma tela branca para o nosso logotipo e era para ser vestida por baixo ou sozinha. Fizemos regatas ajustadas e de decote nadador, assim como as clássicas e de tamanho grande. E até uma camiseta *body*.

4. **O macacão**. Eu *amo* macacões. Eles combinam a facilidade do vestido com a esportividade das calças. (Quando Gaby era criança, no acampamento, ficava constrangida ao ver sua mãe *designer* de moda aparecer de macacão jeans.) O primeiro macacão DKNY foi inspirado no uniforme utilitário dos trabalhadores de rua, com muitos bolsos para guardar suas coisas. Usava-se sobre a camiseta e podia-se desatar a parte de cima, amarrando as mangas na cintura (é assim que o uso ainda hoje). Eu gostava de sua vibração casual, descontraída.

5. **O vestido *jumper***. Nosso vestido curto de brim era tão *sexy* e jovial quanto casual. Tinha a parte de cima modificada, daí o nome de *"jumper"*. Podia-se vesti-lo com uma camiseta ou sozinho, com tênis de dia ou com saltos altos matadores à noite.

6. **A capa.** Jane e eu amávamos capas — mais por estilo que por proteção da chuva. Elas são *sexy* e resistentes. Foi a resposta da DKNY ao casaco de *cashmere* bege da Donna Karan Collection.

7. O anoraque. Quando se vive na cidade, vive-se dentro de um anoraque. É o básico para viajar, passear com o cachorro, correr para as lojas. Você precisa do capuz, dos bolsos, do tecido para todas as estações. O nosso era utilitário, com toques da DKNY como metais estampados e puxadores de zíper de borracha.

Ao contrário da Donna Karan New York, a DKNY tinha dezenas de outras peças. Não era um conjunto limitado de sete itens, era mais algo como "aqui estão os ingredientes, escolha os que achar melhor". Não tínhamos calçados, de modo que exibíamos tudo com tênis Keds brancos. A DKNY se tornou conhecida mais tarde pelos seus tênis dos mais variados tipos: neoprene, de malha, refletivos, abertos, de salto e cano alto etc. etc. No começo dos anos 1990, fomos os primeiros a fabricar tênis com plataforma alta.

Eu amava a DKNY pela descontração. Ela condizia com minha tendência *hippie*, fazendo-me sentir livre e natural. E adorava desenhar com Jane e sua equipe. Trouxemos Lynn Kohlman (minha amiga modelo e fotógrafa) para ser nossa diretora de moda e ela colaborou com seu toque andrógino. Também marcamos pontos com a equipe comercial da DKNY. Entrevistamos mais de uma dezena de executivos e estávamos a ponto de contratar um, quando uma ideia me passou pela cabeça. Sabia que Ralph Lauren tinha uma ótima chefe de vendas chamada Denise Seegal e liguei eu mesma para ela.

— Olá, sou Donna Karan. Gostaria muito de discutir com você uma coleção nova que vamos lançar.

— Sem problemas — respondeu ela. — Tem alguma data em mente?

— Sim, hoje. Em cinco minutos.

Denise era bem o tipo de Ralph: loira, baixinha, clássica, 34 anos e formada em Harvard. Começou me dizendo que já havíamos falado sobre aquele conceito dois anos antes.

O quê?

— Estávamos na Henry Lehr, no Upper East Side, experimentando jeans — lembrou ela. — Você se esforçava para vestir o seu, olhou para mim e disse: "Olá, sou Donna Karan e odeio você". Depois, falou que estava decidida a abrir uma empresa especializada em jeans para mulheres.

— Isso é bem típico de mim! — exclamei, rindo.

Em seguida, tratamos de estratégias de vendas. Para uma mulher pequena e comportada, Denise tinha culhões. Não receava pedir nada — e essa petulância era exatamente o que nos convinha. O único ponto negativo era que não vestia nada da DKNY; eu fiz essa observação e ela não negou. Como presidente, queria parecer profissional. Acho que, se você é loira e baixinha no mundo dos negócios, precisa de saltos e da autoridade de uma Donna Karan New York. Eu ainda encho o saco dela por isso.

Denise contratou a melhor equipe que se pode imaginar: Stefani Greenfield (que mais tarde fundou a Scoop), Brigitte Kleine (futura presidente da Tory Burch) e Paula Sutter (que chefiou a Diane von Furstenberg), além de Mary Wang (que se tornou a sucessora de Denise). No mesmo ano em que trouxemos Denise, 1989, contratamos também Angela Ahrendts, então muito jovem, para ser nossa nova diretora de vendas da Donna Karan Collection. Angela chefiou a Burberry com Christopher Bailey e agora trabalha na Apple, liderando suas vendas no varejo e on-line. Nós sabíamos identificar estrelas em ascensão.

Nossos desfiles DKNY foram um estouro. O primeiro aconteceu no *showroom* da Donna Karan New York, no número 550 da Sétima Avenida, no outono de 1988. Nossas janelas emolduravam a paisagem; e o logotipo DKNY aparecia, escrito no céu, ou seja, por meio de publicidade aérea. (Também enchemos as ruas de camisetas com o nosso logotipo, entregando centenas a mensageiros, motoristas de táxi e vendedores ambulantes.) Setenta e cinco modelos apareciam em passarelas de todas as alturas, como os edifícios da cidade — andando, dançando e se movendo ao ritmo da música. Como as ruas de Nova York, o salão estava ridiculamente superlotado, com fotógrafos clamando por uma foto. O espírito coletivo dizia tudo.

Algumas temporadas depois, em 1991, o tema do desfile foi a família. Tínhamos todas as supermodelos, mas também minhas filhas Gabby e Lisa, agora com 16 e 26 anos respectivamente, que percorreram juntas a passarela. Stephan apareceu com nossa primeira neta, Mackensie, nos ombros. O filho de Lynn, Sam, também estava lá: ele e Mackensie tornaram-se as "crianças dos pôsteres" da DKNY. Duas estrelas futuras (e modelos infantis na época), Lindsay Lohan, de 5 anos, e Kirsten Dunst, de 9, apareceram igualmente no desfile. (Lindsay também estrelou uma de nossas campanhas publicitárias.) Tínhamos cães, inclusive um buldogue de Linda Beauchamp que ilustrou nossas roupas masculinas. Eu queria demonstrar que a DKNY tinha tudo a ver com família, amigos e diversão.

Embora o lançamento fosse na Saks, eu estava ansiosa para entrar na Bloomingdale's, a loja quintessencial de Nova York. (Até a rainha da Inglaterra pensava assim, lembram-se?) A princípio, Marvin Traub queria nos dar um espaço no quarto andar, junto com outras coleções colaborativas. "Lá é pouco movimentado", disse-lhe Denise. "Precisamos da energia do East End no terceiro andar e desejamos que nossa coleção seja a primeira coisa vista quando se sai do elevador — uma celebração de Nova York por meio da DKNY." Mais de vinte e cinco anos depois, ainda estamos lá.

Lançamos em sete grandes cidades americanas, inclusive Los Angeles, Dallas e Chicago; e, a cada vez, levávamos conosco um pouquinho do encanto de Nova York, como num carrinho de cachorro-quente ou máquina de pipoca. Ao mesmo tempo, tornávamo-nos globais, abrindo lojas no Japão (graças a Tomio), na Harvey Nichols em Londres, na Trudie Goetz na Suíça e na Joyce em Hong Kong. Desde o começo, os lucros começaram a aparecer. Frank chamava a marca de "nosso foguete" e tinha razão. Durante dois anos, ficamos constantemente criando e lançando novas divisões: DKNY Jeans e DKNY Acessories. Depois, DKNY Hosiery (meias não poderiam faltar, é claro), DKNY Shoes, DKNY Kids, DKNY Eyes e, por fim, DKNY Men's, DKNY Active, DKNY Watches, DKNY Fragrances, DKNY Swim, DKNY Underwear, DKNY Home, DKNY Infants and Toddlers e DKNY Men's Tailoring. Criamos até a DKK9 para cães.

Sempre me perguntam qual o segredo do sucesso. E minha resposta é: não pense em sucesso. Faça alguma coisa em que acredite, algo que atenda às suas necessidades, a seu estilo de vida, às suas paixões. No momento em que se concentra naquilo que, a seu ver, vai lhe trazer dinheiro, você afunda. A Donna Karan New York e a DKNY foram as respostas às minhas necessidades. Se eu tivesse me sentado com um estrategista de negócios, dizendo que queria criar uma coleção em torno de um *body* e uma saia-envelope, eles pensariam que eu estava louca. Ao longo dos anos, entrei em choque com muitos executivos e hoje sei por quê: eles olhavam para o passado. *Isso está bom mesmo, Donna. Pode nos mostrar uma versão atualizada? Talvez em cores novas?* Os *designers* olham para o futuro. Eles lhe dão aquilo que você não tem — ou não sabe que precisa. Quando a equipe de vendas de Denise lamentava não conseguir emplacar algum de nossos *looks* arrojados, ela lhes dizia: "Deus não fez vocês *designers*. Vocês são vendedores, portanto vendam". Só isso.

230 DONNA KARAN

A DKNY lançou vários estilos icônicos, entre eles o *sexy* traje de mergulho de neoprene, o vestido "FedEx paper" e o meu favorito, o Cozy. O Cozy foi originalmente desenhado por Jane e Lindsay Ackroyd para a Pure DKNY, uma divisão responsável pelo lado Zen da DKNY com roupas de algodão e *cashmere* inspiradas no yoga. Elas criaram o Cozy como um meio agasalho, meio lenço que a mulher podia amarrar de diferentes maneiras ou deixar solto. Ninguém gostou e, como o Cold Shoulder, ele foi relegado ao armário dos descartáveis. Um dia Anjali Lewis, que trabalhava com marketing, pegou o protótipo e foi trabalhar com ele. (Talvez estivesse com frio — quem sabe?) A presidente da DKNY, Mary Wang, viu, amou e colocou o item na linha principal. No momento em que eu mesma o vi, quis um em todas as cores — bem, na verdade apenas em *cashmere* preto e branco — e, desde então, vendemos dezenas de milhares de peças. Talvez devêssemos vasculhar mais nosso armário de descartáveis.

A DKNY nasceu em Nova York e viveu em suas ruas. Nossos comerciais eram filmados no Central Park, na ponte do Brooklyn, na frente dos teatros da Broadway, nas estações e trens do metrô. No começo, mostrávamos nossa modelo principal, Rosemary, mas sempre num contexto familiar ou com seu "marido" Peter. Depois, usamos outras modelos, às vezes em grupos, para deixar claro que não havia um só *look* nem uma só mulher.

Nossa mensagem estava nas ruas, mas queríamos algo ainda maior. Peter Arnell apareceu de novo com a solução. "Um *outdoor* da altura de um prédio de sete andares no SoHo", explicou ele, mostrando-nos um protótipo. "Vai ser fantástico, grandioso. Apenas o logotipo com uma montagem da cidade dentro das letras. Vamos colocá-lo em outros lugares, mas este será o maior, aquele que ficará na memória." E ficou. Esse mural tornou-se nossa bandeira. Há pouco, colaborando com a sempre encantadora Cara Delevingne numa coleção-cápsula para a DKNY, ela nos disse: "Quando cheguei a Nova York pela primeira vez e vi o mural DKNY na rua Houston, fiquei maravilhada. Para mim, a DKNY *era* Nova York".

Ironicamente, abrimos nossa primeira *flagship store* DKNY em Londres. Em 1994, Christina Ong, a hoteleira e varejista de moda global, nos procurou com a proposta de uma loja londrina para a Donna Karan New York. Porém, quando vi o despojado espaço industrial na Old Bond Street, concluí que não era conveniente para a Collection, mas perfeito para a DKNY. Foi nossa primeira loja autônoma de varejo e por isso nos esmeramos nos detalhes. Instalamos na frente uma fachada de vidro do chão ao teto e povoamos o interior de cores e personalidade.

O momento mais surreal ocorreu na noite anterior à abertura da loja, quando todos faziam os arranjos de última hora. "Patti, por que este lugar parece tão vazio?", perguntei. "Será que não trouxemos roupas suficientes?" Então compreendi: estava faltando o café-bar de rua! Deveria ser um ponto focal da loja, um pedaço de Nova York em Londres. Todo um canto da loja estava vazio! Felizmente, o bar apareceu às cinco da manhã e ficou famoso por servir a melhor salada da cidade.

As lojas DKNY se multiplicaram rápido. Com Christina e outros parceiros varejistas, abrimos em Manchester, Inglaterra; Istambul e Ancara, Turquia; Dubai, Emirados Árabes Unidos; Jedá, Arábia Saudita; Singapura; Hong Kong; Filipinas, Bangkok, Tailândia; Tóquio, Japão; Montreal, Canadá; e, nos Estados Unidos, em Huntington, Nova York; Las Vegas, Nevada; Costa Mesa, Califórnia; Cherry Creek, Colorado, e Short Hills, Nova Jersey. Eu poderia ir mais longe, mas vou parar por aqui para se ter uma ideia.

Finalmente, abrimos nossa *flagship store* DKNY da avenida Madison, esquina com a rua 60, em 1999. Até então, havíamos dado preferência ao atacado, vendendo para lojas como Bloomingdale's, e aquele seria o primeiro ponto inteiramente nosso e operado por nós. Eu queria que a experiência no varejo fosse tão eclética quanto nossa marca; assim, além das roupas, o espaço de 1.500 m² abrigou um café, uma banca de flores e uma loja de objetos *vintage*. Vendíamos livros, móveis e carrinhos de bebê, tendo até uma moto Ducati para compor o cenário. Instalamos um espelho de parede para refletir o tráfego e o alvoroço da rua. E, para maior impacto, já que era uma loja de esquina, fizemos um corte oblíquo na entrada do prédio para criar uma sensação de aconchego e amplitude. Agora, mais que nunca, eu cultivava minhas crenças (mais disso à frente) e pedi que um especialista em feng shui fosse até o local para acabar com as energias ruins. Ele não gostou da porta da frente e sugeriu que puséssemos um ramo de sálvia em cima, amenizássemos os cantos agudos com ervas e perfumássemos a loja toda com óleos essenciais. Patti revirou os olhos, é claro.

Muita gente achou que estávamos malucos ao abrir uma loja perto de Calvin Klein e outros *designers* de luxo da rua, mas eu não me importei porque a nossa era bem diferente. Alegre e moderna. Lembro-me de ver os vendedores de Calvin olhando pasmados pela janela e sem dúvida pensando. *Qual é a dela agora?* ou *Agora ela vai mesmo quebrar a cara.* Mas eu, como sempre, seguia meu instinto. A DKNY finalmente se instalara nas ruas de Nova York e tudo parecia ir bem com ela — parecia e *ia*. Eu não poderia estar mais feliz.

16 | NOVA YORK, ESTADO DE ESPÍRITO

Na época, minha vida era 99% trabalho e 1% diversão. Eu ainda tentava correr para casa, todas as noites, a fim de fazer o jantar; mas quase sempre Stephan, Gabby e eu acabávamos nos encontrando em nosso restaurante italiano favorito, o Sette Mezzo, na avenida Lexington com a rua 70, a apenas um quarteirão de nosso apartamento. (Mas isso só acontecia quando Gabby não tinha almoçado ali no mesmo dia com suas amigas. Ela costumava levar para o restaurante sua turma toda da escola, pagando com nosso cartão de crédito, depois de vasculharem nossos guarda-roupas.)

Stephan e eu tentávamos impedir que qualquer coisa interferisse em nossos fins de semana com Gabby, Lisa e Corey. Ainda frequentávamos Fire Island no verão e esquiávamos no Natal. Mas, fora isso, trabalhávamos o tempo todo.

Era grande o desafio de preservar nosso sucesso ao mesmo tempo que planejávamos o futuro. No ano da criação da DKNY, nossas vendas mais que dobraram, saltando de 40 milhões para 100 milhões de dólares. Um ano depois, em 1990, o CFDA de novo me elegeu a *designer* de roupas femininas do ano. Isso me emocionou, mas também me assustou. Na minha visão, quanto mais alto se sobe, maior é a queda. Minha resposta, a de sempre quando achava estar perdendo o controle, era trabalhar, trabalhar, trabalhar.

A cultura da empresa estava mudando. E, mais que nunca, apareciam os "executivos" atrás de nossos funcionários: uma noite, Beth, minha assistente-executiva pelos últimos seis anos — aquela que observava os sabás —, entrou em meu escritório e pediu demissão. Já tínhamos, havia muito tempo, alguém para substituí-la nas sextas e sábados, mas mesmo assim não conseguimos retê-la. Ela aceitou um cargo executivo na Hadassah, a organização feminina judaica.

— Beth, você sempre terá um lugar aqui — disse-lhe eu, abraçando-a. — De verdade. Se ficar aborrecida na Häagen-Dazs, ligue-me. (Sempre tive dificuldades com nomes.)

Stephan, meu co-CEO, era o visionário criativo da marca. Foi sua ideia mudar nosso nome de Donna Karan Company para Donna Karan International. Ele nunca nos vira como uma marca unicamente da Sétima Avenida; via-nos como uma marca de âmbito global, como Chanel, Inc. Entretanto, ainda tínhamos de nos ocupar dos negócios do dia a dia — e isso não cabia a Stephan.

Pouco antes de lançar a DKNY, convidamos Steve Ruzow para ser nosso diretor de operações. Steve conduzira a divisão de peças esportivas da Warnaco, a empresa americana conhecida por suas roupas íntimas, esportivas e de banho, inclusive firmas licenciadas como Calvin Klein, Chaps e Speedo. Nós o encontramos quando ele trabalhava na Gottex (sua esposa, Miriam, era presidente da Gottex NY e diretora de sua matriz). Nós quatro nos tornamos amigos. Stephan e eu gostávamos de sua mescla de afeto e profissionalismo. Queríamos manter uma atmosfera familiar, por mais que crescêssemos.

— Steve, o mundo nos quer. As pessoas estão fazendo fila diariamente para nos ver — disse Stephan a Steve na noite em que decidimos contratá-lo. — Mas não estamos conseguindo acompanhar esse progresso. Não podemos fazer as roupas com a necessária rapidez e entregamos os lotes em plena estação, não antes.

Steve aceitou o emprego e se mostrou perfeito para nós porque era organizado, bom estrategista, sempre pensando longe e de maneira lógica. Também era do tipo ousado, levando-nos de uma loja em Nova Jersey para cinco. Steve montou a produção e a distribuição global para a Collection, a DKNY e os acessórios. Para incrementar nosso negócio na Ásia, abriu a Donna Karan Hong Kong, a Donna Karan Japan e a Donna Karan Korea. Em seguida, foi a vez da Donna Karan Italy e de um centro de distribuição na Holanda. Steve corria o mundo inteiro para se certificar de que nossos escritórios funcionavam bem, com as pessoas certas. Era atordoante pensar em todas as peças desse quebra-cabeça.

Eu estava particularmente excitada com a presença de nossa empresa em Milão. E Stephan também, pois eu havia instalado numa suíte do exclusivo hotel Villa d'Este, em Como, ao norte de Milão, minha base de operações... e as contas eram astronômicas. Julie Stern continuava me recriminando por minha extravagância com a compra de tecidos. Estes continuavam sendo minha droga preferida e agora eu tinha muito mais dinheiro para gastar.

O sucesso também nos liberou para explorar todas as partes do guarda-roupa de uma mulher. A Donna Karan Toners, nosso setor de cintas modeladoras e meias introduzido em 1990, foi uma grande sacada e outra inovação nascida de uma necessidade pessoal. Eu chamei as cintas de "exercício de sessenta segundos" porque bastava colocá-las para parecer magra e firme. Também criamos a Donna Karan Intimates com a Wacoal, podendo assim fazer versões modernas das peças básicas que minha mãe usava (a cinta de uma geração modela os corpos de outra), bem como sutiãs que dão sustentanção, mas têm aparência *sexy*. (Eu talvez não os tenha usado, mas gostava muito de que a maioria das mulheres usasse. E aprendi que fabricar um sutiã era quase tão complicado quanto ciência nuclear — um assunto realmente sério!) E como eu era conhecida por minhas malhas ajustadas para adaptarem-se ao corpo, achei que deveria produzir roupas de baixo que sugassem tudo e disfarçassem cada centímetro sem deixar de ser confortáveis. Não pretendia que minhas clientes sacrificassem o conforto pela aparência.

Minha amiga Sonja Caproni, que saíra da luxuosa loja de departamentos I. Magnin para trabalhar com Paloma Picasso e Karl Lagerfeld, juntou-se a nós para gerenciar a divisão de acessórios. Eu a deixei louca, é claro. Certa vez, preparávamos uma coleção de outono e todas as joias seriam de ouro. Mas, uma semana antes do desfile, achei que o melhor seria a prata.

— Tudo bem — disse ela. — Vamos mudar.

Então, às nove da noite anterior ao desfile, voltei atrás. Sonja pensou que eu estava brincando até perceber que eu não estava dando risada. Parou, engoliu em seco e disse:

— Certo. Verei o que posso fazer.

Ligou para os fornecedores, que abriram suas oficinas em plena noite para dourar as peças. De manhã, os acessórios estavam dourados — e provavelmente ainda úmidos.

Era o inverno de 1990. Stephan e eu, no sofá de couro de vicunha, discutíamos o assunto de sempre. Ele estava determinado a montar um negócio bem maior que nossa empresa de moda. Queria deixar um legado e achou que a perfumaria era o caminho para isso.

— Donna, as bainhas sobem e descem, mas o perfume fica para sempre. Veja Chanel! — disse ele, muito impaciente.

— Mas eu odeio perfumes. Odeio! — retruquei. E odiava mesmo. Os perfumes eram sempre muito fortes, muito iguais, muito antiquados. Mas gostava dos óleos essenciais, do aroma limpo e fresco dos xampus ou sabonetes.

— Prometo-lhe, Donna, faremos um perfume do qual vai gostar. Ele será criado e controlado inteiramente por nós.

— Boa sorte — ironizei, revirando os olhos.

— Gosta de lírios casablanca, não gosta? — prosseguiu Stephan, mostrando a mesa de nosso saguão, que sempre tinha um vaso gigantesco cheio de lírios. — Comecemos com eles. De que mais gosta?

— De couro de vicunha — respondi, acariciando o sofá.

— Muito bem. E do que mais?

— De sua nuca. — Inclinei-me e esfreguei o nariz no pescoço de Stephan, aspirando fundo seu cheiro.

Ele riu.

— Talvez seja difícil para mim criar um perfume a partir do meu cheiro, mas tentarei.

Bastou apenas isso. Stephan começou imediatamente e não parou mais. Como eu, gostava de desafios criativos e este era dos maiores. Também como eu, quando se punha a criar, ficava obcecado. Nosso quarto se transformou num laboratório, com meu marido cientista maluco misturando constantemente essências em pequenos frascos — uma gota desta, um tiquinho daquela. Ele as experimentava em mim e em toda mulher que via pela frente, de amigas e funcionárias a moradoras de nosso prédio. Nenhuma estava a salvo. Eu não conseguia distinguir as amostras, mas Stephan, sim. Eu ia dormir com o cheiro delas.

Certa manhã, ele colocou três frascos à minha frente.

— Estas são as suas opções — disse. — Escolha uma.

Peguei uma mistura intoxicante de flores exóticas, patchuli, âmbar e sândalo. Pareceu-me muito pessoal em todos os sentidos

— escura, sensual, evocativa — e diferente de qualquer fragrância tradicional que eu jamais sentira. Mas eu não podia aceitar aquilo, é claro, e disse a Stephan:

— Você precisa me dar uma linha completa de produtos de beleza, não apenas um perfume. Quero xampus, loções para o corpo, sabonetes, desodorantes, tudo o que uma mulher realmente usa. E velas!

Primeiro, procuramos Chanel para uma parceria, mas eles não queriam se associar com ninguém. Então, ousado como sempre, Stephan contratou Jane Terker, uma executiva do ramo que trabalhava na L'Occitane, e os dois foram em frente. Tomio, Frank e Steve não queriam abrir um negócio do ramo de beleza. Queriam que permanecêssemos no caminho tradicional e fizéssemos parceria com uma empresa consagrada. *Stephan, não temos capacidade para fabricar esses produtos. Mal conseguimos fazer e distribuir nossas roupas*, alegou um deles. Outra objeção foi: *Ninguém abre uma empresa dessas; só os custos iniciais nos deixariam no vermelho.* E outra ainda: *As companhias de produtos de beleza já existem. Não podemos reinventar a roda.*

Mas Stephan não desistiria. Ele e Jane viajaram o mundo para desenvolver nossos produtos. Trabalharam com perfumistas, visitaram fábricas de vidros e pesquisaram os mínimos detalhes do negócio. Uma coisa que tínhamos e nenhum outro fabricante de produtos de beleza podia se gabar de ter era um escultor próprio, capaz de criar nossos frascos. Stephan queria que fossem evocativos e abstratos, além de agradáveis ao toque da mão feminina. Ele gostava de curvas, sobretudo as curvas das costas de uma mulher, de misturar coisas e contrastar materiais. Foi assim que criou nossos três frascos de metal preto fosco, bronze e vidro. Como nossas roupas, eram sinuosos, sensuais e modernos.

Criativamente, Stephan e eu nos dávamos muito bem. Com o tempo, passei a valorizar ainda mais esse entrosamento. Para ele, arte era criar a partir do nada. Seu processo artístico se baseava na teoria das cordas da física moderna — era, em suas palavras, "ligar os pontos". Espalhava pontos numa página e depois conectava-os com traços rápidos, líricos. Uma figura ia surgindo e ele a traduzia num desenho, pintura ou escultura. Do mesmo modo, minhas mãos seguem as linhas do corpo quando modelo, recriando essas curvas com a costura. Os belos frascos eram onde seus dois mundos se encontravam: o empresário que se tornara e o escultor que sempre fora.

Quando ele passou para os produtos secundários (de limpeza de pele, cremes etc.), eu bati o pé novamente:

— Não quero lavar o cabelo nem limpar o rosto com meu perfume! Os itens de banho devem ter um aroma mais sutil, mais cristalino, mais suave.

Isso parecia bastante razoável, mas o que eu pedia era demasiadamente revolucionário. De novo, Stephan chegou a um consenso: pegou alguns toques do perfume e nós demos à coleção de corpo e banho o nome de Cashmere Mist. A loção hidratante era a estrela. Vendeu cinco vezes mais que qualquer outro item da linha e quase tanto quanto o perfume original. Eu a usava de manhã, à tarde e à noite.

Um dia, dois anos depois, vi um belo frasco fosco com o nome Cashmere Mist no rótulo. "Com licença", pedi; agarrei-o e entrei com tudo na sala de Jane, gritando:

— Que é isto? — Devo ter usado também a palavra começada com "m".

— Stephan não lhe contou? Estamos fazendo um perfume de Cashmere Mist.

— Não, meu amado marido não me contou nada — rugi. Mas foi uma boa coisa não ter me contado. O Cashmere Mist é ainda nossa fragrância mais vendida.

Desenvolvemos também uma linha para a pele chamada Formula for Renewed Skin com a doutora Patricia Wexler, a famosa dermatologista e minha boa amiga, e Mark Potter, um químico texano que Jane havia conhecido por intermédio de um repórter. Mark trabalhara com produtos dermatológicos para os soldados durante a Operação Tempestade no Deserto e sabíamos que suas fórmulas seriam inovadoras e eficazes. Os editores de beleza adoraram nossa versátil loção de limpeza, a máscara esfoliante e o hidratante com cor e FPS para o rosto. É lamentável que esses produtos não existam mais.

Tentamos, em seguida, uma fragrância masculina. Como Stephan era fanático por corridas de carros e motos, eu queria que elas "cheirassem" a isso. Quando ele e Jane foram à International Fragrances and Flavors, desceram à garagem com os motores ligados para poder sentir o cheiro dos escapamentos. Poderiam ter morrido, os dois! Mas Stephan era assim, apaixonado e dedicado. Chegou a criar um frasco que parecia uma alavanca de câmbio.

Eu queria chamar o perfume de Thrust. Adorava o fato de ele lembrar o *vruum* dos carros e, também, de ser erótico. Mas nosso amigo Hal Rubenstein, o editor de moda, disse: "Não se atreva, Donna". Concordamos com Fuel For Men. Depois fizemos um perfume feminino chamado Chaos, para o qual Stephan criou um frasco que lembrava um caco de cristal, e outro chamado Black Cashmere, cujo frasco parecia um seixo liso e brilhante. Também oferecemos velas aromáticas grandes, de formato geométrico, chamadas Calm e Invigorate.

Stephan continuava envolvido com o negócio principal. Sua sala era ao lado da de Steve e ao final do dia eles abriam uma garrafa de uísque, fechavam a porta e conversavam sobre tudo o que aconteceu ao longo do dia. Stephan era meu apoio e isso me garantia paz de espírito. Se eu desejasse alguma coisa, desde que razoável, ele se dispunha a consegui-la. Era calmo e acessível. Usava rabo de cavalo, talvez em parte para que os homens de negócios o julgassem um simples artista e o subestimassem. Mas Stephan sempre ria por último. Mostrava-se mais hábil como empresário do que eu jamais sonharia.

———————

Agora, por volta de 1991, nossas necessidades criativas eram grandes demais para continuarmos trabalhando com uma agência externa como Peter Arnell's. Tínhamos mais divisões do que eu conseguia supervisionar e cada divisão exigia tudo, de quiosques-butiques dentro das lojas de departamento e campanhas publicitárias a sacolas de compras e etiquetas. Eu queria o que Calvin tinha: uma agência interna eficiente. A de Calvin, a CRK Advertising, era lendária. Ele e seu diretor de criação, Sam Shahid, deixaram uma marca indelével na moda e na propaganda de beleza, começando por Brooke Shields e suas Calvins até Kate Moss e Marky Mark. Chamei Trey Laird, que conhecia bem nossa marca por ter trabalhado com Peter. Trey estava agora na GFT, uma empresa americana licenciada de marcas europeias como Armani e Valentino. Pedi para Trey elaborar um projeto que me mostrasse, criativamente, sua ideia para minha próxima coleção, inspirada no romantismo dos poetas e artistas.

Trey é um autêntico cavalheiro sulista, com maneiras tímidas, encantadoras e juvenis. A criatividade vem em diferentes pacotes e a dele era do tipo calmo, contemplativo — ao contrário da minha. Desde o começo ele se envolveu no típico redemoinho de meu dia, quando chegou eu estava fazendo as provas com Doreen e Gina. Patti segurava o telefone para um repórter que logo me entrevistaria. Eu calçava um sapato, conversando com o *designer* de sapatos, e, é claro, tirando a blusa (nada de sutiã, como sempre) para experimentar alguma peça. Se ficou assustado, Trey não o demonstrou. Na vez seguinte em que nos vimos, encontrou-me fazendo as unhas no escritório. Mas, então, já nada o surpreendia.

Trey e eu já havíamos nos entendido fazia algum tempo, quando ele era assistente júnior. Tinha a capacidade única de reorganizar tudo o que eu bagunçava. Eu modificava apresentações combinando-as de vários modos e Trey, sossegadamente, punha em ordem, digamos, a quinta versão de que eu havia gostado. Seguia meu pensamento e ajudava a organizá-lo, melhorá-lo e expressá-lo. Eram qualidades valiosas que nunca esqueci.

Trey voltou então à minha sala com o projeto de que eu o encarregara. Vestia um terno Armani — não um Armani qualquer, mas um Armani exclusivo.

— Vamos falar sobre esse terno, Trey — saudei-o. — O tecido é Bartolini. Sei porque o vi há pouco na Première Vision. Eu sempre imaginei você de camiseta polo. Como então, sendo do Sul, entra aqui parecendo tão bem num terno Armani feito com tecido Bartolini? — Ele enrubesceu. E, antes que pudesse responder, acrescentei:

— Espere, tenho mais uma coisa a lhe dizer: sua braguilha está aberta.

A apresentação de Trey foi totalmente satisfatória. A ideia de trabalhar para uma companhia grande como a nossa deixava-o nervoso — afinal, estava com apenas vinte e poucos anos. Mas eu acreditava nele. Quando percebo que alguém é realmente talentoso, não ligo a mínima para a idade ou a falta de experiência. Trey foi decisivo para a montagem da loja DKNY em Londres e esse era um trabalho que ele nunca fizera. Logo trouxe Hans Dorsinville, que acabara de sair da escola de *design* e tinha talvez 22 anos de idade. Também me dei bem com ele imediatamente. Hans é um haitiano-canadense sentimental, com o tipo de temperamento equilibrado que convém a quem navega em ondas criativas. (Anos depois, Hans foi comigo ao Haiti para fotografar nossa campanha — mais dois pontos ligados.) Trey e Hans realmente me conquistaram.

Também aceitavam algumas de minhas decisões impulsivas com calma. Deus sabe que os enviei em muitas missões impossíveis. Para a coleção de primavera de 1994, fizemos roupas de cima — capas, ponchos, anoraques, sobretudos em tweed Balmacaans — com um tecido espelhado da Mectex, que achamos na Première Vision, a grande feira anual de tecidos da Europa. À luz natural, parecia chique e fosco em cores minerais como azul-gelo, jade e cinza. Mas sob luz direta e focada, brilhava quase como o branco. Muito bonito. Só descobri isso dois dias antes do desfile. Notei que não se podia apreciar o brilho do tecido sem algum tipo de luz à altura dos olhos. "Trey!", gritei. Ele e sua equipe conseguiram, não sei como, 1.500 lâmpadas de capacete a bateria, do tipo usado por mineiros, e mandaram imprimir uma etiqueta para explicar o motivo dos chapéus com as lâmpadas em todos os assentos. (Depois de concordar com a ideia, Patti ligou para o escritório de Anna Wintour, da *Vogue*, perguntando-lhe se ela usaria um; a resposta foi sim.) As modelos apareceram duas vezes: a primeira, no escuro, com as lanternas do público como única iluminação; e a segunda, com todas as lâmpadas da sala acesas. O efeito foi sensacional e valeu todo o esforço de última hora.

Graças à nossa *flagship store* da DKNY, eu ia a Londres sempre que surgia uma oportunidade. Minha primeira parada era sempre a Egg, uma loja na rua Kinnerton, em Knightsbridge, fundada e dirigida por uma de minhas melhores amigas, Maureen Doherty. Uma loira inglesa, Maureen é o meu oposto. Minimalista das minimalistas, cultiva um purismo que reduz tudo ao essencial. A Egg se situa numa antiga garagem de carruagens pintada de branco e suas roupas são arquitetonicamente simples, a maioria em linho branco, às vezes acentuado com toques naturais, pretos ou cinza. Maureen tem bom olho para artesãos e apresentou-me a toda espécie de gente, de grandes tecelões a ceramistas. Eu gostaria de ter um pouquinho que fosse de sua naturalidade: Maureen é como um espírito dócil em uma cadeira de balanço tomando chá, a bebida que ela sempre nos serve. Certa vez, perguntei-lhe se poderia abrir uma Egg em Nova York. Ela riu:

— Donna, eu adoraria se você abrisse uma lanchonete para servir sopa de galinha. Uma bela garota judia vendendo sopa seria brilhante... Mas sua primeira pergunta deveria ser: "Quantos tipos de sopa de galinha posso servir?"

Nossa loja DKNY em Londres (bem diferente da Egg) ia às mil maravilhas e estávamos ansiosos para abrir uma loja Collection. Encontrei o espaço perfeito de esquina na Bond Street, mas ele não estava disponível. O vizinho, sim, e Christina Ong o conseguiu para nós. Gostei do lugar porque tinha um subsolo onde, no futuro, poderíamos instalar um clube ou um restaurante. Contratamos o lendário arquiteto Peter Marino para projetar a loja.

Abrir uma loja do outro lado do oceano pode ser um grande desafio. Eu queria um ambiente escuro, mas essa ideia não estava se materializando. Patti e eu voamos para Londres a fim de encontrar Dominic Kozerski, um jovem associado de Peter que residia lá. A caminho da loja, paramos na galeria Saatchi, onde vimos a instalação "20:50" do artista e escultor britânico Richard Wilson, cujo piso era coberto com óleo de motor reciclado. Os reflexos, no óleo, dos planos do recinto nos hipnotizaram. Quando chegamos ao espaço vazio de nossa nova loja, achamos tudo muito branco. Eu havia pedido uma loja preta com toques de branco, mas eles me davam uma loja branca com toques de preto. Então me ocorreu: poderia ser uma espécie de caixa de joias de um preto brilhante como o da exibição que tínhamos acabado de ver. No canto, havia uma pilha de sacos de lixo pretos.

Dominic os abriu na mesma hora e começamos a colá-los nas paredes e depois no teto. Lindo! Concluí que precisávamos de uma parede flutuante para quebrar o espaço e que ela devia ser colocada na diagonal, para imprimir ao recinto retangular a mudança excêntrica de que ele precisava. Assim, pedimos que os operários segurassem mais sacos plásticos numa linha reta, que coloquei no ângulo certo fazendo com que alguns homens fossem para a frente e outros para trás.

Criativamente, a loja londrina, aberta em 1996, representou um momento decisivo para mim. O lugar era magnífico, com uma parede pintada de dourado e pontos de luz por toda parte. Para comemorar a inauguração, organizamos uma festa daquelas, a cargo de Trey e do produtor de espetáculos de moda Alexandre de Betak. O evento, ocorrido num armazém de Shepherd's Bush, causou sensação. Em primeiro lugar, agitou Londres, que jamais tinha visto coisa igual. Celebridades como Richard Branson, Boy George, Liam e Noel Gallagher da banda Oasis, o fotógrafo Mario Testino, Yasmin Le Bon e Gwyneth Paltrow, que havia pouco tínhamos vestido para o filme *Grandes Esperanças*, dançaram a noite toda. A mídia chamou-a de "Festa do Século". Em segundo, consolidou meu relacionamento (para não falar na confiança) com o jovem arquiteto Dominic, que passou a trabalhar com Trey no *design* de todas as nossas lojas. Em 2000, Dominic montaria sua própria empresa com Enrico Bonetti como sócio, e os dois ajudariam no *design* e na construção dos meus imóveis, inclusive apartamentos na cidade, residências em East Hampton e nosso ninho familiar em Parrot Cay, nas ilhas Turcas e Caicos. Porém, mais importante, essa festa consagrou meu futuro *décor* e estética divertida. Dali por diante, eu exigi que todos os nossos espaços fossem nas cores preta e marfim, com bancos baixos, toques de dourado, velas por todos os lados e a vibração *sexy* de um clube noturno.

Anos depois, levei essa atitude ao extremo. Stephan e eu estávamos pensando em deixar a rua 70 Leste e vimos um apartamento perfeito na prestigiosa San Remo, no Central Park West. Infelizmente, era para alugar e não poderíamos fazer reformas nele. Mas eu disse a Dominic: "Vamos pintá-lo de preto!" E o fizemos, das paredes aos candelabros, ao piso e à mobília. Eu literalmente perdi as estribeiras. Instalamos bancos pretos e dourados, e — mais fabuloso ainda — uma cortina de água de parede iluminada a partir de baixo. Ficou sensacional. Fui esperta o bastante para deixar nosso quarto na cor marfim e reservar outro a Stephan nos fundos para ele transformá-lo no que quisesse.

Quando Stephan voltou para casa... bem, digamos que não gostou tanto do espetáculo quanto eu.

— Donna, temos roupas pretas, móveis pretos, tapetes pretos, mesas pretas, pratos pretos, tudo preto! — queixou-se ele. — De que modo encontraremos nossas chaves?

Para mostrar que tinha razão, comprou um capacete daqueles com lanterna de mineiro e punha-o toda vez que chegava em casa, e até na hora do jantar.

Até Barbra detestou aquilo. Certa vez, machucou a coxa no canto de uma mesa preta de café, posta sobre um tapete preto. "Isto é ridículo!", gritou ela, esfregando a perna.

Stephan gostava de dirigir suas motos, por isso precisamos deixar Fire Island (onde veículos motorizados quase não são permitidos), nosso refúgio de verão por tantos anos. Encontramos uma casa singular e modesta de três quartos em East Hampton, no alto de um morro. O que pensávamos ser apenas uma simples reforma se tornou um pesadelo quando descobrimos que os construtores haviam deitado abaixo quase tudo da casa original; na verdade, deixaram apenas um quarto e a lareira.

No íntimo, Stephan estava contente porque gostava de bancar o arquiteto. Eu dava palpites aqui e ali, mas ele deixava sempre claro que aquela era a sua área. Permitiu que eu projetasse e decorasse os banheiros (mas não em preto). Chamei minha velha amiga Ilene Wetson e pedi-lhe que fizesse uma casa branca, deixando nós duas loucas por insistir em combinações de tons brancos. Por fim, convoquei um especialista em cores e ele, com muita paciência, explicou que combinar brancos é praticamente impossível, sobretudo quando luzes naturais incidem sobre diferentes texturas de diferentes maneiras. Assim, concentrei minhas tendências obsessivo-compulsivas nas compras para a casa. Que venham as antiguidades: gosto delas porque já tiveram uma existência anterior! Não se sabe onde estiveram, o que viram e que energia contêm. Além disso, são únicas. Quando eu encontrava uma, tinha de comprá-la a todo custo: não permitisse Deus que eu perdesse a chance! Adquiri espelhos enormes, ornamentados, mesas e cadeiras brancas, estátuas de mármore italianas e bancos de cimento esbranquiçado. Tudo tinha de ser branco.

— Bem-vindas —, dizia Stephan às antiguidades que chegavam. — É aqui que as velharias vêm para morrer.

Portanto, agora estávamos alugando um moderno apartamento preto na cidade e tínhamos uma casa branca atulhada de antiguidades na baía de East Hampton. Stephan e eu formávamos uma bela equipe. Nossa amiga Pearl Nipon, que com seu marido criou a linha Alpert Nipon, escreveu esta frase sobre nós: "Um é a cabeça e o outro é o pescoço, mas o pescoço controla o movimento da cabeça". Eu nunca soube que parte era, mas nem por isso a frase deixava de ser verdadeira.

17 DE MULHER PARA HOMEM

Desde que o conheci, Stephan nunca foi de usar ternos. Usava estritamente jeans, camisetas e jaquetas de couro. Certa vez fomos a um restaurante chinês sofisticado, em um de nossos primeiros encontros, e ele precisou pedir emprestado um paletó da casa. Pouco depois, eu dormia em seu apartamento e ele me acordou para se despedir: ia fazer uma viagem de negócios. Ao ver Stephan com um terno xadrez marrom, camisa castanho-amarelada e gravata larga, quase morri de susto. Se havia algo capaz de fazer com que eu me desapaixonasse por ele, era aquilo. Parecia que eu tinha acordado diante de um estranho, de um homem totalmente diferente do cara *sexy* de jeans com quem eu fora para a cama. Graças a Deus, seu rosto bonito compensava tudo. Muito tempo depois, quando nossos negócios exigiam que ele vestisse ternos, eu me encarreguei de obtê-los. Confiei a tarefa a Armani. Stephan ficava fabuloso nos ternos Armani.

No começo de 1992, reparei num jovem sentado na recepção de nosso escritório. Não havia marcado hora.

— Gostaria de falar com você, se tiver um minuto — disse ele. Era elegante e falava com um sotaque que depois descobri ser holandês. (Por sorte, eu estava totalmente vestida.)

— Claro, claro, entre — convidei.

— Meu nome é Michael Hogan — apresentou-se o rapaz. — Gostaria de trabalhar numa coleção masculina com você.

— Escute, meu marido só veste Armani. A não ser que você consiga fazer algo melhor que isso, não vejo motivo para entrar no ramo de roupas masculinas.

— Acho que podemos. Gostaria de lhe apresentar o alfaiate de alta-costura Martin Greenfield.

Eu não sabia quem era Martin Greenfield, mas o jovem pronunciou seu nome com reverência. Como meu pai havia trabalhado com a alta-costura masculina, fiquei intrigada. Dias depois, Michael voltou com um homem elegante, de cabelos grisalhos, vestido com um terno perfeito: Martin. Simpatizei imediatamente com suas maneiras da velha escola.

Peguei uma foto de meus pais e desafiei-o:

— Se conseguir fazer para meu marido um terno com a qualidade do corte de meu pai, mas com a sensibilidade de meu desenho — e apontei para o ateliê, ao lado —, então vou ficar interessada. O número de Stephan é 54. Tem de ser em crepe. Azul ou preto, tanto faz.

Dias depois, Martin voltou com um terno número 54. O crepe era mais firme que os usados por nós em roupas femininas porque precisava sustentar a estrutura e o amolfadado. Ele eliminou o vinco da calça para obter um visual mais fluido, mais limpo. Pedi a Stephan que o experimentasse. Ficou ótimo, não havia dúvida.

— E então, Stephan?

— Impressionante. Muito confortável — disse ele. Após o choque daquele xadrez marrom muitos anos antes, eu não quis lhe perguntar como o terno lhe *parecia*.

Michael e Martin começaram a preparar amostras. Istvan, meu diretor de criação para roupas femininas na época, estava louco para colaborar.

— Esqueça, Istvan — disse eu. — Preciso de você nas roupas femininas. E devo lembrar-lhe que teremos um desfile daqui a uma semana. — Então, tive um *insight*. Chamei nosso agente de modelos, Ray DiPietro, e perguntei-lhe:

— Você pode nos arranjar alguns modelos masculinos para sexta-feira? — Ray franziu a testa. — Estou falando sério — garanti-lhe.

Na noite anterior à do desfile, enquanto dávamos os últimos retoques nas roupas masculinas, ocorreu-me um pensamento: *talvez meus sócios devam ficar a par disto*. Contei a Frank, Tomio e Steve Ruzow que tinha uma surpresa para eles e pedi que me encontrassem no décimo quarto andar imediatamente. Os três homens entraram na sala apertada e sufocante onde eu havia disposto as amostras dos ternos masculinos. Com a voz mais doce do mundo, convidei-os a experimentar um.

— Sensacional, Donna — disse Tomio, admirando-se no espelho.

— É mesmo, concordo — secundou Frank. — Eu gostaria de ter um destes.

— Pois você tem. Nós temos — disse eu. — E vou colocá-los no desfile de amanhã com as garotas. — É assim que sempre agi: faça e pense depois.

— Espere um pouco, Donna — interveio Steve. — Vamos refletir um pouco sobre o assunto.

— Não se preocupe — tranquilizei-o, inocentemente. — Darei ao público apenas um gostinho do que está por vir. Uma prévia, só isso.

Mas quando um grande *designer* apresenta dez ou mais roupas masculinas durante uma semana de moda, está de corpo e alma no negócio. Até eu sabia disso.

Nosso punhado de roupas masculinas fez sucesso. Fotos apareceram em todas as publicações e, quando os repórteres perguntavam sobre nossos planos, eu lhes contava a verdade: o desfile não passava de um ensaio. Não tínhamos nada a dizer por enquanto. Ainda assim, lojas imploravam para ser as primeiras, oferecendo-nos mundos e fundos em troca de exclusividade.

Linda Beauchamp, diretora de moda masculina na Saks Fifth Avenue, consultou Steve sobre a possibilidade de lançarmos nossas roupas masculinas em sua loja. Linda tinha longos cabelos ruivos, um corpo curvilíneo e uma maneira direta, lógica, que irradiava poder. Meu tipo de mulher. Falava até com o sotaque de Nova York, como eu, embora fosse de Nova Jersey. Convidei-a ao meu apartamento para discutirmos a proposta e, ao fim da reunião, perguntei-lhe:

— O que preciso fazer para convencê-la a ser nossa diretora de moda masculina?

Não tínhamos uma sala para Linda, de modo que no começo ela ficou na minha. Eu falava ao telefone, tateava uma amostra com a mão livre e acenava aprovando tecidos enquanto alguém colocava à minha frente um prato de salada e outra pessoa acendia velas.

— Como consegue trabalhar assim? — espantava-se Linda.

— Assim como?

Fazer várias coisas ao mesmo tempo é tão natural para mim quanto respirar, de modo que apenas acrescentei às roupas masculinas a bagunça. Mas logo descobri que elas ocupavam um lugar especial em meu coração devido à disciplina exigida (a alfaiataria é uma técnica muito precisa!) e à sua ligação com meu pai — em quem eu pensava constantemente. O processo era estimulante e meus *designers* gostavam dele tanto quanto eu. Pegamos muitos elementos de nossas roupas femininas: flexibilidade, luxo, conforto e, é claro, as famosas sete peças "fáceis". Se eu ia confeccionar roupas masculinas, então teria de fazer algo novo, mas sabia também que os homens resistem muito à mudança. Nosso maior desafio foi conseguir o equilíbrio entre o clássico e o moderno.

GUARDA-ROUPA MASCULINO DE SETE PEÇAS "FÁCEIS"

1. **O terno preto de crepe.** Esse foi o nosso ponto de partida. Juntos, o paletó e a calça formavam um terno clássico; separados, eram duas peças casuais. Hoje, isso parece óbvio, mas em 1992 um terno era um terno e uma jaqueta casual era uma jaqueta casual. O segredo estava no crepe e na modelagem, que lhe davam o conforto de um tecido elástico. Servia também para todas as estações e era perfeito para viagens. Foi um grande passo além do terno de lã penteada que os homens usavam na época.

2. **A camisa branca.** Todo terno merece uma camisa branca elegante. As nossas eram feitas do algodão mais fino e macio, com colchetes ocultos para manter o colarinho no lugar. Com uma gravata preta, podia-se fazer do terno um *smoking*.

3. **A camiseta de tricô.** A camiseta certa de tricô pode transformar o terno da noite numa roupa casual, para o dia. Nossas camisetas finas de seda e *cashmere* vinham nos modelos polo, gola careca e com decote em V.

4. **O suéter de *cashmere*.** Era possível substituir a jaqueta por um *cashmere* grosso e chique (pulôver ou cardigã). Canelado,

com ponto de corda ou de botões, era do tipo que as mulheres gostam de surrupiar. Fizemos também um agasalho de *cashmere* ultrachique.

5. **O *blazer* casual.** O paletó servia como jaqueta casual, mas oferecíamos também um *blazer* clássico para maior variedade. O nosso era em vicunha ou *cashmere* vermelho-brilhante (um *statement* e tanto na época!). Mas também tínhamos *blazers* em *tweed* e padrões masculinos clássicos como o xadrez quadriculado, o zigue-zague e o *pied-de-poule* (uma novidade no ramo).

6. **A jaqueta de couro.** Graças a Stephan, eu sabia muita coisa sobre jaquetas de couro. A nossa era macia, delicada e mais suave que uma jaqueta biker, mas exalava a mesma masculinidade. Robert Lee Morris fabricou os puxadores de zíper com nossa marca em letras douradas.

7. **O casaco ajustado ou capa.** Todo homem precisa de um casaco ou capa longa. Nosso casaco de *cashmere* imitava as jaquetas com seus ombros modelados e linhas claras; nossa capa era clássica: simples, funcional e com cinto.

Stephan era nosso olho crítico em matéria de funcionalidade. Pediu zíperes bidirecionais e bolsos duplos que impediam que as coisas caíssem. Aconselhou-nos a nos certificar de que os botões permanecessem firmes, pois os homens nunca os substituem. E implicou com a etiqueta.

— Estou lhe dizendo, Donna, nenhum homem em sã consciência vestirá uma roupa com o nome de uma mulher gravado nela.

— Então o que vou colocar na etiqueta? Don Karan?

Stephan achou que DK Men não soava mal e essa foi a etiqueta que usamos em nossa primeira coleção. Logo depois, como desejava, Istvan passou para o ramo das roupas masculinas (Michael, então, já tinha saído) com Allan Scott, um talentoso estilista britânico que se ocupou do desenvolvimento do *design*, e Wallis Shaw, um escocês que deu às nossas malhas um toque de autenticidade. Era a equipe perfeita e Linda dirigia sua pequena divisão como se esta fosse uma família. Linda havia se casado com Bob Beauchamp, um editor de moda que trabalhou na *GQ* e depois na *Esquire*, então tínhamos acesso à indústria de roupas masculinas. Tudo estava se encaixando. O lançamento foi na Barneys New York, onde eu presumia poder trabalhar com o cliente no provador, como sempre fiz. Mas me proibiram de entrar. Então eu achava mesmo que iria vender as roupas?

Mas um milagre ocorreu — e que milagre! O telefone de minha sala tocou e a voz do outro lado da linha disse:

— Donna, por favor, pode atender o presidente eleito William Clinton?

O sotaque era inconfundível. Eu o havia conhecido de passagem durante um evento para angariar fundos na casa de Barbra em Malibu, no verão anterior.

— Olá, Donna, aqui é Bill. Nossa amiga Barbra diz que você é a única pessoa em quem posso confiar. Preciso de um terno para a cerimônia de posse.

Meu primeiro pensamento foi: *Oh, meu Deus, estou sendo procurada para vestir o presidente dos Estados Unidos!* E o segundo: *A posse será daqui a dois dias!* Ele estava telefonando numa sexta-feira, e Martin, como Beth, observava o sabá. Mas, com isso, eu me preocuparia depois.

Respirei fundo:

— Mas é claro que posso ajudá-lo, senhor. Qual o seu número?

— 54 longo.

— Quer dizer 54 extralongo, certo? — Eu me lembrava de que ele era muito mais alto que Stephan.

— Não, 54 longo.

260 DONNA KARAN

Tínhamos aí um problema, mas logo o resolvemos — e, no processo, aprendi a fazer um *smoking*. Mandei também um 54 extralongo, por garantia.

Stephan e eu comparecemos à posse com Barbra e o produtor musical Richard Baskin; depois, fomos ao baile, no centro de convenções D. C. Não foi um baile de contos de fadas. Estávamos famintos e passamos o tempo todo atrás do que comer. Havíamos pensado, tolamente, que haveria um jantar ou pelo menos petiscos no salão VIP, mas não houve nada. Quando cumprimentávamos Al Gore pela vice-presidência, alguém entrou anunciando que o presidente e a primeira-dama tinham chegado. O Serviço Secreto começou imediatamente a nos empurrar em direção ao palco.

Lá estávamos nós: eu, Stephan, Barbra, Richard, a amiga de Barbra, Ellen Gilbert, com o marido, todos no palco perto de Chelsea e a mãe do presidente, Virginia. Hillary e o presidente subiram ao palco e, com um aceno, ele disse à multidão:

— Quero lhes apresentar minha família. O braço dele apontava para nós! Só o que pudemos fazer foi sorrir e retribuir o gesto.

Quando o presidente se aproximou para nos cumprimentar, em vez de parabenizá-lo (como tencionava fazer), perguntei-lhe:

— E então, o que está vestindo? O 54 longo ou o 54 extralongo? Ele sorriu:

— O 54 longo.

Foi aí que aprendi uma lição: o presidente nunca erra.

Martin Greenfield e eu vestimos o presidente Bill Clinton durante todo o seu mandato — ao todo, aproximadamente vinte ternos. Mais importante, ele e eu iniciamos uma longa amizade que mais tarde incluiu laços filantrópicos graças a nosso trabalho no Haiti.

Nesse mesmo ano, ganhamos o prêmio Menswear Designer of the Year, do CFDA. Meu herói na área, Giorgio Armani, entregou o prêmio e, em meu discurso, agradeci também a meu pai no céu por me mandar Martin Greenfield.

A despeito da observação de Stephan, segundo a qual "nenhum homem, em sã consciência, usaria uma roupa com o nome de uma mulher gravado nela", um desfile sem-fim de testosterona procurou a Donna Karan New York Men. Nossas roupas faziam um sucesso especial no mundo dos esportes: os locutores da rede Fox usavam-nas no Super Bowl e na World Series usavam-nas, bem como os comentaristas da NBC nos jogos olímpicos em Nagano e os rapazes dos Knicks, Nets, Giants e Yankees. Um de nossos favoritos era Patrick Ewing, que pusemos na capa de nosso catálogo "sob medida". Se podíamos vestir Patrick, então podíamos vestir qualquer um. O músico Sting também usava nossas roupas e nos tornamos bons amigos dele e de sua esposa, Trudie Styler, ambos yogues e filantropos dos mais dedicados. No campo espiritual, meu amigo Deepak Chopra, escritor e curador holístico, também era nosso cliente e parecia muito bem em seu terno preto.

Entusiasmada com o *design*, algumas vezes levei a coisa um pouco longe demais. Certa vez, criei um *body-camisa* masculino (camisa e cueca em uma só peça). Achei que era uma boa ideia, mas ninguém mais achou. Depois, fiz um sarongue para homens, inspirada no modo como eles se vestem em países como a Indonésia, que me agradava muito. Recebemos outro "não" inapelável da imprensa e dos varejistas. Um de meus momentos mais surreais na moda masculina ocorreu quando Jack Nicholson veio me ver. Jack havia conhecido Linda por intermédio de um amigo comum.

— Preciso de umas camisas de golfe — disse ele, depois de nos cumprimentarmos.

— Não confeccionamos camisas de golfe, Jack. Fazemos muitas outras, mas de golfe, não.

— Você realmente precisa confeccioná-las. Coloridas.

Espere sentado, pensei. (Os sarongues têm muito mais a ver comigo.) Mas coisas estranhas já tinham acontecido. Como ter Giorgio Armani entregando-me o prêmio CFDA de moda masculina no primeiro ano em que eu as confeccionava e vestir o presidente dos Estados Unidos em sua cerimônia de posse.

18 | VIAGEM INTROSPECTIVA

Os negócios iam bem. A cada dia, surgiam novos desafios, novos problemas para resolver, novos planos a implementar. Em 1993, um ano após ter ganhado o prêmio Menswear Designer of the Year, do CFDA, recebemos o prêmio FiFi da Fragrance Foundation (o mais prestigioso do ramo) pelo melhor perfume. Eu estava entusiasmada com Stephan, incrivelmente orgulhosa dele. Graças ao contínuo progresso da Donna Karan New York e da DKNY, bem como à nossa presença cada vez mais global, eu era saudada como a "Rainha da Sétima Avenida".

Mas, pessoalmente, não me sentia rainha de nada — muito menos do meu próprio destino. Vivia ocupada demais sendo a Donna Karan que o mundo pensava e esperava que eu fosse.

Na primavera e no verão de 1992, passei mais tempo que nunca em nossa casa de East Hampton. Um dia, desci a escada de madeira em espiral para o cais e ali, bem junto ao primeiro degrau, algo me chamou a atenção: uma pedra do tamanho de uma batata assada e com dois "olhos" (manchas marrons). Um verdadeiro senhor Cabeça de

Batata. Dentre dezenas de milhares de pedras, aquela me deteve. Ou pediu que me detivesse. E eu o fiz. Sentei-me e fiquei olhando para ela durante alguns instantes. Uma pedra perfeitamente quieta, contente. Meu corpo se descontraiu. O ruído em meu cérebro silenciou. Senti um toque, um sussurro no íntimo.

Donna, Donna, lembra-se de mim? A pedra não falava, é claro, mas bem lá no fundo eu ouvia uma voz apagada. Parecia solitária e nostálgica. A voz pertencia ao meu eu real, com quem eu havia deixado de conversar havia muito tempo. Não tinha tempo para isso; já nem mesmo o reconhecia. Como a pedra, lá estava ele sentado junto de mim, esperando que eu lhe desse atenção. Mas também pedia, implorava que eu reservasse um tempo para ele. "Quem sou eu?", perguntei-me. "Para onde fui?" A pedra me devolveu o olhar, parecendo não entender, e, por mais maluco que isto seja, senti-me como se houvesse conquistado uma amiga. Ela se tornou minha referência. Não tentei movê-la nem "possuí-la" de maneira alguma. Apenas planejei vê-la todos os fins de semana. Era minha primeira parada após duas horas de viagem. Um ritual calmo, que me prendia ao chão e me apurava a consciência. Minha vida na cidade podia ser um turbilhão, mas minha pedra estava sempre lá, tranquila e à espera.

Aparentemente, eu tinha tudo, pois vivia com o amor da minha vida. Tinha uma filha que amava acima de tudo e era até avó, graças a Corey e Lisa. Fora aclamada como uma grande estilista e minha situação financeira podia ser considerada muito confortável. Mas algo faltava dentro de mim. Eu não conseguia encontrar paz interior. Apesar de toda a terapia que eu sempre fiz, estava constantemente procurando, procurando, procurando — o quê, não sei. Vivia tão ocupada sendo Donna Karan, a estilista e a marca, que havia perdido meu *eu*.

Tinha me entregado aos negócios e ao público ainda muito jovem. Por onde andava Donna Karan, a mulher?

Tive tanto medo, a vida inteira, de ficar sozinha que me mantive o tempo todo ocupada. Tornei-me minha mãe (algo que, juro, nunca quis ser) e fui trabalhar para estar sempre rodeada de pessoas. Progredia profissionalmente; mas, pessoalmente, não me sentia bem o bastante. Não sou a única, é claro. Muitas de minhas amigas, até as famosas, me dizem a mesma coisa — que trabalham duro a fim de provar que merecem ser convidadas para uma festa. No trabalho, eu tinha de ser líder e tomar decisões. No momento em que entrava no escritório, tudo mudava: hora do *show*. Mas, por dentro, eu ainda era a garota insegura e esquisita, que tinha uma mãe maluca. Olhava no espelho e via a menina sobre a qual cantarolavam no acampamento: "pernas de macarrão e cabeça de almôndega".

Sentando-me junto à pedra, eu me sentava comigo mesma, conhecendo Donna Karan, a mulher, ouvindo-a, refletindo sobre onde estive e para onde estava indo. Era bom apenas ficar ali sentada.

Um dia, após visitar a pedra durante alguns meses, voltei numa manhã de sábado e ela se fora. Meu coração deu um salto. Percorri freneticamente a praia, procurando-a, examinando qualquer pedra que tivesse mais ou menos o seu tamanho. Não podia aceitar que ela houvesse desaparecido. Seria aquilo o aviso de outra morte, fosse de que tipo fosse?

No mesmo dia escolhi outra pedra — dessa vez uma rocha que se projetava da água, tão grande que você poderia se sentar nela. Nada a tiraria dali. Eu lhe disse em voz alta: "Agora *você* será a minha pedra". Escalei-a, virei-me para o mar e fiquei imóvel. Mantive os olhos bem abertos, contemplei toda aquela extensão e ouvi os sons ritmados das ondas revoltas. Percebi quão pequenos eram meus problemas em comparação com o que via — quão pequena *eu* era. Como permanecia imóvel, permanecia aberta: podia ouvir com a mente, o corpo e o espírito o que eu mesma dizia e o que o mundo estava me dizendo. O mais importante é que a rocha se tornou minha conexão com o outro lado, com as pessoas queridas que tinham partido. Ali eu conversava com meu pai, minha mãe e, anos depois, com Stephan. Fato curioso: eu sempre sentia a presença dos meus pais lá longe no oceano; mas a de Stephan estava sempre diante de mim, como se seu espírito não tivesse me abandonado.

Quando estou em dúvida, volto-me para a natureza. Ela não nos pede nada, quer apenas que a observemos e valorizemos. Para quem vive resolvendo problemas, como eu, é um alívio render-se e apenas sorver a beleza. A praia é a minha grande fuga das loucuras de meu cotidiano. A grandiosidade do mar me desperta para mim mesma. É maior que a vida e me oferece uma perspectiva. Posso ficar sozinha na praia sem sentir medo. A linha costeira é aberta e envolve tudo. Parece um grande sorriso. Nem posso contar quantas histórias coloridas criei durante essas caminhadas na areia. Entretanto, mais que um lugar onde encontro inspiração, a praia é meu santuário, o templo pessoal em que posso refletir, me recompor, me recarregar.

Com o passar dos anos, acabei por concluir que havia renunciado à minha identidade por vontade própria. As mulheres fazem isso. Assumimos muitos papéis: mãe, esposa, irmã, filha, *designer*, líder, filantropa, cuidadora etc. etc. Damo-nos todos os dias sem guardar sequer um pedacinho para nós mesmas. Achamos mais fácil resolver os problemas diários no trabalho e em casa do que nos encararmos face a face. Minha busca foi esquecer o ego — essa marca chamada Donna Karan — para me encontrar, para fortalecer a Donna real, aquela que estava perdida, amedrontada, insegura. A fama nos impede de fazer algo para nós mesmas.

Meus mestres espirituais me ajudaram a entender que, no fundo, sabemos muito bem quem somos, mas os outros querem que sejamos coisa diferente. Podemos ser, ao mesmo tempo, poderosas e vulneráveis. A mão direita pode ser forte, a mão esquerda pode ser fraca. Uma das mãos está sempre dando, mas a outra não sabe como receber. A vida está repleta de dualidades, lembra os dois lados de uma moeda.

A jornada em busca de mim mesma me tornou aberta para qualquer experiência que ensine, cure ou ajude a crescer. Terapeutas, psiquiatras, videntes, astrólogos, yogues, médiuns, tarólogos, quiromantes, acupunturistas — todos têm algo a oferecer. Sou alguém que busca. Sem dúvida, há muitos charlatães por aí, mas, se você presumir que todos o são, jamais terá a possibilidade da iluminação — e isso, a meu ver, é o pior dos destinos. Não pretendo ter todas as respostas. Estou no caminho. Quanto mais pergunto, mais descubro que há ainda muito a aprender. Eu nunca compreenderei tudo, mas não preciso percorrer esse caminho sozinha. Desde o princípio tive um companheiro de viagem confiável.

Não falo de Stephan. Ele era demasiadamente racional. Acreditava em terapia, sobretudo para melhorar a comunicação com seus filhos e comigo. Mas não se interessava por minhas "bobagens", como ele dizia. Equilibrado e calmo, gostava de verdade de estar consigo mesmo, quer corresse de motocicleta, desenhasse ou esculpisse. Tolerava com paciência minha busca espiritual, revirando ironicamente os olhos. "E agora, o que minha mulher inventou?", perguntava. Eu era, para ele, uma fonte inesgotável de diversão.

Gabby se parece muito com Stephan, mas não é tão paciente. É simples e direta, organizada e tem os pés no chão; tudo para ela é preto no branco — o oposto de mim em muitas coisas, mas em muitas coisas é igual a mim. Tento convencê-la a me acompanhar em várias buscas, mas sua resposta é sempre a mesma: "Depois que você tiver uma ideia melhor sobre o assunto, conversaremos".

Assim, nem meu marido nem minha filha compartilham minha jornada. Patti também não, embora tenhamos interesses comuns em outras coisas "sobrenaturais" (mais disso à frente). Não, quem explora comigo é... minha amiga Barbra Streisand. Ela é minha irmã espiritual. A moda pode ter nos aproximado, mas nossas vidas paralelas e nossa sede comum por algo mais profundo e significativo foi o que nos uniu. Quando vi *Yentl*, o filme de Barbra, de 1984 (sem nenhuma dúvida, seu projeto mais pessoal), meus olhos ficaram úmidos. Mas ao ler o crédito final, "Dedicado a meu pai", não pude me conter. Senti que estávamos destinadas a ser amigas íntimas. Ela havia perdido o pai quando bebê, como eu. Ambas crescemos com mães problemáticas, o que tornou a perda de nossos pais ainda mais difícil de suportar, porque fantasiávamos que eles nos protegeriam. E nós duas éramos famosas. Barbra e eu alcançamos o sucesso bem jovens. Achamos difícil lembrar da época em que não éramos pessoas públicas.

Assim, quando Barbra me convidou um dia, no início da década de 1990, para irmos a um seminário de Brugh Joy, dei pulos de alegria. O doutor W. Brugh Joy era um médico da Clínica Mayo que, após ser diagnosticado com pancreatite, passou para a cura alternativa e as terapias espirituais. Promovia impressionantes seminários de autodesenvolvimento. Barbra levou seu filho Jason, então com 25 anos e um rapaz verdadeiramente amável. Adorei a experiência. Acreditem em mim, não era coisa fácil — a pessoa tinha de enfrentar seus medos e explorar cantos sombrios. Recorrendo à interpretação de sonhos, à meditação e a outros exercícios, Brugh discorria sobre a força destrutiva do ego e mostrava que esses problemas eram absolutamente universais. Havia mais ou menos vinte e poucas pessoas em nosso grupo. Ele se concentrava em uma delas e sua história e todos tínhamos reações emocionais similares. Descobríamos então que partilhávamos as mesmas vulnerabilidades.

Depois disso, Barbra e eu, duas boas garotas judias, estávamos prontas para tudo. Fomos conhecer a Guru Mai em seu *ashram* em Catskills e depois Deepak Chopra num retiro no Maharishi Ayurveda Health Center em Lancaster, Massachusetts. Deepak, médico que havia muito adotara uma abordagem mente-corpo-espírito da saúde, deu-me meu primeiro mantra e apresentou-me o sistema de cura holística Ayurveda, desenvolvido há milênios na Índia. No retiro, aprendemos que o Ayurveda identifica três tipos de *prakriti* ou "natureza". *Vata*, o tipo ativo, incansável, enérgico — o meu. *Pitta*, o tipo mais cerebral, racional e decidido — Barbra. E o tipo *kapha*, mais sereno, calmo e tolerante — nem eu nem Barbra, ao menos por enquanto. Isso ficou claro por ocasião do tratamento chamado *pizhichil*, que envolve uma massagem a quatro mãos enquanto se está dentro de uma banheira cheia de óleo quente. Barbra e eu ficamos em quartos separados, mas adjacentes. O objetivo era nos transportar para um recinto de paz, mas ela estava horrorizada com o óleo e se queixava o tempo todo.

— Esta é a minha ideia de bem-aventurança, Barbra — gritei-lhe. Eu me sentia no paraíso, amando a tepidez do óleo que me banhava o corpo inteiro.

— O que você disse? — gritou ela de volta. — Você enlouqueceu?

Anos depois, após a morte de Stephan, Demi Moore me ligou para dar uma sugestão. Ela e eu havíamos nos tornado grandes amigas depois de um encontro, em meados da década de 1990, no clube de seu então marido Bruce Willis, o Mint, onde ele tocava com sua banda. Demi sabia que eu estava passando por maus bocados depois do falecimento de Stephan e perguntou se eu gostaria de ir com ela e seu amigo Eric ao Dr. Nonna Brenner's Healing Center, na Áustria, para fazermos uma terapia com sanguessugas. Ao que se dizia, esse tratamento eliminava toxinas e negativismo. Aconteceu numa casa particular das montanhas — nada luxuosa, mas muito exótica. Fazíamos um enema todos os dias. Caminhávamos pelos montes, submetíamo-nos à terapia da escrita; e Nonna, psicoterapeuta formada, nos levava para seu "quarto anímico", onde tínhamos sessões de terapia individualizadas com a finalidade de limpar o corpo e curar a alma. Além disso, é claro, havia aplicações diárias de sanguessugas (quatro, cinco ou mais) nos pontos de estresse ou intoxicação, para que sugassem toda a sujeira. As minhas eram colocadas principalmente nas costas ou pescoço e algumas no peito. Fiquei com medo na primeira vez e me retorci toda quando as colocaram. Depois, porém, nada — não senti nada. Elas se fartaram durante meia hora, até quase estourar, e praticamente caíam sozinhas, deixando pequenas manchas de sangue em minha pele. Minha cabeça ficava leve. Durante dias, eu também me sentia leve emocionalmente.

Aprecio bastante os retiros silenciosos, que me obrigam a esquecer o mundo exterior a fim de olhar para dentro e conversar comigo mesma. Isso pode parecer surpreendente, pois não sou de modo algum do tipo sossegado. Entretanto, a verdade é que... também não sou muito social. Gosto de conversar, de me relacionar; mas gosto igualmente do silêncio, desde que conte com a presença reconfortante de outros à minha volta. Faço questão de ser *guiada* em meu silêncio, não de ser abandonada nele. E aprendi isso da pior maneira. Certa vez, pouco depois de saber que Stephan estava doente, fui para um retiro silencioso no meio das florestas do Colorado. Já ouviram falar de Outward Bound [Para Fora]? Mas podia ser chamado de Inward Bound [Para Dentro]. Os responsáveis eram um casal com quem eu já havia feito muitos trabalhos espirituais. Pegaram-me no aeroporto e fomos fazer compras num mercado. Depois, deixaram-me numa cabana por três dias. Eu mesma cozinhava e lavava a roupa. Não havia telefone, computador ou televisão. Só eu e meu diário. Estava realmente só, sentindo-me abandonada. Não apenas recuperava sentimentos da infância como previa o que haveria de sentir caso Stephan se fosse. Não tinha ninguém para desabafar e passava a maior parte do tempo soluçando por causa da solidão em vez de refletir. Não notei nada de terapêutico naquela experiência; ao sair dela, não me senti uma pessoa diferente. Apenas fiquei aliviada quando não me vi mais sozinha.

Apesar de algumas viagens desastrosas, gosto de arrumar as malas, ir para longe e buscar dentro de mim luz, autoaceitação e amor-próprio. Prefiro a autenticidade ao luxo. Quero experimentar, na medida do possível, tudo o que seja interessante.

Sentimo-nos muito bem após um retiro espiritual, mas seus benefícios não duram. Por isso gosto de yoga. Você pode praticá-lo em qualquer lugar. Quando eu estava no colégio, apreciava o yoga porque era expressivo, libertador e fluido como a dança. Eu tinha pernas compridas e adorava esticá-las, sentindo a energia correndo por meu corpo de uma postura à outra. Com o tempo, a prática se tornou espiritual tanto quanto física. Para a pessoa que trabalha muito, convém sossegar um pouco e encontrar um momento de paz. Todos pensam que o yoga consiste em levantar a perna acima da cabeça, mas ele é, antes, uma comunhão de mente, corpo e espírito. Há sempre lições novas a aprender, física e espiritualmente — por isso se diz que é uma "prática".

Eu frequentava o Yoga Shanti, em Sag Harbor, com Rodney Yee e Colleen Saidman Yee. Gosto da energia em grupo. Chego atrasada em tudo na vida, menos nas aulas de yoga. Entro e faço o que me mandam. Na esteira, minha mente não divaga. Faço apenas a postura do momento. É um alívio não pensar em nada. A despeito de meus muitos anos de prática, estou longe de ser a melhor yogue do planeta. Sou extremamente flexível, o que é ótimo, mas meu desafio é a moderação. Como na vida, preciso aprender a não exagerar, a me conter e a gerar um senso de estabilidade. Meus canais estão sempre abertos, com a energia fluindo para dentro e para fora. É cansativo viver assim.

Falando em termos práticos, há o problema da postura. Sou uma *designer* muito "física": minha cabeça está sempre torta, meus quadris inclinados para um lado ou para o outro. O yoga me ajuda a equilibrar tudo, a realinhar meu corpo.

Minha jornada no yoga já é longa, com excelentes professores. Em meados dos anos 1970, quando me mudei para a cidade, tive um que falava lenta e ponderadamente, como meu psiquiatra, o doutor Rath, e isso me reconfortava. Uma ou duas vezes por semana, praticávamos num canto do meu quarto, às vezes com a pequenina Gabby por perto. Mais tarde, passei para o ashtanga yoga com Danny Paradise, que trabalhava com meus amigos Trudie e Sting. Danny era o yogue por excelência: um *hippie* de cabelos longos e bandana na cabeça. O ashtanga é um conjunto de posturas progressivas que geram um intenso calor interno, estimulando o suor e a desintoxicação. Algumas pessoas o chamam de power yoga. Eu adorava praticar com Danny, mas ele era um nômade incurável, sempre a viajar pelo mundo. Por isso, Gabby me recomendou a academia Jivamukti Yoga, fundada por Sharon Gannon e David Life. Gabby ia entrar para a Universidade de Nova York e morava no centro, perto da academia (na Broadway), e eu comecei a frequentá-la com ela ou sem ela todos os sábados e domingos. Gosto muito de Sharon e David, que treinaram minha atual professora, Colleen.

Em Los Angeles, estudei com Tara Lynda Guber, que considero a Donna Karan dessa cidade. Como eu, ela está espiritualmente aberta a ideias novas. Por intermédio de Tara Lynda, conheci Ken "Tesh" Scott, que fazia yoga de contato, também chamado yoga de parceiros. Nada melhor que aqueles alongamentos e o modo como o peso de um corpo trabalha com e contra o outro. Encontrei Tesh num estúdio nos Hamptons (um velho e rústico celeiro no alto de uma colina), onde ele ensinava a mim e a meus amigos. Também pratiquei com Jules Paxton, outro yogue versado tanto em yoga convencional quanto no yoga de contato. Dei sessões privadas com Jules de brinde a todas as pessoas que eu amava. Até Gabby se tornou fã dessa prática. Mas, apesar de minhas repetidas tentativas para levar Barbra, e Deus sabe quantas foram, ela não sente pelo yoga a atração que eu sinto. Gosta de exercícios aeróbicos, pilates e musculação. Nem sempre os melhores amigos gostam das mesmas coisas.

Minha busca espiritual se intensificou no verão de 1994, graças à minha nova amiga Pam Serure, dona de um bar de sucos em Bridgehampton chamado Get Juiced. Alguém havia me dado uma caixinha de um de seus sucos e, assim que o tomei, liguei para Pam a fim de me apresentar. Eu não podia deixar de conhecer alguém que fazia um suco como aquele. Pequena e esperta ao estilo de Nova York, Pam era uma agente de cura natural — uma "espremedora de frutas judia", como eu a chamava. Praticava a purificação do corpo recorrendo a vários canais de desintoxicação e meditação, oferecendo um cardápio inteiro de metodologias corporais e espirituais como aromaterapia, interpretação dos sonhos, terapia da escrita, exercícios respiratórios e terapia primal.

— Preciso de todas elas — eu lhe disse quando nos encontramos. — Um reinício do zero. O estresse em minha vida é grande demais e está afetando minha saúde, meu sono etc.

— Me dê três dias — pediu ela. E falava sério. Nada de telefone, de conversas, de interferências.

— Posso trazer uma amiga?

— Claro.

Preparamos um retiro de três dias em minha casa com minha nova amiga Linda Horn, que Patti havia me apresentado alguns meses antes. Linda, a essência do boho-chique, ia se tornando rapidamente minha companheira favorita de aventuras. Produzia comerciais de televisão e também enfrentava episódios de estresse. Como eu, interessava-se por tudo que era novo e arrojado. Felizmente, Stephan gostava do marido de Linda, Steve, e saíamos os quatro com frequência.

Nosso primeiro retiro silencioso de três dias foi incrível. Pam levou especialistas em nutrição, yoga e outros exercícios físicos, inclusive um impressionante neozelandês chamado Kamala, que trabalhava com respiração e meditação. Entramos de cabeça em tudo isso. Fizemos terapia de escrita, registramos nossos sonhos, gritamos para as ondas e nadamos nus. Edificamos um altar com pedras da praia e conchas. Praticamos yoga e recebemos massagens. Ao fim de três dias de silêncio, me senti outra pessoa — esqueci a música e mergulhei em mim mesma de uma maneira profunda e tranquila. Percebi como é bom cuidarmos de nós mesmos. Linda e eu iríamos a uma festa de angariamento de fundos naquela noite. "Levem seus sucos, vocês ficarão bem", disse Pam. E fomos, radiantes.

———————

Patti Cohen não é maluca como eu, mas tem um fraco por videntes, astrólogos e cartomantes. Apresentou-me à grande astróloga e vidente Maria Napoli, que vê o que ninguém mais consegue ver. Sempre a consultei antes de contratar praticamente todos os executivos principais de nossa companhia.

Videntes salvaram minha vida, quanto a isso não tenho dúvida alguma. Certa vez, meu diretor de moda, Peter Speliopoulos, minha *designer* associada e "segunda filha", Bonnie Young, e eu fomos a Florença, Itália, para uma feira de tecidos. Logo após a decolagem, o piloto descobriu que o avião apresentava um problema elétrico e tivemos de voltar ao aeroporto. Peter e Bonnie, que estava imensamente grávida, queriam descer, mas eu achei que devíamos aguardar o reparo. Eles iam ficando cada vez mais impacientes à medida que a noite avançava.

— Donna, tenho uma criança em casa e vou ter outra. Não estou gostando nada disto — resmungou Bonnie.

— Deixe-me ligar para Molly — pedi. Eram duas horas da madrugada quando chamei minha vidente preferida e lhe dei o número de nosso avião.

— No momento, é um número péssimo — advertiu ela. — Não voem de jeito nenhum nesse aparelho.

Na manhã seguinte, liguei de novo para Molly e perguntei se algo tinha mudado. Mudara.

— Agora podem ir tranquilos — garantiu ela. E fomos.

Enquanto eu explorava meu lado espiritual, Stephan trabalhava em seu estúdio de arte e planejava viagens de motocicleta — fazia de tudo para evitar meus retiros domésticos. Por isso compramos minha "casa spa" na vizinhança.

A princípio, era Barbra que queria comprá-la como um retiro perto de mim em Hamptons.

— Vamos lá dar uma olhada — convidou-me um dia, cheia de entusiasmo.

— Mas não está à venda! — ponderei. Além disso, eu não conhecia aqueles vizinhos.

278 DONNA KARAN

— E daí? Basta nos apresentarmos.

Assim, Barbra e eu saímos e batemos à porta. Uma mulher de meia-idade atendeu e pudemos ver o espanto em seu rosto. Tentei quebrar o gelo.

— Olá, sou sua vizinha Donna e esta é minha amiga Barbra. Sei que pode parecer estranho, mas estivemos admirando sua casa e gostaríamos de vê-la por dentro.

Ainda perplexa, a mulher concordou e se descontraiu um pouco enquanto percorríamos os cômodos.

De volta à nossa casa, recebi uma chamada de Lisa, filha de Stephan. Pude perceber a raiva em sua voz.

— Donna, o que você fez?

Acontece que o marido da vizinha trabalhava em Wall Street com o marido de Lisa e tinha contado a todo mundo que Donna Karan e Barbra Streisand haviam se convidado para bisbilhotar sua casa.

Em seguida, procuramos vizinhos na praia próxima. A família toda estava em casa e a mãe apareceu com bobes nos cabelos. Dessa vez, foi Barbra quem falou:

— Olá, sou Barbra e esta é minha amiga Donna, que mora logo ali. As casas da vizinhança chamaram nossa atenção e gostaríamos de ver a sua. Importa-se?

Por sorte, a primeira casa que vimos estava à venda e Stephan a comprou para mim. Não para nós, para *mim*. Ele estava farto daquele entra e sai de nossa casa, daquelas cantorias e daquela gente que parecia ignorá-lo; e era ainda pior quando eu montava santuários nos fins de semana e punha-o para fora. Eu disse a Stephan que queria um espaço à moda de Bali, com um salão de yoga, uma área de massagem e grandes quartos com pouca separação entre a parte de dentro e a parte de fora. Repeti várias vezes que o piso entre a varanda e a sala deveria ser contínuo, sem transição. "Deixe comigo, deixe comigo", murmurava ele. Mas alguém fez a medida errada e as portas que ele encomendou ficaram alguns centímetros menores. Até hoje bato o dedão do pé na saliência toda vez que vou da sala para a varanda. Nesses momentos, digo alô para Stephan, que deve responder lá de cima com um sorriso.

———————

Certo dia, uma mulher que trabalhava em nossa sala de provas me fez esta pergunta:

— Se você pudesse conhecer qualquer pessoa no mundo, quem seria essa pessoa?

— Sua Santidade o Dalai Lama, é claro — respondi. Eu sempre reverenciei seu amor, sua bondade, a beleza de seus ensinamentos. E sempre brinquei que era budista antes de ser judia. Ora, por acaso aquela mulher também era uma devota. No dia seguinte, ela entrou e me disse que Sua Santidade viria a Nova York para uma recepção beneficente num hotel e que eu poderia comprar um ingresso para vê-lo. Fiquei entusiasmada com aquela oportunidade — não só por mim, mas por Stephan também. Havíamos acabado de descobrir que ele estava doente e eu queria desesperadamente que o Dalai Lama o abençoasse. Convidei ainda Jane Chung, que tivera seu filho Dylan havia pouco tempo e desejava vê-lo abençoado.

Nossos convites incluíam um encontro privado com o Dalai Lama e sua equipe. Senti-me tão intimidada que não conseguia erguer os olhos ou falar. Apenas chorava. Há uma foto minha nos braços do Dalai Lama — e eu estou aos prantos. Alguém poderá pensar: "Mas você conheceu inúmeros chefes de Estado, membros da realeza, o presidente Clinton!" Acontece que, para mim, ficar frente a frente com o Dalai Lama foi dez vezes mais emocionante. Ele representa o mundo sagrado da bondade e da paz. Tive depois

280 DONNA KARAN

o privilégio de encontrá-lo várias vezes e, em todas, mal conseguia abrir a boca.

Mesmo Stephan, que nunca queria saber de minhas jornadas espirituais, sentiu a imensa energia de estar na presença do Dalai Lama. A foto que conservo dos dois é um de meus bens mais preciosos.

Não posso afirmar que me descobri ao longo de todas essas jornadas nem que isso vá alguma vez acontecer. De qualquer modo, nunca tive semelhante objetivo. Mas aprendi a *ser* eu mesma, a explorar meus sentimentos. Trouxe à tona a buscadora interior e concluí que existe mais de um caminho para a autoiluminação. No verão de 1992, perdi meu guia mais confiável. Fazia uma de minhas caminhadas matinais solitárias pela praia quando meu celular tocou. O nome "Rath" apareceu no visor, mas não era o doutor Rath. Era uma mulher, um membro da família — sua esposa? Uma filha? Uma irmã? Não me lembro. Foi meio absurdo, pois, por mais idiota que possa parecer, eu o julgava *meu* doutor Rath, não um homem com sua própria família.

— Donna, lamento informá-la que Frederick faleceu ontem — disse a voz. — Já estava doente havia algum tempo. Queríamos que você soubesse o mais rápido possível. — Ela deve ter falado sobre o funeral e onde fazer uma doação; em seguida, agradeci à mulher, que claramente tinha outros telefonemas a dar, e desliguei.

Olhei para a água, respirando profundamente. Meu pai, Anne Klein, minha mãe e agora o doutor Rath... num piscar de olhos, alguém se fora. Eu não via o doutor Rath havia algum tempo; desde minha mudança para a cidade, não o encontrava toda semana e, no verão, demos uma pausa. Mas estreitamos fortes laços durante meus mais de vinte anos de tratamento. Ele era uma figura paterna, um

confidente e uma caixa de ressonância para todos os meus relacionamentos pessoais. Conheci-o quando era Donna Faske, pouco antes
do meu casamento com Mark. Ele assistia a todos os desfiles que
podia e seus imponentes cabelos grisalhos, barba, ternos e cachimbo
eram uma presença reconfortante na multidão. As pessoas sempre
perguntavam quem ele era, pois obviamente não pertencia ao mundo
da moda. E o doutor Rath respondia que era meu amigo.

Agora eu seria obrigada a prosseguir minha jornada sem ele.

19 | PERDENDO O CONTROLE

Eu amava o lado calmo da natureza: as praias, a neve, o nascer e o pôr do sol. Stephan gostava do caos: os raios, os trovões, a imprevisibilidade das tormentas. Gostava até de voar com turbulência. Por esse motivo, nós o apelidamos de "Tempestade".

Stephan gostava de correr porque correr significava arriscar-se. Essa paixão era antiga. Quando tinha pouco mais de vinte anos, um Stephan de cabelos longos dirigia um conversível 1957 que, em suas próprias palavras, "aparecia muito e não corria nada". Depois comprou um veloz Allard 1950 sem capota (um *roadster* britânico), modificou a lataria e o motor para maior velocidade, acrescentando-lhe uma barra de proteção, cilindros enormes, cabeçotes e uma ventoinha (superpotente). Pilotou o Allard no Westhampton Dragway em Long Island e na pista de Lime Rock Park em Lakeville, Connecticut. A certa altura, possuía uma moto BSA com guidões altos (como no filme *Sem Destino*). Meu marido gostava tanto de velocidade quanto de tempestade.

O quinquagésimo sexto aniversário de Stephan se aproximava e, para sugestões de presentes, chamei nosso amigo Jann Wenner, o cofundador e editor da revista *Rolling Stone*.

284   DONNA KARAN

— Preciso de uma coisa muito boa, Jann, pois Stephan não está falando comigo.

Isso não era raro: Stephan muitas vezes ficava sem falar comigo por causa de uma ou outra bobagem que eu tinha feito.

— Se você quer mesmo impressioná-lo — respondeu Jann —, sei qual será o presente certo para ele: uma Ducati. É a máquina de seus sonhos.

Jann e Stephan compartilhavam o amor pelas motocicletas. Com a ajuda de Jann, comprei uma vermelha e pedi que a entregassem em nossa casa de praia.

— Você só pode estar de brincadeira comigo! — gritou Stephan ao vê-la. — Meu Deus, Donna!

Estava em êxtase e mal pôde esperar para pilotá-la. Mais uma preocupação para mim, mas pelo menos ele tinha voltado a falar comigo.

Isso aconteceu em 1995, mais ou menos na época em que o câncer de Stephan foi descoberto. Ele tinha uma mancha no pulmão que precisava ser removida por uma segmentectomia. Stephan fez a coisa parecer simples e fácil, como uma visita de rotina ao médico — nada importante. Eu era uma criança perto dele; e ele me fez acreditar que tudo estava bem, que tudo estava sob controle. Para mim, se havia alguém com força e determinação para controlar qualquer coisa, mesmo o câncer, esse alguém era Stephan. Jane Chung, minha "filha no *design*" da DKNY, ia se casar e adiamos a cirurgia por um dia a fim de comparecer à cerimônia.

—Acho que resolvemos tudo — relatou-nos o cirurgião (a mim, às crianças, a Patti e a Harvey, na sala de espera do hospital Memorial Sloan Kettering). Explicou que era um tumor primário e que não haveria necessidade de acompanhamento. Felizes, comemoramos. Sim, meu alívio foi grande. Stephan e eu poderíamos voltar à vida normal e ao trabalho. Não tínhamos tempo para uma doença prolongada. Havia outros problemas a resolver.

Dois anos antes, em 1993, Tomio e Frank marcaram um almoço para nós no hotel Four Seasons. As reuniões mensais dos sócios, geralmente em meu apartamento, eram estressantes e hostis. Talvez um restaurante proporcionasse um clima melhor, eu esperava.

— Estamos perdendo dinheiro e precisamos fazer alguma coisa — começou um deles.

Vão falar de novo em vender a divisão de produtos de beleza, pensei.

— Podemos ganhar dinheiro de três maneiras — disse Tomio. — Por exemplo, arranjando outro sócio que invista na companhia. Mas acho que vocês não querem isso e nós também não.

Balancei a cabeça:

— Outro sócio é tudo de que não precisamos.

— Podemos pagar nossas dívidas emitindo bônus empresariais — continuou Tomio. — Mas haveria problemas, inclusive taxas de juros muito altas.

— Resta-nos abrir o capital da empresa — declarou Frank, como se tudo estivesse decidido. — Seria o melhor caminho. — Ele não disse, mas estava claro que queria cair fora e via na abertura de capital a maneira mais fácil e proveitosa de romper a sociedade. Como Stephan, Frank havia se cansado das brigas internas.

Stephan assentiu com sua maneira fria e confiante. Depois, disse:

— Andei conversando com Bear Stearns para examinar nossas opções.

Finalmente, eles pareciam ter entrado num acordo.

Mas eu não. Bati o pé, como uma criança.

— Não, não e não! Não estamos prontos — esbravejei. — Isso seria muito prematuro.

Ninguém me ouviu.

Após um falso começo naquele ano (retiramo-nos por causa das más condições do mercado), voltamos com tudo em 1996, fazendo nossas ofertas públicas, com Morgan Stanley no comando. Eu queria desesperadamente manter o controle sobre a companhia e soube que o caminho seria adquirir mais ações com direito a voto, o que daria maior capacidade de decisão a Stephan e a mim, os proprietários originais, embora fôssemos sócios minoritários. Mas nosso banco disse não. Assim, em vez do controle de votos, Stephan conseguiu que recebêssemos *royalties* da companhia pelo uso de meu nome. Quando abrimos a Donna Karan Company, criamos a Gabrielle Studio, uma entidade separada, para proteger meu nome; e, quando a DKNY foi fundada e registrada, fizemos o mesmo. Do ponto de vista empresarial, foi uma medida prudente, pois dava-nos o controle sobre nossas marcas, a parte mais valiosa do negócio. Ninguém podia ter um produto Donna Karan New York ou DKNY sem o nome, que era propriedade nossa, independentemente da OPI (oferta pública inicial).

Aprendi em 1996 que uma OPI pressupunha uma "turnê", uma viagem de negócios para apresentar nossa companhia e produtos. Passaríamos três semanas na estrada — duas nos Estados Unidos e uma na Europa, perfazendo vinte cidades. Eu nunca tinha ouvido falar naquilo e, além do mais, não tinha a menor ideia de como se conversava com investidores. Então, fiz as coisas do meu jeito: peguei minhas Sete Peças Fáceis e demonstrei os princípios básicos de nossa companhia — literalmente. Tínhamos uma arara de veludo preto com minhas sete peças penduradas e eu própria servia de modelo, mostrando como o sistema funcionava. Eu havia praticado essa demonstração com meu *personal trainer* e até ele tinha entendido tudo. Começava com o *body* e as meias, vestia a calça e depois a jaqueta. Ou então, variava com a saia e o casaco. Às vezes, usava as peças dando-lhes um visual noturno. Os investidores ficaram encantados — em Paris, chegaram a me aplaudir. Aquilo era teatro puro, uma verdadeira maluquice. A certa altura de nossas viagens, alguma coisa bateu em meu olho e precisei usar uma bandagem por certo tempo, mas continuei com as demonstrações.

Stephan não nos acompanhou, mas ligava quase sempre, gritando-me de longe:

— Donna, deixe de ser Donna. Isto é sério. Precisamos de você em forma. Alguém devia ter lhe falado sobre minhas tolices, como quando fiquei sentada no avião e não abri as portas, porque estava farta e não voaria com o resto do grupo. Posso ser difícil quando estou cansada ou no limite e aquelas viagens começavam a me deixar louca. Entretanto, descobri uma coisa muito importante na ocasião: meu sistema de roupas funcionava mesmo! Lá ia eu pelo mundo, tendo que parecer educada e dinâmica dia após dia. E só levava pouco mais que minhas sete peças. Era um anúncio ambulante de minhas roupas.

A 6 de maio de 1996, quase dois meses antes de abrirmos oficialmente o capital, a revista *New York* publicou uma reportagem de capa intitulada "Donna Karan: A Deusa Empresária". Na foto, eu parecia estar rezando. O título da matéria era "Donna Karan Vende sua Alma", com o subtítulo "Enquanto sua empresa é oferecida ao público em Wall Street pela segunda vez, a mais nova-iorquina das *designers* prega a espiritualidade como a essência do karanismo". O artigo afirmava que, para muitos críticos de moda, minha coleção de outono de 1995 era cansativa e bizarra, e que eu começava a ficar "chata" justamente quando nossa empresa estava abrindo o capital. As pessoas à minha volta ficaram revoltadas, mas eu adorei a foto.

Achei-a muito boa e me senti orgulhosa por alardear minha vocação espiritual. Agora eu era dona de minha verdade.

Além disso, aquela coleção de outono em especial, que chamei de Modern Souls [Almas Modernas], continua sendo uma de minhas favoritas. Sim, a maioria das peças era preta, mas também clássica e *sexy* ao máximo, exibindo vestidos largos de *cashmere* canelado; corte simples, mas chique; e peças com paetês para a noite. Eu sabia o motivo das críticas negativas: os sapatos. Não estou brincando. Todos eram de salto baixo — grande equívoco. Se combino alguma peça com salto alto, a imprensa festeja. Se apresento um salto baixo, ai de mim!

Refleti durante horas sobre os sapatos. Após a morte do doutor Rath, comecei a ver uma terapeuta e agente de cura chamada Anna Ivara. Entrava em seu consultório com uma sacola cheia de sapatos e me perguntava que tipo de coleção queria fazer. Minha preferência eram botas? Sandálias? Ou deveria optar pelo tom *sexy* e escolher o salto alto? "Acha que isto é fácil", perguntava a ela. Para mim, os sapatos são a alma de uma coleção.

Lá vou eu de novo — toda vez que usamos as palavras *alma* ou *espiritual*, as pessoas logo nos classificam como malucos. Eu usava muito essas palavras naquela época (e ainda isso), sem nunca entender a resistência das pessoas. Espiritualidade é vida. Escovamos os dentes todos os dias e podemos falar sobre isso. E muitos, se não todos, rezam diariamente — por que, então, não falar sobre o assunto?

Acontece que o mercado não gosta muito de um profissional em busca de espiritualidade e eu tinha de me calar, por menos natural que isso parecesse. A ironia era que, naquele momento, eu precisava mais de fé do que de qualquer outra coisa. Mas, uma vez yogue, sempre yogue. Sou flexível e faço qualquer postura que me pedem — inclusive respirar fundo e ficar imóvel diante da adversidade.

Rodney e Colleen Yee, Gabrielle Roth e Christina Ong

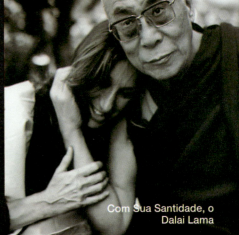

Com Sua Santidade, o Dalai Lama

Minha professora de Cabala, Ruth Rosenberg

Karen Berg, líder cabalística e minha amiga

Meditando em minha pedra

Em Israel com os amigos Lisa Fox, Ruth Rosenberg e seu marido, Moshe, com as filhas

Com Sonja Nuttali na Indonésia

Renovando nossos votos em Parrot Cay — com Corey, Lisa e Gabby

Retrato de família durante o casamento de Gabby e Gianpaolo

Gabby em sua festa de casamento

Eu e meu "bebê"

Com Gail e sua família, da esquerda para a direita: Barbara, Glen, Hank, eu, Gail, Dawn e Darin

Com Gail, por volta de 2000

Lisa, Mackensie e eu depois que quebrei o joelho em Sun Valley

Em Sun Valley, entre um joelho quebrado e outro

Nosso clã inteiro celebrando os aniversários de Corey e Glen em 2013

Corey, Gabby, Lisa e eu diante da escultura *Larger than Life Apple*, de Stephan

Gabby e seu pai, Mark Karan

Praticando yoga com meu neto Miles

Minha neta Stefania em Parrot Cay

Comemorando o Dressage Horse de Stephan

Meu retrato favorito por Annie Leibovitz

Stefania e eu nos agradecimentos, na passarela da DKNY

Minha alegria de fim de semana: ver Stefania cavalgando

Tal pai, tal filho

Sebastian a caminho do Haiti

O quadro de Francis Bacon que comprei para Stephan

No meu spa de East Hampton

Uma típica aula de yoga na cidade (espero)

O interior de minha loja no número 819 da avenida Madison

Com o arquiteto Dominic Kozerski e uma cadeira "Breath"

Meu quarto em Parrot Cay

Em meu *closet* todo preto

Com Gabby em Parrot Cay

A vista de meu quarto

A campanha Urban Warrior fotografada em Marrocos, outono de 2001

Jeremy Irons e Milla Jovovich no Vietnã, primavera de 2001

Vestido com fivela de acrílico de Bill Morris, outono de 2004

Demi Moore, outono de 1996

Anúncio do perfume Black Cashmere

Cate Blanchett em minha campanha do outono de 2003

Demi Moore num vestido dévoré cortado à mão

Um *close-up* de Cate

Frasco do perfume Signature da Donna Karan, por Stephan

Rodney Yee, Colleen Saidman Yee, eu e uma paciente com o doutor David Feinberg da UCLA

Rodney e Colleen ensinando no Urban Zen

O lançamento do Urban Zen

Cortando a fita em Beth Israel com o doutor Woody Merrell

Ruth Pontvianne, a agente de cura que inspirou o programa UZIT

Roupas do Urban Zen, primavera de 2014

Móveis balineses no Urban Zen

A icônica jaqueta de camurça do Urban Zen

Objetos haitianos de desejo no Urban Zen

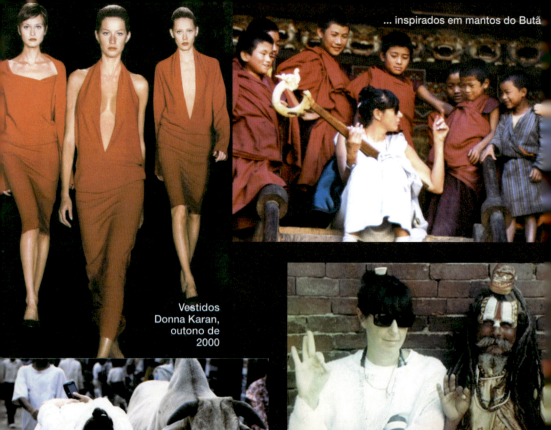

... inspirados em mantos do Butã

Vestidos Donna Karan, outono de 2000

Fazendo um amigo na Índia

Na Índia, com uma vaca

Com James John (JJ) Biasucci

Com BS Ong e Gabby no Nepal

Chegada em Jacmel, Haiti, para fotografar uma campanha publicitária Donna Karan New York

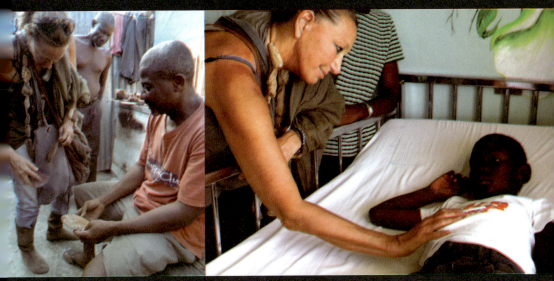

Trabalhando em chifre com um artesão do Haiti

Visitando o St. Damien Pediatric Hospital em Porto Príncipe

Com Sabastian no Haiti

"O Grupo Brilhante do Haiti", da esquerda para a direita: Shelly Clay, Caroline

Com o artista haitiano Philippe Dodard

Com meu grande amigo, o fotógrafo Russell James

Campanhas publicitárias fotografadas no Haiti por Russell James

Com Kevin Salyers, do Urban Zen

Garotinha encantadora da escola de Caroline Sada em Cité Soleil

Com Bryn Mooser, cineasta e filantropo

minhas queridas amigas
andra Brant e Ingrid Sischy

Zainab Salbi, fundadora da organização filantrópica Women for Women

Lisa Evans e eu vestindo nossos braceletes Not One More

Com Uma Thurman no Stephan Weiss Apple Awards

Anna Wintour no Apple Awards

Com Deb e Hugh Jackman

Presidente Clinton aceitando o Stephan Weiss Apple Award

Patti Hansen e Keith Richards

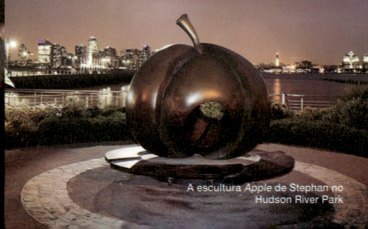

A escultura *Apple* de Stephan no Hudson River Park

O grande dia finalmente chegou: 28 de junho de 1996. Era uma sexta-feira, o que fazia sentido — todos os meus desfiles aconteciam nas sextas-feiras. Eu estava ansiosa, pois nunca havia estado em Wall Street. Uma bandeira preta e branca de Donna Karan balançava no alto da Bolsa de Valores de Nova York para nos saudar. Stephan, Frank, Tomio, Steve, nossos filhos, minha irmã e eu nos juntamos na sacada e aspiramos a energia da sala do pregão. Fiquei com medo de não soar a campainha na hora certa, mas fiz isso exatamente às 9h29min59s da manhã. O som ecoou pelo recinto, gerando um verdadeiro frenesi. Comprei as primeiras cem ações da Donna Karan International por 24 dólares cada uma. Estávamos a caminho.

Para comemorar, alugamos um iate fabuloso e o transformamos numa festa flutuante com nossas famílias, executivos e banqueiros — entre 50 e 65 pessoas. O champanhe correu solto e brindamos a nós mesmos, ao futuro, à cidade de Nova York.

Essa é a última lembrança boa que guardo da abertura do capital.

A vida tinha mudado para sempre. A empresa já não era meu bebê; pertencia a todo mundo. A cada quinze minutos recebíamos telefonemas de analistas e da imprensa financeira; e a cada vez precisávamos explicar detalhes e dificuldades. Uma vez por ano tínhamos a reunião dos acionistas, em que os presentes só faltavam nos atirar tomates podres. Para piorar as coisas, todos estavam furiosos por causa do dinheiro que ganhávamos com o Gabrielle Studio e o uso de meu nome. Minha família e amigos haviam comprado ações e viam seu valor cair enquanto eu recebia cheques de *royalties*. Até Barbra se irritou comigo, pois ela também tinha investido. Stephan e eu nunca nos sentimos tão sozinhos. Vivíamos um pesadelo sem saída.

Para mim, o maior problema de todos foi que minha criatividade havia sido comprometida. Desde as primeiras sete peças fáceis, nosso sucesso dependera da intuição e não da estratégia. Eu queria desenhar roupas masculinas? Desenhava e seguia em frente. Minhas amigas tinham bebês? Criávamos uma coleção para bebês. Jane aparecia com uma ideia para a DKNY? Nós a colocávamos em prática. Criativamente, éramos muito espontâneos e isso nos dava mais espaço de tempo para descobrir o que funcionava ou não. E desse modo íamos inovando. Quando você joga com seu próprio dinheiro, pode arriscar; quando você tem acionistas, ninguém aceita divergências.

Em 1997, com uma nova estrutura corporativa montada, licenciamos as marcas DKNY Jeans, Active e Juniors para Liz Claiborne. Depois, vendemos o negócio de beleza. Puig e Estée Lauder queriam ser nossos licenciados globais, e Estée Lauder nos fez uma oferta irrecusável. Transferir a divisão de beleza para outras mãos foi duro para Stephan, mas sabíamos que éramos jovens demais, pequenos demais, inexperientes demais para continuar. A abertura do capital não nos dava tempo para crescer como desejávamos. Estée Lauder entendia do negócio mais que ninguém e aquela era sem dúvida a melhor decisão; mas nosso bebê iria ser adotado e isso doía.

Em meio ao turbilhão que era ser uma empresa de capital aberto, nossa equipe de *design* se via no maior aperto. Peter Speliopoulos havia se juntado a nós como diretor de moda da Collection em 1993. Perfeccionista, tornara-se meu braço direito, mantendo o espaço e minha visão de estilista a pleno vapor. Ele gostava do classicismo e da arte tanto quanto eu, em se tratando de tecidos e adornos. A Collection estava recebendo calorosos elogios, e nossa publicidade era quente, *sexy*: Demi Moore e Bruce Willis estrelaram a badaladíssima campanha do outono de 1996. Ela mostrava um de meus mais preciosos ícones: o vestido de veludo dévoré, feito à mão. Esse vestido era pura expressão artística e uma fuga agradável à negatividade. Naquele momento, fiz o que mais amava: criar.

Outro grande momento aconteceu no final de 1996. Fomos convidados a participar da primeira Bienal de Firenze, uma mostra de três meses que fundia moda com arte e acontecia em dezenove museus de Florença. Uma grande honra, pois fui o único nome da moda americana incluído. Ingrid Sischy, escritora e editora por muito tempo da revista *Interview*, que se tornou uma de minhas melhores amigas, era um dos três curadores. A exposição se chamaria "Tempo e Moda". Os *designers* foram conclamados a colaborar com os artistas: Miuccia Prada com Damien Hirst, Helmut Lang com Jenny Holzer, Gianni Versace com Roy Lichtenstein, Jil Sander com Mario Merz e Rei Kawakubo com Oliver Herring. Reservaram-me um local histórico, antiga casa de caridade, o Museo del Bigallo, na frente do Duomo.

Fiquei receosa de não me dar bem ali, mas quando vi a *Madona e o Menino* no altar, tive vontade de criar anjos descendo do céu, vestidos com roupas que transcendessem o momento. Minha palavra final foi um trio de belos vestidos *dévoré*, levemente iluminados pela luz que se filtrava através dos vitrais. Suspensos da abóbada, eles desciam cascateando até as pedras brutas de que a capela era construída. Até Stephan, que nunca colocou a moda à altura da arte, ficou impressionado. Aquilo foi tudo para mim.

Os negócios exigiam constantemente que eu colocasse de novo os pés no chão. Em 1998, apresentamos a Donna Karan Signature Collection — uma linha com preços não tão exorbitantes das peças Donna Karan clássicas produzidas na Itália. Foi um grande sucesso e nos convenceu a assumir mais riscos no *design*, enquanto oferecíamos às clientes leais as roupas sob medida que elas exigiam de nós. Mas isso implicava também a necessidade de outra equipe de *design* e negócios a administrar.

No entanto, apesar de nosso ir e vir, as ações nunca recobraram seu valor. Os tomates que, em termos figurativos, nos atiravam vinham a cada reunião anual.

Emocionalmente, o período de 1996 a 2000 quase me tirou o fôlego. A empresa sofria com as mudanças. A imprensa me atacava de todos os lados. Eu tinha de manter as aparências para continuar desenhando e produzindo coleção após coleção. Vivia apagando incêndios, sem um momento para parar e refletir, muito menos para respirar. Patti continuava sonhando que eu descia com ela a Quinta Avenida em alta velocidade, num carro sem freios.

Todos, é claro, mencionavam o dinheiro que Stephan e eu ganhávamos. Como podíamos não estar contentes? Quem éramos nós para lamentar alguma coisa? Mas, acreditem, os clichês nunca mentem: dinheiro não traz felicidade. Gosto de dinheiro, é claro, pois nos proporciona um certo grau de liberdade; mas essa nunca foi minha motivação no trabalho ou em meus casamentos. Da primeira vez, me casei por segurança. Mark me fazia sentir protegida, nunca sozinha. Me casei com Stephan por amor, pura e simplesmente. Agora tínhamos dinheiro para fazer viagens extravagantes, morar em casas confortáveis e investir. Podíamos ajudar filhos e parentes, sem preocupações com nosso futuro financeiro. Mas, juro, eu trocaria essa fortuna recém-adquirida pelo passado, quando nós mesmos montávamos nossa empresa e construíamos nosso legado.

Vendida a divisão de beleza, Stephan tinha pouco a fazer na empresa. Participava comigo do conselho de administração, protegendo nossos interesses. Mas as divisões legais e licenciadas da Donna Karan International, que tinham sido a área dele, agora se reportavam a John Idol, nosso CEO desde a abertura do capital. Era o momento certo para Stephan voltar à sua arte.

Logo após a oferta pública inicial, Stephan adquiriu uma antiga oficina e um posto de gasolina em Greenwich Village, transformando o prédio num perfeito estúdio. O primeiro andar, onde ele trabalhava, era um espaço aberto de mais de seis metros; o segundo, um *loft* que às vezes nos servia de refúgio. O estúdio tinha uma tosca lareira de tijolos e uma ampla janela. O *loft* possuía uma parede de vidro do chão ao teto e portas que se abriam para um jardim mágico no terraço, com árvores crescidas, também concebido e desenhado por Stephan. O estúdio era seu paraíso, aonde ele ia diariamente. E ali se mostrou produtivo como nunca.

Mas nem tudo ia bem. O câncer voltou, apenas três anos depois. Outra mancha pequena, mas agora no outro pulmão, primária e sem relação com o câncer anterior. Marcou-se a cirurgia para remover a mancha de maneira rápida e definitiva. Perguntávamo-nos se a doença de Stephan era causada por ele já ter fumado ou pelo pó de amianto a que estivera exposto na loja da família. (Na época, os teatros tinham painéis de amianto que desciam em caso de incêndio para isolar a plateia do palco e dos bastidores. Stephan me contou que passava horas cortando, enrolando e costurando grandes painéis de fibra de amianto.) Mais tarde, como artista, trabalhou com plexiglass, misturando resinas e solventes que geravam fumaça e pó extremamente tóxicos. Mas podia ser o hábito de fumar. Como saber? Stephan tivera certa vez pneumonia dupla e colapso de pulmão, de modo que já era vulnerável. A causa não importava; ele tinha câncer de pulmão e pronto.

Na ocasião da segunda cirurgia, Stephan deu um zíper ao médico e brincou: "Coloque-me isso para, da próxima vez, não ter de me costurar".

Na noite anterior, Stephan saiu para andar de bicicleta. Seu filho Corey, com a esposa Suzanne mais os filhos Etan e Maya Rose, estavam passando uns dias conosco no apartamento. Maya Rose era bebê e tínhamos um interfone no quarto deles. Devia ter ficado ligado, pois de repente ouvi Stephan dizer, provavelmente para Corey: "Juro. Não vi o carro se aproximando".

— Stephan? Do que você está falando? — gritei-lhe. Corri para o quarto e o vi com uma jaqueta de couro cobrindo os ombros. Queria esconder a lesão de mim, mas percebi que seu braço estava imobilizado por uma tipoia.

— Caí da bicicleta — confessou ele. — Me levaram ao hospital, onde descobriram que quebrei o braço e a clavícula.

Eu me esforçava para não gritar ou chorar, mas queria chorar e gritar. Stephan, porém, acabou me fazendo rir ao contar sua história.

— Tiraram os raios X e o médico de plantão veio me dizer, num tom muito sério: "Não sei como lhe dizer isto, senhor, mas, examinando suas radiografias, descobrimos..." Eu o interrompi: "Ah, descobriram? É o meu câncer. Vou cuidar disso amanhã". — O Stephan de sempre.

No dia seguinte, "cuidamos" do câncer. A cirurgia foi demorada e difícil. Seu cirurgião oncologista, Michael Burt, declarou: "Tiramos tudo" — mas eu não podia, não conseguia acreditar naquilo. Quando Stephan acordou no quarto, eu soluçava a seu lado.

— Por que está chorando? —, murmurou ele. Odiava me ver chorar, talvez porque isso refletisse seus próprios medos. Depois que despertou totalmente, contou-me que havia passado para o outro lado a certa altura e tivera uma experiência fora do corpo. Isso causou em mim um grande medo de Deus, mas fiz o melhor que pude para animá-lo. Levei até uma foto de sua amada Ducati ao hospital, para que ele se sentisse em casa.

Ainda estávamos pintando o apartamento preto na San Remo, de modo que Stephan foi para nosso antigo lar da rua 70 Leste. Ali, diante do prédio, um presente meu esperava por ele: um Lamborghini Diablo vermelho-fogo.

— Você já tem uma motocicleta — eu disse. — Achei que queria um carro também.

Bem sei que era um exagero, um ato totalmente ridículo. Mas pensei: *que posso dar a ele para compensar tudo o que está passando? O que poderá animá-lo?* E fiz o que faço sempre para consolar: transformei-me em mãe. Dei-lhe presentes. O dinheiro talvez não compre saúde, como não compra felicidade: mas pode realizar um sonho de infância. (Na verdade, o carro de seus sonhos era amarelo, como os táxis, de modo que ele o trocou.) Dizem que a diferença entre homens e meninos é o tamanho de seus brinquedos. Planejei cercar Stephan de brinquedos grandes — e de meu amor, pelo tempo que pudesse.

20 | CONTEMPLANDO O MUNDO

Stephan adorava brinquedos grandes — e eu, grandes aventuras. Meu maior prazer é viajar pelo mundo. Quanto mais distante, mais exótica e mais antiga for a cultura, melhor. De muito bom grado eu passaria o resto da vida indo de um lugar para outro, explorando e descobrindo. Essa é uma paixão relativamente nova para mim. Pela maior parte de minha existência adulta, eu me ocupei de criar uma filha, montar uma empresa, trabalhar sem descanso e, depois que nossa empresa se tornou de capital público, tratar com acionistas. Tinha sorte quando conseguia um fim de semana livre. Mas estava determinada a mudar tudo isso. Ninguém sabe o que o futuro lhe reserva. Foi o que, entre outras coisas, o câncer de Stephan me ensinou.

Como Nova York, a Europa era um bom lugar para trabalhar. Eu gostava, é claro, de minhas viagens para compra de tecidos à Alemanha, Itália, França e Inglaterra, mas eram viagens de negócios. O nome desse jogo podia ser "entra e sai". Minha agenda era sempre apertada e eu corria de uma tecelagem a outra, de uma cidade a outra. Quando havia tempo, eu visitava uma loja famosa, um mercado de pulgas ou uma exposição, jantava em bons restaurantes e voava para casa.

Bom era quando visitávamos Andrea Pfister e Jean-Pierre Dupré, seu companheiro de vida e trabalho, na Itália. Andrea e eu nos tornamos íntimos quando ele desenhava sapatos para mim e Louis na Anne Klein. O casal morava numa *villa* da costa de Amalfi, situada numa encosta. Um lugar maravilhoso; e como eles eram amigos muito queridos, íamos lá regularmente quando estávamos na Europa. Stephan me deu minha aliança de noivado na sacada que abria para o mar. Durante muitos anos visitamos o casal com amigos, inclusive Patti e Harvey e Barbra Streisand. Mais tarde, Gabby conheceu seu futuro marido, Gianpaolo de Felice, num restaurante à beira-mar na ilha de Ischia, enquanto escrevia um artigo sobre a casa de Andrea e Jean-Pierre para o *New York Times*.

Nossas viagens nos Estados Unidos eram pura alegria e descontração. Às vezes, subíamos de motocicleta a Costa Oeste, só nós dois. Depois de um desfile, partíamos para Canyon Ranch, em Tuckson, Arizona, onde fazíamos caminhadas de oito horas pelas montanhas com nossa instrutora favorita, Molly Elgin. Eram caminhadas duras por pontos elevados e eu apreciava muito estar ao ar livre, respirando a brisa fresca após semanas de muita pressão. Nada se compara ao esforço físico na quietude da natureza, à visão de uma árvore enorme que está ali há séculos e continua crescendo, majestosa. Eu já disse que sou uma "abraçadora" de árvores? Minha amiga entusiasta, Pam, ensinou-me o conceito durante uma caminhada em Sedona, Arizona. Eu parava e literalmente abraçava uma árvore para sentir sua calma e aconchego. Tenho uma no Central Park com meu nome, à semelhança de minha pedra na praia. A natureza nos torna humildes; lembra-nos de que estamos aqui só por algum tempo e que cada dia é um presente maravilhoso a usufruir.

Nos anos 1990, tiramos muitas férias com os filhos e os netos (agora, Corey e Lisa nos haviam dado cinco: Maya Rose, Etan, Mackensie, Miles e Mercer). Íamos quase sempre para o Oeste, onde nos aventurávamos no *paraglide* e na canoagem pelas corredeiras. Alugávamos uma casa enorme em Aspen ou Vail, no Colorado, e tempos depois em Sun Valley, em Idaho. O namorado de longa data de Gabby, Kenny Thomas, que desenhava para Ralph Lauren, nos acompanhava. Levávamos conosco muita gente nessas viagens, como Barbra e seu amigo, o compositor e produtor Richard Baskin, Patti e Harvey, Bernadette Peters, Lynn Kohlman e seu marido, Mark Obenhaus. Susie Lish, nossa fabulosa *chef* e governanta que fazia parte da família desde os primeiros tempos da Donna Karan, quando Gabby tinha 10 anos, corria na frente para ajeitar tudo a fim de nos sentirmos em casa.

Fizemos grandes amigos nessas viagens. Demi Moore e Bruce Willis, é claro, que conhecemos em Sun Valley no clube de Bruce, o Mint. Arnold Schwarzenegger e Maria Shriver, que davam uma festa de arromba em Sun Valley durante suas férias anuais. (Certa vez, levamos um bolo de coco feito por Susie; Clint Eastwood provou uma fatia e desabafou: "Quem fez este bolo? Quero me casar com ela!") Às vezes, Jamie Lee Curtis aparecia por lá e todos íamos para a cozinha a fim de preparar juntos o almoço. O clima era sempre amistoso, aconchegante, descontraído; e o cenário parecia mágico com neve, neve, neve e mais neve se estendendo por um cenário montanhoso impressionante, enquanto alces desfilavam diante das janelas — imagem surrealista para moradores de Nova York. Esquiávamos o dia inteiro, voltávamos para casa e desabávamos nos grandes sofás, bebendo chocolate quente diante da lareira e cantando. A única pessoa que não cantava, obviamente, era Barbra. Ela nunca cantava em público e isso incluía uma casa cheia de gente. Não se podia sequer tocar um de seus discos quando ela estava presente.

— Ora vamos, Barbra, não é o fim do mundo — desafiei-a um dia.

— Se você acha que é tão fácil, por que você não canta? — E eu entoei alguma coisa em dueto com Liza Minnelli.

Nessa viagem, Liza havia telefonado de Aspen perguntando se podia ficar conosco. Havia manifestações na cidade (Deus sabe exigindo o quê) e ela não se sentia bem lá. Chegou com Billy Stritch, seu bom amigo e acompanhante, que tocou piano enquanto nós duas cantávamos "My Funny Valentine" para provocar Barbra. Barbra nem ligou. Em vez de cantar, fez com Richard alguns truques com cartas para o grupo. Levamos um susto aquela semana. Stephan passou o tempo todo de sarongue e um cinto em estilo militar, pois o *New York Times* rira de mim porque eu havia colocado essas peças em nosso desfile de roupas masculinas. Lembro-me de ter rido sem parar... até recebermos uma ligação de Kenny informando que Gabby estava no hospital devido à ruptura de um cisto no ovário e ia ser operada.

Corri ao hospital, localizado nas imediações, entrei como um furacão no quarto de Gabby e quase caí em cima dela. Barbra e Liza, com roupas de esqui, seguiram-me até lá, muito preocupadas. Ver Barbra e Liza juntas era absolutamente normal para mim, mas não para a maioria das enfermeiras e atendentes do hospital. Formou-se uma multidão, todos esticando o pescoço para vê-las melhor.

Meu quinquagésimo aniversário se aproximava e Stephan sugeriu uma viagem de barco à Grécia. Barcos são a ideia que faço do paraíso. (Barbra despertou isso em mim, juntamente com outro de meus vícios ridículos: aviões particulares.) Por que barcos? Porque barcos são como hotéis flutuantes. Não precisamos desfazer malas, colocar maquiagem ou mesmo andar vestidos. Coloque um maiô e pronto — liberdade total! Há também o sentimento de ficar longe de tudo, algo em que sou muito boa assim que saio de Nova York. Para meu aniversário, Barbra e seu marido, James Brolin, compareceram, juntamente com minha companheira de férias e viagens, Linda Horn, com seu marido, Steve. Uma bela lembrança. O câncer de Stephan estava sob controle (pelo menos, era o que pensávamos) e podíamos relaxar e curtir a vida, saltando de ilha em ilha, almoçando e jantando no mar.

Não muito depois disso, fomos para Cabo San Lucas, no México, com Barbra e Jim, e ficamos numa *villa* luxuosíssima. Certa manhã, Barbra bebericou seu café, inclinou-se para trás e disse:

— Ah, como gosto de férias! Especialmente quando não sou eu que pago.

— Como assim? — perguntei, francamente confusa. Pensava que estávamos dividindo as despesas.

— Nosso investimento paga tudo.

— Você quer dizer *meu* investimento?

— Isso mesmo. Aquele que *eu* fiz para você.

— Que investimento? — quis saber Stephan, em tom alarmado.

Devo dizer aqui que Barbra é uma excelente investidora. Tem verdadeiro talento para o *day trading* e seus lucros são inacreditáveis. Certa vez, ocorreu-me uma ideia:

— Barbra, vou lhe dar 1 milhão para você investir. Veja o que pode fazer com ele.

Não me perguntem como peguei esse milhão sem Stephan saber, mas foi o que eu fiz. E agora, diante dele, Barbra gabava os lucros (800 mil dólares em cinco meses, insistiu ela).

Eu comecei a gritar com Barbra e Stephan gritava comigo. Tudo isso durante umas férias incríveis no México.

Barbra será minha melhor amiga para sempre, minha irmã de coração. Somos como Lucy e Ethel, conectadas em algum nível muito profundo. Gostamos de mexer no *closet* uma da outra, de comprar, brincar, vestir. Podemos discordar, mas não a vejo o bastante para me aborrecer com ela. Além disso, estamos sempre muito ocupadas planejando nossa próxima aventura. Nossos estilos de férias são diametralmente opostos. Eu deixo tudo para trás, Barbra vive conectada, telefonando para o escritório, mandando e-mails e lendo roteiros. E, como eu disse antes, seus fãs estão *por toda parte*. Certa vez, navegávamos pelas Ilhas Eólicas. Não havia mais ninguém à vista, exceto um casal num barquinho de pesca. Imediatamente começaram a apontar para nós, gritando o nome de Barbra. E quando saíamos para jantar? Nem me falem. Eu podia estar usando um pijama cor-de-rosa com desenhos de elefantes que ninguém prestava atenção em mim. Todos os olhos, ouvidos e bocas iam para ela: "Barbra, Barbra, Barbra!" Em todas as línguas, é cansativo ser Barbra.

Alguém poderia pensar que eu só levava na mala, em todas essas viagens, um maiô e um par de sandálias. Mas não. Eu levava tudo, por segurança. Sou famosa por despachar minha bagagem e, ao chegar ao meu destino, não abri-la (Patti é testemunha disso). Meu exagero com as malas deixava Stephan maluco. Ele estava sempre zombando de minhas "Sete Peças Fáceis para Viagem" ou de minhas "Sete Calças Fáceis". Eu me lembrava dele toda vez que corria o zíper de uma mala extra ou quase torcia a espinha na tentativa de fechar uma mala superlotada.

Em todas essas férias — uma semana aqui, dez dias ali — , eu nunca tinha ido realmente à Ásia. Fizéramos inúmeras viagens de negócios para lá ao longo dos anos. Tendo por sócio um japonês, Tomio Taki, era natural que Stephan, Patti, Harvey e eu não encontrássemos dificuldade para apreciar as maravilhas do Japão e dos países vizinhos. Mas eu nunca tinha tempo para retirar inspiração de culturas exóticas.

Vou lhes dizer *quem* tinha tempo para isso: meu *alter ego* Bonnie Young. Bonnie se juntara a nós em 1992 como diretora da Collection para desenvolvimento de tecidos, isto é, era encarregada de descobrir e inovar nessa área. Conheci-a por intermédio de Gabby, cujo namorado, Kenny, havia trabalhado com ela na Ralph Lauren. Já estava conosco havia quatro anos quando, um dia, entrou em minha sala dizendo que tinha recebido uma oferta da Prada, onde teria a oportunidade de viajar bastante.

— Mas aqui você também viaja — ponderei, sem entender nada.

— Para a Europa, sim. Mas eu quero viajar para o mundo inteiro e inspirar-me.

— Eu também — repliquei, rindo.

Isso foi pouco depois de nossa primeira oferta de ações e eu queria estar em qualquer lugar, menos ali. Assim, talvez, eu projetasse em Bonnie minha própria sede por viajar, mas também não queria perder seu talento e seu olho aguçado para tecidos e detalhes. Então lhe propus aquele que seria o emprego de *meus* sonhos.

— Eis o que você vai fazer por mim: corra o mundo e traga-o para Nova York. Seja meus olhos e ouvidos. Descubra tudo o que puder e volte cheia de inspiração.

— Sério?

— Sério.

Bonnie se tornou imediatamente diretora de inspiração global e sua primeira viagem foi para o Tibete, Nepal e para a China. Levou seu namorado, Rudy, pois na época era mais seguro para uma mulher viajar com um homem, e ele a ajudava a carregar as malas e sacolas de amostras.

Bem, *ela* é que devia me pagar, não? Mas a maioria dos ateliês têm sua Bonnie — cujo trabalho, para dizer a verdade, não é nada fácil. Ela continuou pesquisando tecidos e permaneceu na linha de frente para nossas próximas coleções. A moda é louca mesmo. Os *designers* trabalham em roupas para várias estações ao mesmo tempo. Você se prepara para o desfile de primavera e, enquanto isso, anun-

cia entregas da moda de outono que vão para as lojas. Nesse meio-
-tempo, cria roupas para o verão e compra tecidos para as coleções
resort. A coisa é totalmente esquizofrênica.

Bonnie trouxe um verdadeiro tesouro de ideias e montou, em sua
sala, uma espécie de mercado de pulgas cheio de mantos de monges
tibetanos, joias antigas, objetos de couro costurados à mão, perucas
cerimoniais, brocados e fotos de incontáveis lugares. Fez também
um filme para que víssemos e sentíssemos de onde os muitos artefa-
tos da sala tinham vindo. Seu olho para a moda era extraordinário.

Gabby se formara havia pouco na Universidade de Nova York e
tinha começado a ajudar Bonnie em suas viagens. Foram à Ásia,
África Ocidental, ao Polo Norte e à Papua-Nova Guiné. Todas essas
viagens inspiracionais valiam a pena. Toda vez que elas voltavam, os
elementos de *design* que haviam descoberto — cores, texturas, formas ou brocados — apareciam nas roupas. Não literalmente, é claro.
Detesto convenções. Desenho roupas modernas para estilos de vida
modernos. Para mim, inspiração é, ao pé da letra, "inspirar": absorvo
o ar da beleza, da riqueza de detalhes, da cultura. As roupas são a
expiração: a tradução concreta em peças que as pessoas podem vestir para ir trabalhar ou andar nas ruas. Em muitos casos, ninguém
consegue saber o que me inspirou. Pode ter sido qualquer coisa, de
cores encontradas num mercado marroquino de especiarias a um
cesto balinês feito à mão ou à costura diferente de uma jaqueta antiga vista num mercado de pulgas em Paris.

Como as apresentações de Bonnie só atiçavam meu desejo de viajar,
chamei Christina Ong, minha sócia de varejo em Londres e na Ásia,
para que me desse algumas ideias. Christina mora em Singapura e
viaja pelo mundo. Ela e o marido, Beng Seng, que todos chamam de
BS, ajudavam Bonnie e Gabby em suas viagens. Sem hesitar um

instante, ela me disse que eu deveria conhecer Bali. "Cuidarei de tudo", garantiu-me.

Eu tinha noções bem românticas sobre Bali e fiquei cantarolando "Bali Hai", do musical *South Pacific*, enquanto fazia as malas com Stephan. Após uma viagem de 24 horas, chegamos ao belo aeroporto em Denpasar, a capital do país. Mal saímos do aeroporto e mergulhamos num trânsito infernal, vendo *outdoors* e fachadas de lojas por todos os lados. Aquilo era a Bali "Los Angeles", não a Bali "Hai" de meus sonhos infantis. Fiquei muito desapontada.

Liguei para Christina.

— Eu tinha outra visão de Bali... um lugar natural, intocado... — queixei-me. — Isso não existe mais?

— Vou mandá-la para Ubud — respondeu ela prontamente. — É o lugar ideal para você. Garanto.

Stephan e eu atravessamos as montanhas da região central do país por duas horas até as *villas* particulares do amigo de Christina, Amir Rabik, que eram parte de sua residência. Chegamos à noite, de modo que não consegui ver nada; corri para o banheiro, onde encontrei uma aranha no chão e gritei.

— Onde foi parar minha garota-natureza? — zombou Stephan. Mal pude dormir. Mas na manhã seguinte, quando contemplei as tranquilas colinas verdejantes à minha volta e respirei o ar puro, perfumado, compreendi que havia desembarcado no paraíso. Foi ali que minha viagem de verdade começou.

Era 1997 e minha ligação com Bali se estabeleceu de maneira imediata e visceral. Senti como se tivesse voltado para casa. Ainda fantasio a possibilidade de ir para lá com minha família e sossegar de uma vez por todas. Eu poderia discorrer sobre as lindas montanhas e as plantações de arroz, que se estendem até onde a vista alcança, mas é do povo que gosto mais. São pessoas afáveis, maravilhosas, hospitaleiras, cordiais. E, o que também é de se admirar, preservam sua cultura graças à criatividade e ao intercâmbio da maneira mais natural possível. A terra é parte de seu modo de vida e de seus negócios: exportam desde produtos agrícolas até móveis artesanais. Essa cultura despertou alguma coisa em mim. Só comecei a praticar o Urban Zen anos mais tarde, mas uma sementinha tinha sido plantada.

Minha conexão com Bali foi coisa do destino. O karma estava por toda parte: as placas de automóveis de Bali começavam todas por DK (vi até uma DKCK, que fotografei para mostrar a Calvin). Bali é o paraíso das motocicletas e Stephan achou isso o máximo. As bicicletas são o principal meio de transporte na ilha. "E se estivermos destinados a viver aqui para sempre?", perguntei-lhe enquanto corríamos ao longo de plantações de arroz uma tarde, de bicicleta alugada. Ele parecia tão entusiasmado quanto eu.

Christina e BS logo se juntaram a nós e insistiram para que conhecêssemos o Begawan Giri Estate, de onde se vê lá embaixo o rio Ayung. Um homem chamado Bradley Gardner montou aquele hotel luxuoso numa colina com cinco casas inspiradas nos elementos: Ar, Água, Terra, Vento e Fogo. Quando vi o local, senti de novo como se minha alma tivesse regressado ao lar. Aquilo era nirvana puro. Descemos os 140 degraus até o rio, passando por diversos lagos ao longo do caminho. A certa altura, vi-me flutuando num desses lagos, rodeada de um verde e de uma serenidade indescritíveis. Jamais experimentara coisa igual antes. Parecia que Deus me envolvia e acariciava — um momento verdadeiramente espiritual. A paz era tamanha que eu não conseguia sair da água.

Enquanto estávamos ali, descobrimos que Begawan Giri estava à venda. Eu queria investir, mas Stephan se opôs obstinadamente. Por sorte, Christina e BS compraram a propriedade e a transformaram num *resort* chamado Como Shambhala, que é meu lugar favorito no mundo. Procuro ir lá a cada ano ou dois.

Desde essa viagem, Christina se tornou uma de minhas melhores amigas. Não podemos ser mais diferentes: ela fala baixinho e é muito reservada (palavras jamais empregadas para me descrever, isso é certo). Mas ambas somos de Libra e minha teoria é que nos equilibramos: o Oriente se encontra com o Ocidente, o yin com o yang. Como eu, Christina é uma mulher de negócios criativa, mas que ama a família acima de tudo. Ela também adora a cultura artesanal, que a leva para os lugares mais distantes do mundo. Christina teve grande influência em minha vida. Não apenas me fez conhecer Bali como me apresentou a Parrot Cay e ao meu professor de yoga, Rodney Yee.

Por mais sossegada que Christina seja, minha personalidade extrovertida não a perturba de forma alguma e eu lhes digo o motivo: seu marido, BS, não para. Empresário global e verdadeiro gênio, não sossega um minuto. Nele, encontrei meu parceiro na negação do sonho americano. Francamente, ele me faz sentir relaxada e concentrada. Já vi BS mudar de opinião dentro do avião sobre o país onde queria descer. Stephan adorava BS, e nosso grupo — Christina, BS, eu, Stephan, Bonnie e Gabby — começou a viajar junto em várias combinações.

BS nos levou ao Nepal, Vietnã, Camboja, a Singapura, às Filipinas, a Myanmar e ao Butão. Viajante incansável, fez-nos visitar o Vietnã do Norte de manhã e o Vietnã do Sul à tarde. Seus passeios eram impressionistas e passionais; não perdia tempo, sabendo exatamente o que fazer em todos os lugares. A cada parada, eu me apaixonava cada vez mais pelo Oriente com sua espiritualidade serena, sensibilidade estética e habilidade artesanal. O Oriente me impressionava num nível muito, muito profundo.

Bonnie diz que BS é uma espécie de sargento-instrutor de viagens. Toda manhã, apresentava-nos um itinerário. Aqui primeiro, depois ali, em seguida lá. Certa vez, Bonnie, Gabby e eu planejamos uma viagem ao Butão com BS e eis como tudo aconteceu: as garotas e eu voamos de Nova York para Londres e depois para Délhi, na

Índia, onde paramos para comprar alguns móveis; a seguir, fomos para o Nepal, onde nos encontramos com BS e Christina. Ficamos no Nepal pelo que nos pareceu apenas uns poucos minutos, embora conseguíssemos comprar alguns tecidos e pratarias para inspiração. E logo estávamos no Butão, o país mais belo que se pode imaginar. Na manhã seguinte, numa escalada de uma hora, subimos a um monte para ver as impressionantes bandeirolas de oração. Logo que chegamos ao topo e olhamos para elas, BS disse: "Pronto, o tempo acabou. Vamos embora. O avião nos espera". Estou exagerando, mas não muito.

Depois, voamos para Milão, na Itália, onde conhecemos os novos namorados de Bonnie e Gabby, Luca e Gianpaolo. Passamos a noite apresentando um desfile de moda para eles no Hotel Principe di Savoia com todas as peças empoeiradas e bolorentas que havíamos comprado em diversos mercados de aldeia — e eles nos julgaram malucas. Essa viagem toda aconteceu em questão de dias, não semanas. Mas Bonnie e eu éramos boas nisso. Em determinada ocasião, fizemos uma farra de compras de 48 horas em Istambul para aproveitar um fim de semana antes de um compromisso com compras de tecidos em Milão.

Minha primeira viagem à Índia foi com Bonnie e Gabby, em novembro de 1999. Descemos em Délhi e, outra vez, me decepcionei. A cidade parecia Miami ou qualquer outra meca urbana moderna. Fomos a uma loja de tecidos (um dos lugares mais surpreendentes em que jamais estive — lembrava a Première Vision, a lendária feira de tecidos semestral de Paris, mas sob um teto só). Confessei ao proprietário que minha primeira impressão da Índia não correspondia à meca romântica e cultural de meus sonhos.

— Onde está a Índia mágica que imaginei a vida inteira? — perguntei àquele indiano elegante.

— Você precisa ir a Varanasi — disse ele, impassível. — Nós nos encontraremos lá.

Ele se chamava Babba e nunca o tínhamos visto, mas isso não nos deteve.

— Vamos agora! — gritei, entusiasmada, antes que Gabby ou Bonnie pudessem objetar.

Varanasi, uma antiga cidade residencial às margens do Ganges, era surrealista de várias maneiras e ultrapassou em muito minha idealização da Índia. É um destino espiritual dos hindus, que afluem para lá em massa acreditando que um banho nas águas poluídas do rio os absolverá de todos os pecados. E é também um lugar para se morrer. Mais de duzentos corpos são incinerados diariamente em cerimônias de cremação, que achei fascinantes — e um pouco macabras. (Liguei para Patti em Nova York a fim de descrever o que via e ela resmungou que iria ficar doente só por ter ouvido aquilo.) Eu fotografava tudo o que me chamava a atenção. Bonnie tirou uma foto minha toda vestida de branco e conversando com uma vaca branca. À noite, Babba nos brindou com a experiência mais mágica que vivenciei numa viagem. Subimos de barco o Ganges, iluminado com velas flutuantes porque estava havendo ali um festival. Chegamos a um templo coberto de rosas do chão ao teto e com um jantar impressionante à nossa espera. Flautas tocavam música indiana. Acho que havia até um encantador de serpentes e dois homens postados de cabeça para baixo. Parecia o casamento de uma princesa indiana.

— Vocês queriam autenticidade — disse Babba.

Queríamos também seus tecidos e voltamos para a loja de Délhi, que praticamente compramos inteira. Aquele empresário não era nenhum tolo.

Embora procuremos não chamar a atenção nas viagens, isso sempre acontece. Principalmente quando estamos sobrecarregadas de bagagem. Certa vez, Bonnie e eu tivemos de correr para apanhar um trem em Tóquio. No Japão, tudo é limpo e organizado. Lá estava uma fila única e ordeira para embarcar, sem que ninguém carregasse bagagens de qualquer tipo; só as mulheres seguravam suas bolsas minúsculas. Agora, imaginem nós duas arrastando cinco malas enormes, caixas e Deus sabe o que mais, com os funcionários tentando nos ajudar. Demorou uma eternidade explicar ao condutor que precisávamos de fato de *tudo* aquilo em nossas poltronas. Conforme soubemos mais tarde, as pessoas imaginaram que estávamos fazendo um filme! Mas viagem é isto mesmo: fazemos aventura, mas continuamos trabalhando. O tempo no avião ou no trem é expediente de trabalho.

A paixão pelo Oriente transformou por completo a estética de meu *design*. Minhas roupas sempre combinaram elementos americanos e étnicos, mas agora elas estavam mais simples, com dobras de origami e outros toques asiáticos. Minha missão era misturar a beleza do Oriente com a modernidade do Ocidente e foi daí que surgiu o nome Urban Zen. Para mim, isso é tanto um modo de vida quanto uma visão de *design*. Mas, na ocasião, eu ainda não sabia aonde aquilo iria levar.

Agora que eu me aventurava fora de Nova York, queria que a mulher Donna Karan, minha cliente, fizesse o mesmo. Meu *design* era ainda urbano em espírito e função, mas eu pretendia mostrar que, como eu, essa mulher estava empreendendo uma jornada de paixão e inspiração. Assim, para a primavera de 1997, escolhemos o sempre impressionante Iman no Red Rock Canyon National Conservation, em Nevada. Eu tencionava passar um senso de simplicidade associado à terra. As cores eram tribais e táteis, a silhueta alongada, fina, atemporal. A coleção estava repleta de roupas de jérsei para incrementar a autoconsciência do corpo, malhas que, dobradas, quase não ocupavam lugar na mala e podiam ser usadas em diversas ocasiões — o tipo de roupa fácil e versátil de que eu, pessoalmente, precisava cada vez mais (apesar de elas não tornarem minhas malas mais leves).

Na outra extremidade do espectro, para o outono de 1999, fizemos roupas acentuadamente esculpidas e moldadas, com formas não coladas ao corpo. Saias amplas acinturadas. Casacos-casulo. Vestidos sem alças. As paisagens nos anúncios tinham de complementar essas silhuetas fortes. Trey e Hans, nossos diretores de criação, foram fotografar as roupas nas minas de sal do Parque Nacional do Vale da Morte, na Califórnia. Mas, como já tinha acontecido com nossa campanha publicitária presidencial em 1992, ocorreu-me uma inspiração no meio da noite. Poucos dias antes de fotografarmos, chamei Trey.

— Quero gelo, não deserto. *Icebergs*, você sabe. Acho que dará muito mais sentido a essas roupas. Que podemos fazer?

Trey respirou fundo — como Stephan, pois é assim que os homens espertos de minha vida sempre acolhem minhas grandes ideias — e disse:

— Farei isso.

E fez. Com criatividade e entusiasmo. Trey e Hans cancelaram a viagem ao Vale da Morte e partiram para a Groenlândia. Eu nunca tinha visto fotografias tão inspiradoras. Uma paisagem lunar, maravilhosamente bela — o pano de fundo perfeito.

Minha coleção de outono 2000 se inspirou nos mantos vermelhos dos monges butaneses. As roupas eram tão sensuais, tão propícias a despertar a consciência do corpo — tão pouco monásticas — que fotografamos os anúncios em Paris com Milla Jovovich, uma atriz e modelo de que gosto muito, e o ator britânico Gary Oldman, sempre *sexy* e irrequieto. Foi uma campanha excitante, que mostrava um casal "sensual" dirigindo na chuva, Milla num vestido vermelho macio e Gary num paletó preto e camisa branca com o colarinho aberto. Um ano depois, em uma de minhas campanhas favoritas, a mulher Donna Karan foi ao Vietnã para o desfile de primavera 2001 com Milla Jovovich provocante em vestidos enviesados de *chiffon* leves como camisolas e Jeremy Irons em ternos soltos de linho e camisas de algodão.

Já na estação seguinte, nossas mulheres se tornaram sedutoramente "guerreiras" numa coleção que chamei de Urban Warrior, com lã bruta de ovelha cor de terra, suéteres tecidos à mão e *bodies* enviesados de jérsei, tudo realçando os quadris graças aos cintos pendentes de Robert Lee Morris com fivelas de metal envelhecido. Para essa campanha, fotografamos a atriz e modelo Amber Valletta num acampamento no deserto marroquino, com a participação, mais uma vez, de Jeremy Irons (eu o achava muito atraente). Pensei em levar nossas mulheres para outras partes da África, mas isso nunca aconteceu apesar de uma alegre sessão de testes na Cidade do Cabo (sobre a qual falarei mais adiante).

Minha imaginação voava alto. Agora eu estava vivendo no mundo e tramando minha próxima aventura o tempo todo, sem renunciar à realidade urbana de Nova York.

Eu só tinha problemas para me desligar durante o verão, pois sabia que desfiles de moda europeus aconteciam logo depois do Dia do Trabalho. Isso era frustrante, sobretudo porque nós, americanos, éramos acusados de copiar o que acabava de sair das passarelas de Paris e Milão (como se fosse humanamente possível desenhar e confeccionar uma coleção imitada em uma semana!). Assim, eu ficava um pouco ansiosa nessa época do ano. Então, em 1999, Helmut Lang, um *designer* austríaco estabelecido em Nova York, lançou um movimento para que o mercado americano se apresentasse primeiro e obteve adesões suficientes para realizar a mudança. Sim, isso acabou com nossas férias de verão, principalmente em agosto. Ficamos com menos tempo para desenhar e com menos tempo ainda para receber os tecidos. Entretanto, a grande notícia foi que deixei de me preocupar com o que os franceses ou os italianos estavam fazendo. Eu agora podia alugar um barco com Barbra sem precisar abrir jornais. Isso por si só já eram férias.

———————

Aparentemente, todas essas viagens funcionavam como uma espécie de fuga. Dirigir uma empresa de capital aberto foi um dos maiores desafios que enfrentei. Eu vivia com medo das próximas radiografias de Stephan, embora fizesse alguns anos que o câncer não voltava. Gabby já era adulta e saíra de casa, não precisando mais de mim no verdadeiro sentido da palavra. Contudo, minhas viagens não eram apenas fuga. A cada nova aventura, eu mergulhava mais e mais em mim mesma. É o que acontece quando vamos a um lugar onde ninguém nos conhece nem ouviu falar de nossa marca. Então, não representamos para os outros, só para nós mesmos, voltando a ser crianças na esfera do encantamento e da descoberta. Maravilhamo-nos no sentido mais profundo e essa é a droga que mais vicia. Eu tinha muitas viagens a fazer: para a África, Israel, Oriente Médio, Indonésia. E ainda faltavam, à espera em minha lista, Rússia, China, Tibete, Cuba, América do Sul, Polo Norte e Polo Sul.

Hoje, minha viagem favorita é aquela que nunca fiz; e meu momento favorito é aquele em que chego.

21 CRIAR, COLABORAR, MUDAR

Para explicar minha paixão pela filantropia, devo voltar a meados dos anos 1980. Nós, da indústria da moda, não estávamos de modo algum preparados para a crise da Aids. De repente, homens jovens e dinâmicos contraíam uma doença horrível. Notávamos uma lesão, ouvíamos uma tosse, observávamos alguém emagrecendo ou envelhecendo a olhos vistos — e, em questão de meses, quando não de semanas, comparecíamos a seu funeral. Assistentes, *designers*, executivos, editores — todo mundo andava apavorado. Aquela era uma realidade aterrorizante e não podíamos ignorá-la. A maioria das pessoas, na época, considerava-a um problema "gay", de modo que as autoridades demoraram a entrar em ação. Mas, para mim, a moda era a comunidade gay por excelência. Se não fizéssemos nada para conscientizar as pessoas e angariar fundos, quem o faria?

Todo problema tem uma solução criativa, e eu tinha a minha. Em 1986, marquei uma reunião com Perry Ellis, então presidente do CFDA. Eu gostava dele. Perry era jovem, amável e acessível. Eu admirava suas roupas e a energia renovada que ele trazia para a moda. Perry passava por maus bocados — seu parceiro, Laughlin Barker, morrera em janeiro daquele ano e especulava-se que fora de Aids. Sentada em seu belo escritório com painéis de madeira, não pude deixar de reparar nas lesões em seu rosto.

— Perry, você está bem? — perguntei gentilmente.

— Sou alérgico a pepino — respondeu ele, apontando para o rosto. — Não é inacreditável?

Fiquei em silêncio por um instante e resolvi mudar de assunto. Éramos amigos, mas não tão íntimos que eu pudesse insistir naquele ponto. Expus-lhe minha ideia.

— Perry, essa epidemia de Aids espalhou-se por toda parte. E, literalmente, está matando nossa indústria. Precisamos fazer alguma coisa, como comunidade, para mostrar nossa solidariedade. — Falava rápido porque o via muito desanimado. — Tive uma ideia. Vamos abrir uma loja. Todos temos muita coisa em nossos ateliês, muito estoque parado. O dinheiro irá para o combate à Aids. Podemos começar com um protótipo em Nova York e depois abrir filiais por todo o país.

Ele me fitou com ar inexpressivo.

— A Aids é um problema particular, Donna. Não creio que devamos torná-la pública. — Seu tom seco assinalava que a conversa havia chegado ao fim.

Perry morreu dois meses depois. Duas semanas antes, em seu desfile de 8 de maio, ele estava fraco demais para atravessar a passarela. Seu escritório não confirmou que a causa da morte foi a Aids. Perry tinha 46 anos de idade.

Enquanto isso, homens continuavam morrendo à nossa volta. Não perdi nenhum amigo muito íntimo, mas fui a muitos enterros. De jovens de 20, 30, 40 anos — que não deviam morrer. Isso me deixava deprimida.

Depois que Perry se foi, comuniquei minha frustrada ideia da loja a Carolyne Roehm, a nova presidente do conselho de diretores do CFDA (eu também era membro do conselho). Procurei também Anna Wintour. Após inúmeras conversas, Carolyne e Anna convocaram uma reunião e disseram que viam o projeto mais como um evento do que como uma loja. Para mim estava ótimo, respondi, não importava o que custasse. "Então vamos fazer isso!", exclamou Anna, batendo na mesa. Chamaríamos o evento de Seventh on Sale. O CFDA e a *Vogue* patrocinariam e nós ajudaríamos. Teríamos um jantar — era preciso que as pessoas comessem —, mas concordamos que o ponto central seriam as vendas, um mercado de pulgas de alto nível com roupas de grife e descontos. O dinheiro iria para o New York City AIDS Fund, a fim de beneficiar as organizações HIV/Aids.

Estávamos em 1990. A Donna Karan New York prosperava, a DKNY nascia e diariamente, no trabalho, surgiam problemas de uma espécie ou de outra. A coisa de que eu menos precisava era um evento de grandes proporções. Mas mergulhei de cabeça no Seventh on Sale, como todos os outros. A generosidade e os recursos foram impressionantes. Todo *designer* americano perguntou como poderia colaborar. A *Vogue* trouxe *designers* europeus, que não se mostraram menos generosos. Até as lojas — que, convenhamos, tinham muito a perder com aquele evento do tipo "compre até cansar" — colaboraram. Ninguém se omitiu.

O CFDA e a *Vogue* funcionavam como a central de comando. Escolhemos uma quinta-feira de novembro e reservamos o 69th Regiment Armory na avenida Lexington, entre as ruas 25 e 26 Leste, um lugar bastante amplo. Decidimos criar um ambiente de mercado em volta do espaço central, onde ofereceríamos o jantar. Robert Isabell, o maior promotor de eventos na época, encarregou-se da decoração e teve a brilhante ideia de pendurar cortinas em volta da área do jantar, que suspenderíamos depois das vendas. Porque as vendas era o que queríamos enfatizar.

Os egos ficaram de lado e nos divertimos muito. Ralph Lauren foi magnífico. Entre suas muitas contribuições, encarregou-se sozinho dos detalhes finais e da logística de varejo (pois, de varejo, ninguém entende mais que ele). Alfredo Paredes, o gênio criativo na Ralph, mostrou-se particularmente notável com sua visão e administração. Todos estavam empenhados e apaixonados. Na véspera do evento, Stephan e eu fomos ver o local. Eu estava desembalando roupas na tenda da DKNY quando ele se aproximou correndo, alarmado.

— Temos um problema sério — disse. — As cortinas não são à prova de fogo e você quer pôr velas em todas as mesas. Isto aqui é um barril de pólvora. Os bombeiros vão nos interditar.

Dada a sua experiência com o negócio da família, de cortinas de palco, ele sabia muito bem o que estava dizendo. Stephan não era de perder o controle com facilidade, mas naquele momento parecia histérico.

Fui logo falar com Robert Isabell. Robert sempre foi um sujeito cuca fresca — tinha de ser, pois tratava com clientes difíceis. Expliquei-lhe rapidamente o que estava acontecendo.

— Conversou sobre isso com mais alguém? — perguntou ele.

— Não. Você é o primeiro. Mas temos que fazer alguma coisa o mais rápido possível. Toda a indústria da moda e todas as celebridades em Nova York estarão aqui amanhã à noite.

Um leve sorriso se esboçou em seu rosto e ele se aproximou de mim.

— Escute — sussurrou. — *Deixe tudo como está.* Esqueça.

A voz de Robert era tão ameaçadora que estremeci. Quem poderia adivinhar que o bicho-papão da minha infância assumiria a forma de um promotor de eventos da alta sociedade? Afastei-me dele, mas não do problema. Contei o caso para todo mundo. Alguém sugeriu que eu chamasse Ian Schrager, hoteleiro e antigo coproprietário do Studio 54. Ele devia entender de festas e prevenção de incêndios. E entendia mesmo. Não me lembro dos detalhes, mas trouxemos alguns rapazes do Texas que borrifaram as cortinas com substâncias protetoras contra o fogo bem a tempo para o evento.

Evento que foi perfeito. Os convidados vestiam roupas impecáveis e as caixas registradoras tiniram a noite toda. Eu, pessoalmente, me diverti muito. Estava na fase do "tudo curto": cabelo curto e um minivestido de lantejoulas prateada. O que achei mais inesperado foi a satisfação de comprar de outros *designers*. Bill Blass, em pessoa, ajudou-me em sua tenda, mostrando-me um vestido fru-fru preto (ele conhecia minha cor preferida). Experimentei-o e comprei meu primeiro Bill Blass original.

Após o evento da quinta-feira, o Seventh on Sale abriu para o público. Vendemos entradas para períodos de compras de três horas pelos próximos três dias. As filas dobravam a esquina da Park Avenue. *Designers* e varejistas repunham seus estoques, de modo que havia um fluxo constante de mercadorias novas. Mais que ninguém Anna Wintour, uma líder de verdade, permanecia ali dia e noite, noite e dia, atenta aos menores detalhes. Levantamos quatro milhões e duzentos mil dólares em três dias e meio.

Agora eu estava animada. Aquele fora meu primeiro gostinho pela filantropia e pelo consumismo consciente. Um mundo de possibilidades se abria diante de mim. Até então, os eventos de caridade tinham sido meros passatempos. Reserva-se uma mesa, veste-se uma roupa bonita, ouvem-se discursos enquanto se come um pedaço de frango que mais parece de borracha. No Seventh on Sale, o jantar foi o que menos importou. Ver as pessoas arregaçando as mangas e agindo... bem, isso só me aqueceu ainda mais o coração para o problema da Aids.

Graças a Anna Wintour, três anos depois tive o prazer de participar do Kids for Kids, o carnaval de rua de Nova York em benefício da

322 DONNA KARAN

Elizabeth Glaser Pediatric Aids Foundation. Elizabeth Glaser era esposa do ator Paul Michael Glaser. Em 1981, ela contraiu o vírus HIV em uma transfusão de sangue após dar à luz a filha do casal, Ariel. O vírus passou para a criança, que morreu tragicamente em 1988. Elizabeth e duas amigas íntimas, Susie Zeegen e Susan DeLaurentis, criaram uma fundação para auxiliar a pesquisa pediátrica do HIV/Aids, coisa que quase não estava sendo feita na ocasião.

Admirei-a muito pela coragem, pois, nos anos 1980, a Aids era tanto um estigma quanto uma doença. O fato de uma mulher famosa, esposa e mãe, ocupar-se desse assunto mudou completamente a percepção da Aids. Esta já não era um problema gay; era um problema de todos. Eu gostava de Elizabeth no nível pessoal, também. Ela morava em Hewlett, uma das Five Towns, como Susie Zeegan, uma das cofundadoras. Tínhamos a mesma idade, mas nunca havíamos nos encontrado. Resolvemos montar a melhor feira de rua que a cidade jamais vira, com muitas coisas para fazer, comer e comprar — além de diversão para todas as idades.

Num domingo de abril de 1993, iniciamos nosso carnaval diante do Industria Studio, em Greenwich Village. De novo, graças à paixão e à influência de Anna Wintour, todos compareceram com seu espírito generoso. Artistas famosos como Roy Lichtenstein, Francesco Clemente e Red Grooms pintaram quadros com as crianças. Fotógrafos organizados por Fabrizio tiraram fotos. O técnico dos Knicks, Pat Riley, trouxe astros do basquete para jogar com a meninada. Estilistas e celebridades como Richard Gere, Susan Sarandon e Tim Robbins se encarregaram das barracas e todos vestimos as camisetas coloridas que nossa companhia distribuiu. Lembro-me bem de Stephan passeando por ali com um ou outro neto nos ombros. Foi isto que mais me agradou naquele dia: ver as famílias reunidas para angariar fundos e ensinar solidariedade às crianças. Conseguimos um milhão e duzentos mil dólares nesse primeiro ano (até hoje, o Kids for Kids angariou 26 milhões). Enquanto isso, eu ia fazendo novos amigos, a começar por Elizabeth e Susie, minhas novas companheiras. Depois desse primeiro carnaval, enviei a cada uma delas uma foto de nós três com a legenda: "É impressionante o que três garotas das Five Towns podem fazer".

Anna Wintour trabalhou como codiretora do primeiro Kids for Kids; e Liz Tilberis, minha amiga e editora-chefe da *Harper's Bazaar*, do segundo. Liz foi uma das mulheres mais amáveis e menos pretensiosas que conheci. Encontramo-nos pela primeira vez em Londres, num jantar em que ela, então editora-chefe da *British Vogue*, se sentou perto de mim e de Patti. Em 1992, Liz veio para Nova York com a família a fim de dar novo impulso à *Harper's Bazaar*, o que fez com a habilidade de sempre. A primeira edição anunciava: "Estamos entrando na era da elegância", com uma impressionante imagem de Linda Evangelista vestindo um de nossos finos vestidos translúcidos pretos de lantejoulas.

Liz era grande amiga da princesa Diana, que eu vira apenas uma vez na Austrália por ocasião da Bicentennial Wool Collection. Por intermédio de Liz, consegui me sentar perto da princesa num almoço. Ela era a mulher mais elegante que eu havia conhecido, transpirando força e imponência. Era também amável e simples como qualquer outra pessoa, o que constituía seu verdadeiro encanto.

Um ano antes de se juntar a nós para o Kids for Kids, Liz recebera o diagnóstico de câncer ovariano. A seu ver, aquilo se devera aos remédios que havia tomado para engravidar. Sem que isto lhe causasse espanto, aceitou a doença com a graça e o humor usuais. Como vivia lutando contra o peso, ficou encantada com sua nova silhueta esguia, chamando-a de resultado da "dieta do câncer". Cortou o cabelo bem curto, bem elegante. Liz, que sempre fora bonita, agora arrasava. Mas também estava muito doente. Por essa época, Stephan já havia se submetido às suas duas cirurgias para eliminar o câncer, de modo que Liz e eu tínhamos algo mais em comum: a difícil combinação de esperança, medo e desejo de fazer a diferença. Em 1997, Liz se tornou presidente do Ovarian Cancer Research Fund e estava determinada a despertar a consciência das pessoas e angariar fundos para combater essa doença silenciosa.

Liz me procurou em busca de um patrocinador empresarial. Patti e eu nos sentamos em meu escritório com Faith Kates, membro do conselho da OCRF, cofundadora e proprietária da Next Models, e Jeannette Chang, vice-presidente sênior e diretora de publicação da Hearst Magazines, que edita a *Harper's Bazaar*.

— Temos de fazer alguma coisa, Donna — disse Liz em tom de urgência. — Ao contrário do teste de papanicolau para câncer do útero, para o de ovário não há teste nenhum. Uma vez descoberto, adeus. A pessoa está no estágio três ou quatro. Precisamos inventar um teste de detecção precoce, pelo menos.

— Ficarei feliz em patrocinar, Liz — disse eu. — Trata-se de uma doença feminina e nós somos uma indústria de mulheres.

Concordamos que o conceito do Seventh on Sale era ótimo, mas queríamos fazer algo de menor proporção nos Hamptons, onde todas tínhamos casa. Isso significava introduzir a nota alegre do Kids for Kids porque, quando se está nos Hamptons e é verão, as chances são de que não vão faltar filhos ou netos. Todo mundo gosta de churrasco, ponderamos. A residência de Liz e seu marido, Andrew, se localizava numa vasta propriedade em Gardiners Bay, não longe de minha casa de East Hampton. Perfeita. Corremos às listas de endereços e chamamos nossos amigos do mundo da moda.

— Esvaziem seus *closets*, tragam livros, quadros ou o que quer que seja e nos ajudem a angariar fundos para o combate ao câncer ovariano — dissemos a eles.

CRIAR, COLABORAR, MUDAR   325

Realizado em 1998, o primeiro Super Saturday foi um evento bem mais íntimo que o Seventh on Sale. Instalamos uma pista de dança ao ar livre e contratamos um DJ, além de um garçom para servir hambúrgueres e lagostas cozidas. Dezoito estilistas contribuíram, entre eles, Ralph Lauren, que instalou uma barraca de madeira cheia de agasalhos. A editora de moda da *Vogue*, Grace Coddington, pendurou fotos de moda em branco e preto numa árvore. La Mer ofereceu uma mesa atulhada de produtos de luxo. E, conforme havíamos pedido, as pessoas literalmente esvaziaram seus *closets* — foi uma verdadeira venda informal de artigos da alta-costura. Havia livros de *design*, bolsas Chanel, peças *vintage*. Eu queria comprar tudo, mas me contive para dar chance aos outros. Cerca de quatrocentas pessoas compareceram e faturamos 400 mil dólares. Demos a cada convidado uma sacola cheia de magníficos objetos doados, sem imaginar que estávamos abrindo um precedente para os próximos anos.

Infelizmente, Liz só pôde aparecer para dizer alô, depois que sua assistente a ajudou a se vestir. Tínhamos criado algo verdadeiramente fabuloso, mas ela viveria apenas mais um ano para apreciar tudo aquilo. Faleceu com 51 anos de idade. Assim como o Kids for Kids, o Super Saturday ainda existe: dezoito anos depois, é uma instituição dos Hamptons, que eu ainda ajudo a dirigir. Agora é realizado no Nova's Ark Project, um imenso parque preservado com esculturas. Centenas de empresas têm lá seus estandes, milhares comparecem e angariam sistematicamente mais de 3 milhões de dólares. Todo ano, levo minha família — e carrego Liz no coração. Sei que ela nos saúda lá de cima.

Em 1999, Stephan e eu montamos a Karan-Weiss Foundation para levar adiante nossos muitos projetos filantrópicos. Duas de nossas realizações favoritas foram artísticas: o New York City's Dia Center for the Arts e o primeiro evento para angariar fundos destinados ao Robert Wilson's Watermill Center. Ambas as organizações apoiam e divulgam artistas contemporâneos ou emergentes. Era ótimo ver Stephan se dedicando à sua paixão pela arte. As coisas não estavam nada bem: o câncer tinha voltado.

Tempos particularmente ruins. Michael Burt, o cirurgião oncologista de Stephan, havia morrido um ano antes num acidente de motocicleta e, quando o câncer de meu marido reapareceu, sentimo-nos perdidos sem ele. Entretanto, o doutor Burt era cirurgião e a cirurgia estava fora de cogitação porque agora o câncer havia invadido a pleura. Procuramos opiniões de outros médicos; certa vez, consultamos três em uma semana. A princípio, a doença fora considerada estável; mas, meses depois, mostrou-se "ativa" e, portanto, com tendência a metástases. Foi necessário introduzir uma forma branda de quimioterapia e isso significava que Stephan não poderia esquiar nem se movimentar muito. Dizer isso a ele é que não era nada fácil.

Eu já não sabia que presente lhe dar. Stephan ainda se derretia todo com o último. Apenas alguns meses depois do Lamborghini, dei-lhe o presente dos presentes de Natal: um quadro de seu artista contemporâneo favorito, Francis Bacon. Isso me trouxe problemas. Nós fizemos um acordo: eu só gastaria mais que uma certa quantia depois de consultá-lo. Mas estávamos morando no apartamento preto na época e, após uma pesquisa, encontrei o Bacon ideal: uma peça em tons vermelhos e alaranjados que ia do chão ao teto e com uma figura "yogue" ao centro. Pensei: "É perfeito, é a nossa cara". Imaginem vocês: não a vi pessoalmente! Comprei-a com base numa foto alemã. E, obviamente, rompi o acordo. Liguei para o banco pedindo que liberassem meu segundo milhão (ou mais ou menos isso) secreto — o primeiro eu havia entregado a Barbra para que ela investisse.

CRIAR, COLABORAR, MUDAR   327

Quando o quadro finalmente chegou, mandei que o pendurassem e aguardei a chegada de Stephan. Logo que ele entrou, eu o abracei.

— Tenho uma surpresa para você — cantarolei, depois de beijá-lo. Não havia como disfarçar uma surpresa daquele tamanho e seus olhos se arregalaram de espanto.

— Oh, meu Deus! Donna, é um Francis Bacon?

Assenti muito feliz ao ver que minha grande ideia estava funcionando.

— É impressionante. — Deu um passo para trás e depois outro para a frente a fim de observar mais de perto. — Onde achou uma gravura tão perfeita?

— Não é uma gravura — repreendi-o. — É um original.

O sorriso dele se desvaneceu.

— *Você ficou louca?* — rugiu. — Não podia fazer isso. Onde conseguiu o dinheiro?

Tentei acalmá-lo.

— Querido, o dinheiro não vem ao caso. Trata-se de arte. E é tão bonito! Está vendo o yogue?

Mas o único yogue que ele via era eu e isso não o acalmava de maneira alguma. Ficamos com o quadro, é claro. Eu sabia que Stephan o adorava. Às vezes o surpreendia contemplando-o: talvez se perguntasse como ele fora parar em nossa casa. Só por isso a pintura valera cada centavo.

Stephan começou o tratamento em fevereiro de 1999. Dizia sentir "dores até nos ossos". Infelizmente, poucos meses depois, em abril, os médicos concluíram que o câncer não estava respondendo e optaram por Taxol, uma droga quimioterápica bem mais forte. Stephan começou a ter cãibras horríveis nas pernas, neuropatia (degeneração dos nervos) nos pés e alguma perda de cabelos. Também tinha soluços muito fortes. Agora possuíamos um suprimento de balões de oxigênio em casa, de que ele precisava com uma frequência alarmante. Não se queixava de nada; sofria em silêncio. Mas eu sabia que ele estava muito mal. Ironicamente, meu marido fumante de maconha não podia fumá-la quando mais precisava dela, de modo que começamos a fazer pães e biscoitos com a erva. (Certa vez, Gianpaolo, o namorado de Gabby, foi nos visitar nos Hamptons. Comeu cinco de nossos biscoitinhos "especiais" de chocolate e ficou tão chapado que não acordava nunca. Comecei a lhe dar sorvete, achando que o açúcar o deixaria sóbrio, mas Gabby gritou: "Pare, mamãe! Assim você vai sufocá-lo!") Infelizmente, os biscoitos não eram suficientes para aliviar os sintomas de Stephan e ele continuou a sofrer sem dizer nada.

De modo que Donna, a Rainha Cuca Fresca, estava agora ocupada o tempo todo. Ruth Pontvianne, a curadora brasileira, viera morar conosco e administrava em Stephan frequentes massagens terapêuticas com óleos essenciais e aromaterapia. Nós o levamos a um acupunturista. Lindsey Clennell, professora de yoga Iyengar, vinha ao estúdio de Stephan para ensinar-lhe posturas que o auxiliassem a respirar melhor. E eu lhe aplicava Reiki todos os dias. Também usávamos uma maca inclinada em casa para drenar o fluido que se acumulava em seus pulmões. Talvez não conseguíssemos curar aquele maldito câncer, mas pelo menos proporcionaríamos a Stephan um pouco mais de conforto.

Eu queria que ele se divertisse também. Gosto de alugar barcos e, em setembro de 1999, levei Stephan e Barbra para uma festa no porto de Nova York. Era o aniversário dele e Barbra tinha acabado de fazer uma série de concertos na cidade. A ocasião coincidia com o Rosh Hashanah, de modo que um amigo de Barbra, o grande compositor Marvin Hamlisch, já falecido, orou durante o almoço flutuante. A noite foi um pouco maluca, pois passávamos da trilha sonora de *Guerra nas Estrelas* (o filme favorito de Stephan) para as canções de Barbra. Ao amanhecer, o céu se iluminou com fogos de artifício que eu havia encomendado. Às vezes, tínhamos de aceitar as limitações físicas de Stephan. Para a passagem do ano de 1999-2000, havíamos planejado ir com Linda e Steve Horn ver o concerto especial de Barbra em Las Vegas (que ela mais tarde imortalizou em seu álbum *Timeless*). No último minuto, Stephan percebeu que não estava em condições, e nós quatro acabamos festejando o Ano-Novo em East Hampton.

Stephan ainda ia ao estúdio, sempre com o caderno de esboços na mão e com os pequenos modelos em argila que queria transformar em esculturas. Podia sentir-se mal, mas o artista dentro dele continuava em forma — sempre dedicado, sempre criativo. A essência de Stephan estava intacta.

O contrato de aluguel de nosso apartamento preto ia expirar, de modo que comecei a arrastar o pobre Stephan para ver dezenas de novos lugares. Todos tinham defeitos: poucas janelas, tetos muito baixos ou vizinhança que eu detestava. Minha lista de problemas era infinita. Um dia, ele ligou para mim no escritório:

— Está feito. Comprei um apartamento e não quero ouvir uma palavra sobre isso.

— Como?

— Você me ouviu. Não se decidia nunca e precisamos nos mudar. Quer ver o que eu escolhi?

Aquela era uma das jogadas clássicas de Stephan: fingia concordar comigo por algum tempo e depois decidia sozinho. Tinha escolhido um dos apartamentos que eu havia recusado, no Central Park Oeste, com sacada em toda a volta. O teto era baixo e havia necessidade de uma série de reformas, pois se tratava de três apartamentos a serem combinados num só. Stephan, porém, não se importava. Ele comprou e pagou.

— Chame Dominic e seja criativa — disse. Dominic era o arquiteto que havia trabalhado em todas as nossas lojas e casas de East Hampton, tendo além disso nos ajudado no apartamento preto.

Enquanto nos preparávamos para a mudança, Stephan encontrou um lugar provisório no SoHo, rua Wooster, 42, perto da residência de Gabby, na rua Broome. Eu gostava de morar no centro da cidade. Toda aquela vibração jovem, descuidada, despretensiosa e artística tinha muito a ver comigo. Mas sempre que eu propunha a Stephan comprar um imóvel na área, ele me olhava como se dissesse "nem pense nisso".

Dominic e eu começamos a trabalhar no novo espaço. A sincronia era boa, pois estávamos também montando nossa primeira loja Collection em Nova York, no número 819 da avenida Madison, e podíamos pesquisar para as duas coisas ao mesmo tempo.

Eu não me conformava com o fato de nossa única loja Donna Karan New York ser em Londres. Queria uma em Nova York, a cidade onde a marca nascera. Como nossas ações estavam estagnadas, a diretoria se recusou a financiar uma, de modo que eu própria o fiz contra o conselho de todos, inclusive o de Stephan. Ele ficava furioso só de ouvir falar no assunto. Trey e Dominic encontraram um ótimo lugar, uma casa de pedra na avenida Madison com a rua 68, a antiga loja Versace. Maria Napoli, uma de minhas videntes preferidas, tentou me dissuadir porque não gostava do endereço. Mas minha intuição me dizia para seguir em frente. O bom de pagar eu mesma pelo projeto era que estava fazendo o que queria. O formato bizarro pressupunha uma renovação total, visceral. Durante a demolição, descobriu-se um espaço externo que tinha sido separado da loja — um jardim! Visualizei um oásis sereno, um recanto onde se podia deixar a cidade para trás. Apaixonada pelo *design*, eu queria ar, luz e água, de modo que instalamos um jardim irrigado interno e externo, com bambus para manter a privacidade. Adorei o fato de ser possível ouvir o murmúrio da água bem no meio da cidade. Dominic e Trey começaram a trabalhar nos espaços internos: muita pedra calcária, muitas paredes negras com leveza, muitos toques dourados — bem à nossa maneira. (Imaginei também um café, mas, para minha frustração, descobrimos que os regulamentos proibiam isso.)

Eu planejava vender roupas e acessórios, é claro, com uma seção dedicada ao *cashmere*. Entretanto, o que mais me excitava era o mercado artesanal: um lugar para vender os tesouros feitos à mão que ia encontrando pelo mundo, belas peças *vintage* e pequenas coleções de *designers* que admirava. Infelizmente, Stephan não podia partilhar, em pessoa, meu entusiasmo porque a poeira da reforma era demais para seus pulmões comprometidos. (Se soubesse quanto eu estava gastando, isso sem dúvida seria demais também para seu coração.) Eu tirava fotografias de tudo e mostrava para ele à noite, na rua Wooster.

— Você precisa vir a San Francisco. — Era Dominic na linha, com uma excitação palpável na voz. — Trata-se de uma exposição que vai adorar... do mestre escultor japonês Izumi Masatoshi. Garanto que a viagem valerá a pena.

Dominic estava certo. A beleza das obras de Masatoshi me fez derramar lágrimas. Duas cadeiras, intituladas "Respiração", me atraíram em especial. Eu as queria desesperadamente para o apartamento e comprei-as na hora. Voltando para casa, mostrei as fotos a Stephan.

— Bonitas — concordou ele. — Mas pretende colocá-las no apartamento?

— Como assim?

— São de pedra maciça — explicou Stephan, erguendo um pouco a voz. — Vão literalmente despencar piso abaixo.

Eu não havia pensado nessa possibilidade.

— Está bem. Então vamos colocá-las na nova loja.

— E como planeja levá-las para lá?

Deviam pesar uma tonelada cada uma. Precisaríamos de um guindaste para levantá-las acima do prédio e pousá-las em seu novo lar, o jardim de pedras, onde funcionariam como uma perfeita peça central.

— Depois de instaladas lá — advertiu Stephan —, elas jamais poderão sair.

Nunca diga nunca. Infelizmente, a loja fechou em 2014; hoje, as cadeiras estão no meu quintal em East Hampton. Ainda lamento não poder tê-las em meu apartamento.

Todos conhecem a expressão "viver com o câncer". Era o que Stephan e eu estávamos fazendo. Ele resistia surpreendentemente bem. Ajustamos nosso estilo de vida: fim das viagens a Canyon Ranch e do esqui no Oeste, fim do projeto de comprar uma casa em Sun Valley, pois a altitude era excessiva. Em vez disso, íamos a Parrot Cay, onde ficávamos no hotel Como Shambhala de nossa amiga Christina Ong, a versão nas ilhas Turcas e Caicos de seu *resort* em Bali, de que tanto gostávamos. Stephan trabalhava quase todos os dias, em seu estúdio, numa série que chamou apropriadamente de "Vivendo por um Triz", composta de sete figuras de bronze, cada qual pousada numa viga e captada num momento de indecisão. Nossa vida era assim, embora eu fizesse de tudo para suprimir minha ansiedade quanto ao futuro.

Mas uma manhã não consegui mais me conter e comecei a chorar. Stephan ficou louco da vida.

— Por que está chorando? — gritou ele. — Porque estou doente? E daí? Ninguém sabe o que o futuro lhe reserva. Você poderá ser atropelada por um caminhão amanhã. Estou aqui agora, Donna, bem à sua frente.

Estava mesmo. Mas à minha frente estava também meu pior medo: perder o amor da minha vida, meu amparo.

Naquela noite, ele voltou com duas aquarelas que tinha feito para mim e colocou-as no quarto, ao pé de nossa cama, pois assim seriam a primeira coisa que eu veria ao acordar. Uma era um sinal de "mais" em amarelo brilhante; a outra, um sinal de "menos" em preto.

— Você pode olhar a vida de uma maneira ou de outra, Donna — explicou ele. — A escolha é sua, lembre-se sempre disso.

Essas pinturas ainda são a primeira coisa que vejo ao acordar.

Durante todo esse período, Stephan se ocupou intensamente do futuro da empresa. Desde que havíamos nos tornado uma companhia de capital aberto e ele tivera seu diagnóstico, eu lhe dizia com frequência:

— Você não pode me deixar com esse encargo —, referindo-me aos acionistas, aos diretores e a outras dores de cabeça que surgem quando se dirige uma empresa de capital aberto. David Bressman, que integrara o conselho-geral da Donna Karan International, era agora nosso advogado e trabalhava diretamente com Stephan. David chamou Gail Zauder, diretora administrativa no Credit Suisse First Boston, e os três puseram as mãos à obra, procurando uma solução para o problema de nossa empresa de capital aberto.

— É o tipo de problema — explicou David — que exige cirurgia, não remédios.

Não participei da negociação pela qual nossa companhia foi adquirida pela LVMH Moët Hennessy-Louis Vuitton, mas fiquei entusiasmada. A LVMH era o santo graal dos produtos de luxo, com a experiência, os recursos e a escala global de que precisávamos para levar adiante nosso negócio. No nível pessoal e criativo, não consigo deixar de lembrar que uma de nossas primeiras fotos mostrava Rosemary saindo de um avião com um monte de bagagens. Tudo o que pensei foi:

— *Ah, finalmente vamos ter uma coleção de malas apropriada!*

Stephan me fez ir a Paris para tantas reuniões que minha amiga Bonnie Young pensou que eu estava tendo um caso, pois eu me recusava a contar o *motivo* de interromper nossas viagens de compra de tecidos a Milão e dar aquelas escapadas rápidas até a França. No instante em que conheci Yves Carcelle, presidente do LVMH Fashion Group, fiquei encantada. Ele tinha um Buda impressionante em sua casa e convenci-me de que nossa parceria havia sido decretada pelo destino. A certa altura, para garantir o sigilo de nossas conversas, levamos Yves para o Como Shambhala, em Parrot Cay. Todos juramos segredo. Mesmo eu, famosa por não pensar muito antes de falar, compreendi que não se pode ficar tagarelando por aí quando está em jogo uma empresa de capital aberto. Não disse nada a ninguém, nem mesmo a Patti.

Quando voltei a Nova York, Patti entrou em minha sala e disse:

— Donna, tive uma experiência muito esquisita. Fui consultar aquela nova vidente, Susan King. E ela me disse que uma boa amiga minha, usando um rabo de cavalo parecido com o meu, mas de cabelos pretos, estava na praia em companhia de um homem doente, um francês e um italiano baixinho de óculos. Disse ainda que havia papéis envolvidos. Balancei a cabeça: não, não, não! Mas a vidente tinha certeza do que estava me contando.

O italiano de óculos não se encontrava em Parrot Cay conosco, mas era obviamente Pino Brusone, o diretor administrativo da Armani, que se juntaria a nós tão logo a LVMH assumisse o controle. Conheci Pino por intermédio de Christina Ong anos antes. Gostei muito dele e quis desesperadamente que trabalhasse conosco — pois agora esse sonho se tornava realidade!

— Meu Deus, isso é loucura! — exclamei, espantada com a precisão da vidente. — E ela disse mais alguma coisa?

— Não — respondeu Patti. — Mas escute: estou cansada de pagar videntes que só falam sobre você.

Depois que o negócio com a LVMH veio à tona, Susan King se tornou nossa vidente de plantão para assuntos pequenos ou de grandes proporções.

Operação Karma — foi assim que denominei nossas negociações secretas. A compra de nossa companhia pela LVMH passou por várias etapas e o processo demorou mais de quatro meses. Primeiro, eles adquiriram o Gabrielle Studio, a parte mais valiosa porque detinha nossas marcas, por 450 milhões de dólares. A segunda etapa foi comprar as ações da Donna Karan International por 8,50 dólares a apólice. Havia ainda o projeto de adquirir nossa loja no número 819, da avenida Madison, o que me fez suspirar de alívio: afinal, eu é que havia pagado por ela e agora um enorme peso financeiro sairia de meus ombros. Eu seria *designer*-chefe e manteria o controle criativo. Houve muitas outras cláusulas e condições, mas essas é que me interessaram na época.

Quando fui assinar os papéis definitivos no Skadden, Arps, Slate, Meagher & Flom, o escritório de advocacia que representava o Gabrielle Studio, a sala de reuniões estava apinhada de executivos, advogados e banqueiros. Viam-se pilhas de documentos arranjados meticulosamente em volta da mesa. Stephan já tinha assinado tudo e não estava lá. Eu cheguei um pouco atrasada, vestindo como sempre minhas várias camadas de *cashmere*.

— Bom dia a todos — cumprimentei, animada. — Escutem, acabo de ligar para minha vidente e, segundo ela, Mercúrio está retrógrado, o que é uma péssima ocasião para assinar qualquer tipo de contrato. Podemos adiar por algum tempo? — (Graças a Deus, Stephan não se encontrava lá!)

A sala ficou em silêncio por alguns instantes. Por fim, Eileen Nugent, nossa advogada especialista em fusões e aquisições, que havia trabalhado com Stephan, Gail e David, limpou a garganta e disse:

— Donna, posso falar com você em particular?

Pôs um braço em volta de meus ombros e levou-me para um canto. Um minuto depois, eu pegava a caneta e assinava todos os papéis que iam sendo colocados diante de mim.

— O que ela lhe disse? — perguntou David mais tarde.

— Disse-me literalmente: "Este é o negócio mais foda que já vi em toda a minha carreira. Agora sente-se e assine os papéis. *Agora!*" Juro que ela estava canalizando meu marido.

À noite, em nosso apartamento da rua Wooster, Stephan e eu revíamos os comunicados à imprensa e outros detalhes sobre o negócio, a serem anunciados no dia seguinte, quando Bonnie Young, que morava perto, ligou:

— Donna, posso ir aí? Preciso de um favor.

— Qualquer outra noite, menos esta, Bonnie. Sinto muito.

— Tem de ser hoje. Vou me casar amanhã e você é a única testemunha cujo nome quero ver em minha certidão.

Bonnie ia se casar com o fotógrafo Luca Babini, pai de seu bebê. Ia dar à luz a qualquer momento. Pedi que ela subisse imediatamente, assinei a certidão e mandei-a embora.

No dia seguinte, 17 de dezembro, diante de centenas de funcionários, anunciamos duas coisas: Bonnie Young se casara e nós havíamos negociado a venda da empresa à LVMH.

A imprensa noticiou e, naturalmente, diretores e acionistas ficaram furiosos. Com a venda do Gabrielle Studio, proprietário de nossas marcas, as ações sem dúvida despencariam. Um acionista nos processou. Ninguém estava satisfeito com a oferta de 8,50 dólares da LVMH por ação. Só um ano depois (e então Stephan já se fora) é que a LVMH e os acionistas concordaram com o valor de 10,75 dólares, o que finalizou o negócio. Em novembro de 2001, mais de quatro meses após a morte de Stephan, a aquisição estava completa. A LVMH agora possui a Donna Karan International inteira.

Yves Carcelle, que negociou o acordo com Stephan (e morreu de câncer nos rins em 2014), mais tarde escreveu um belo texto sobre o que aconteceu naquela ocasião:

Foi com Stephan Weiss que eu mais gostei de negociar. É estranho dizer isso, pois negociações não são nada fácil. As pessoas se sentam à mesa com diferentes propósitos, diferentes graus de egoísmo e, nem é preciso dizer, a esperança de ganhar dinheiro. Entretanto, minhas negociações com Stephan sobre a marca Gabrielle Studio e depois as aquisições da Donna Karan International foram de uma qualidade muito superior ao que eu esperava.

Stephan era um homem inteligente e, ao mesmo tempo, respeitava muito os outros. Era um negociador extraordinário porque se dispunha a ouvir realmente o interlocutor, a entender seu ponto de vista. Lembro-me de estar sentado na sala com ele, revendo uma lista de cinco ou dez pontos estabelecidos pelos advogados e banqueiros. "Stephan", disse eu, "estes são os pontos que eles apresentaram." Após cada ponto, sua resposta era sempre a mesma: "Me dê um minuto", seguida de trinta ou quarenta minutos de silêncio concentrado. Por fim, ele dizia: "Acho que é justo". Ou: "Olhe, compreendo sua posição, mas tenho um problema. Vamos achar uma solução". E achávamos. Aquela negociação era bem diferente da maioria, onde paixões explodem, pessoas tiram conclusões apressadas e a gritaria começa... Só lamento não ter convivido com ele por mais tempo.

Havia muito a comemorar, é claro. Mas também um gostinho amargo naquele acordo com a LVMH. Stephan fez o que sabia fazer melhor: cuidar de sua família. Salvou-me do pesadelo que é uma empresa de capital aberto e deu a nossos filhos uma segurança a longo prazo. Na verdade, estava pondo seus negócios em ordem antes de dizer adeus.

22 | O ÚLTIMO NATAL

Feito e anunciado o acordo com a LVMH, podíamos voltar a cuidar de nossas vidas. O Natal se aproximava. Seria um ano de fartos presentes.

Naquela primavera, sentei-me com a *designer* Donatella Versace no Met Gala, o grande baile anual apinhado de celebridades do Costume Institute do Metropolitan Museum.

— Donna, o que é isto em sua mão? — perguntou ela com seu *sexy* sotaque italiano.

— Meu anel — respondi, orgulhosa, exibindo o enorme topázio de que tanto gostava.

— Querida, isso não é um anel — corrigiu Donatella. — *Isto* é que é. — Estendeu a mão e fez faiscar o maior diamante que eu jamais vira em minha vida.

Em casa, contei o caso a Stephan, e ele, sem dúvida, tomou mentalmente nota do que acabava de ouvir. Pouco antes do Natal, presenteou-me com uma bolsinha de feltro preta. Dentro, havia um conjunto de cinco ou mais anéis finos, incrustados de diamantes e em estilo clássico. Fiquei encantada ao colocá-los nos dedos, um por um.

— Não é só isso — disse ele.

Vasculhei na bolsinha e minha mão tocou... literalmente uma rocha. E dali saiu um anel com o que parecia uma pedra de gelo em cima: catorze quilates, conforme eu soube mais tarde. Quase gritei — não de excitação, mas de medo. Era ridiculamente grande, fora de meu estilo. Por anos, eu tentava escondê-lo com luvas compridas ou virar a pedra na direção da palma. Não conseguia fazer as pazes com algo tão espalhafatoso. Mas, naquele momento, o sorriso feliz de Stephan eliminou todas as dúvidas e senti apenas gratidão.

Eu também tinha de aprontar das minhas, é claro.

— Vou superar você com alguma coisa ainda maior — saí cantarolando pela casa. Mas esperaria o Natal para lhe dar.

Fomos, a família inteira, para Parrot Cay, onde comemoraríamos o Natal, e ficamos em nossa *villa* de sempre, o Bangalô 118 do Como Shambhala. Gabby levou seu namorado Gianpaolo, de quem Stephan gostava muito (embora questionasse aquele relacionamento, pois Gianpaolo era piloto da Alitalia e os dois estavam separados pelo Atlântico). Yves Carcelle também apareceu com sua família. Divertimo-nos a valer, festejando e relaxando sob o sol.

Então, dei a Stephan seu presente. Levei-o para um canto da praia frente a um vasto terreno inculto.

— Feliz Natal — cumprimentei-o, de braços abertos.

— O que estou vendo?

— Dez acres. O local de nossa futura casa. — Sorri com gosto. — Você disse que tínhamos de ser otimistas.

Ele estava perplexo.

— Como conseguiu? — perguntou. Mas logo sacudiu a cabeça. — Esqueça, não quero saber.

Eu estava orgulhosa de mim mesma.

— Não disse que ia ganhar de você? — provoquei-o.

— Prometa-me uma coisa, Donna — disse ele, abraçando-me. — Vamos construir aqui uma casa para a família. Grande o bastante para abrigar todo mundo, inclusive nossos futuros netos. Gabby e Gianpaolo me parecem muito responsáveis, apesar do pequeno problema geográfico.

Por um instante, esqueci todas as minhas preocupações e imaginei que tudo iria acabar bem.

No Como Shambhala sempre havia uma incrível festa de Ano-Novo com ceia, dança e fogos de artifício (hoje, a ceia é em minha casa), e a passagem de 2000 para 2001 não foi exceção. Bruce Willis e Keith Richards competiram como DJs. A certa altura, George Harrison, dos Beatles, trouxe um velho toca-discos e assumiu o posto. Stephan e George eram amigos e descobriram que enfrentavam o mesmo problema: George tivera câncer de garganta e a doença voltara, dessa vez nos pulmões. No dia seguinte, os dois deram um longo e sentimental passeio pela praia. Posso imaginar o que disseram. Nenhum dos dois viveu mais um ano.

Depois que voltamos para Nova York, Stephan foi piorando cada vez mais. Quase todo o seu cabelo caiu e os fios que ficaram eram brancos. Sua respiração se tornou mais difícil e precisávamos dos balões de oxigênio sempre por perto. Ro Cappola, uma enfermeira oncologista de quem Stephan se tornou amigo após sua segunda cirurgia no Memorial Sloan Kettering, permanecia em contato conosco e às vezes passava algum tempo em nossa casa. Morena, ítalo-americana que vivia brigando com o peso, Ro (de Rosemarie) era uma autêntica personagem de Nova York com seu senso de humor franco e direto. Stephan tinha confiança total em Ro, fazendo tudo o que ela dizia ou recomendava. Sua presença era profundamente reconfortante para todos nós.

344 DONNA KARAN

Eu estava uma pilha de nervos. Corey, que ia a todas as consultas com o pai, contou-me o que o médico principal confidenciara: não havia mais nada a fazer. Que droga! Como dizer a alguém que perca a esperança? Furiosa, liguei para minha amiga Evelyn Lauder. Em 1992, Evelyn tinha fundado o Evelyn H. Lauder Breast Center no Memorial Sloan Kettering. Essa mulher maravilhosa e sensível me pôs na mesma hora em contato com o chefe do hospital. Imediatamente um novo médico nos foi indicado.

Um novo médico, é claro, não poderia fazer com que a quimioterapia funcionasse melhor. A diferença era que ele nos tratava como gente. Quando estamos doentes e assustados, precisamos é disto: compaixão, dignidade, solidariedade, apoio. Stephan sabia que a quimioterapia não estava funcionando. Não falávamos sobre o fato de ele estar morrendo, mas era o que acontecia diante de nossos olhos. Olhar para ele me angustiava. Parecia ter envelhecido quinze ou vinte anos de repente. Encolhera. A energia escapava de seu corpo. Já não era mais o meu Stephan.

Gabby, que morava a um quarteirão de nós, no centro da cidade, passava o dia ao lado dele. Stephan era seu pai, seu rochedo de Gibraltar (ao contrário de sua mãe, que viajava constantemente e trabalhava o tempo todo). Gabby se deitava com ele, fazendo-lhe companhia enquanto viam *Jornada nas Estrelas* e filmes antigos. Quando Stephan estava forte o bastante, Gabby o levava ao estúdio. Gianpaolo, que vinha a Nova York sempre que podia, também passava algum tempo com ele no estúdio, permitindo que Stephan o conhecesse melhor e o amasse.

Stephan assistiu ao meu desfile do outono de 2001, em fevereiro daquele ano. Nossa amiga, a dançarina Gabrielle Roth, precedeu-o a fim de protegê-lo, enquanto ele abria caminho cuidadosamente pela multidão que enchia a sala. Quando, ao término da apresentação, apareci para agradecer à plateia, literalmente não o reconheci.

Em comparação com toda a saúde e as cores que davam vida à sala, ele parecia a morte.

Stephan tinha a seu crédito a vontade de viver. Estava muito entusiasmado com uma nova série de esculturas em que vinha trabalhando, intitulada "Maior que a Vida" (uma coleção de peças em bronze de duas toneladas que representavam um sapato, uma maçã, um cavalo, um rolo de filme e assim por diante) e às vezes ia com Corey até uma fundição no norte do estado que deveria produzi-las. Continuava a passar todo o seu tempo livre com Gabby, que não saía do seu lado.

Um dia, houve um terrível incêndio no quarteirão vizinho e os bombeiros locais precisaram usar nosso apartamento para se aproximar mais com suas mangueiras. Stephan e Susie, nossa amiga e *chef* de cozinha, deixaram-nos entrar e insistiram em dar-lhes alguma coisa para comer. Aquela brigada toda — exatamente aqueles homens — morreu no 11 de Setembro.

No início de 2001, Stephan e eu decidimos renovar nossos votos. Como queríamos toda a família conosco, esperamos até o meio de abril, começo da primavera. Alugamos um avião e trouxemos alguns convidados mais íntimos: as crianças, Barbra e Jim, Jane Chung e seu marido, Mack. Durante o voo, Barbra ensinou nosso neto Etan a jogar buraco.

A cerimônia ocorreu ao pôr do sol, em nossa propriedade. Todos nos vestimos de branco e um homem muito alto, muito engraçado da ilha, oficializou a cerimônia. Chegar ao local era difícil e Stephan levou seu balão de oxigênio consigo. Quisemos que a cerimônia fosse curta e cheia de amor: era uma celebração da vida que havíamos criado juntos, de mãos dadas. Todos choravam histericamente, e eu mais que todos.

Quando voltamos, procurei Susan King (a vidente que acertara tanto com Patti) para lhe perguntar quanto tempo eu ainda tinha com Stephan. E ela respondeu que o fim de semana do Memorial Day, já próximo, seria seu último em nossa casa de East Hampton.

Durante as primeiras semanas de junho, a respiração de Stephan foi se tornando cada vez mais difícil. Nosso oxigênio de casa já não bastava. Pensamos que ele estivesse com gripe e, para mantê-la sob controle, o levamos ao Memorial Sloan Kettering. Stephan levou seu caderno de esboços e seus pequenos modelos de argila. O quarto VIP no décimo nono andar parecia um apartamento-estúdio, com muito espaço para as visitas; havia até mesmo um quartinho para acompanhante. Ruthie, nossa agente de cura, foi conosco a fim de aplicar massagens e qualquer outra coisa de que Stephan ou eu precisássemos. Ro permaneceu ali o tempo todo, como nossa enfermeira particular, e se recusou a ir embora apesar das longas horas de plantão. A enfermeira-chefe da equipe, Ann Culkin, também se mostrou maravilhosa. E Stephan tratava-as muito bem, sempre brincando, rindo e fingindo paquerá-las. Disse-me várias vezes: "Não importa o que você faça, Donna, cuide das enfermeiras. Elas são heroínas aqui".

Mas eu, é claro, estava no meio de um projeto. No dia em que Stephan foi internado, levei as roupas para o quarto do hospital e modelei-as para ele, que gostava sobretudo das jaquetas de couro e camurça bem *sexy*.

Dia após dia, Stephan se tornava mais fraco. Foi taxativo em querer só a mim e às crianças no quarto: nenhum sócio, nenhum amigo, nenhum outro parente. Chamamos Gabby, que estava no Brasil escrevendo um artigo para a revista *Travel + Leisure* sobre um retiro Ashram Adventures. Ela voou para casa imediatamente. Tão logo chegou, começou a organizar nossas refeições, encomendando sushis e outros pratos no Sette Mezzo. Tinha o mesmo instinto de mãe judia que eu: quando estamos nervosas, queremos alimentar as pessoas.

Certo dia, a mãe de Stephan ligou dizendo que estava saindo de Long Island para visitá-lo. (Conto esta história porque ela já não se encontra entre nós.)

— Não quero vê-la — disse Stephan a todos nós. Não era por nenhum motivo ruim: amava a mãe, mas ela costumava deixá-lo maluco.

— Stephan, é sua mãe — ponderei. — Não podemos deixá-la de fora.

— Tenho uma ideia — adiantou-se Ro. — Stephan, você não se sente bem, certo? — Ele assentiu. — Então, se precisa de um sedativo, posso lhe dar um, forte o bastante para durar muito tempo.

Todos sorrimos.

A mãe de Stephan, é claro, veio e se sentou ao lado da cama. Mas Stephan se apagara como uma vela.

— Hilda — disse eu gentilmente —, ele vai dormir por algumas horas.

— Pouco importa — respondeu ela. — É meu filho. Vou esperar.

— Vai esperar muito — observou Ro. — Ele está realmente nocauteado.

Hilda permaneceu por mais algum tempo; porém, ao concluir que Stephan não despertaria tão cedo, foi embora. Ainda me sinto um pouco culpada por isso, mas se tratava da mãe dele, da decisão dele.

Stephan ditou todas as suas vontades — e em voz alta. Em uma ocasião, Ro e Anne estavam lhe dando banho, e ele, aparentemente, nem se dava conta do que acontecia. A música de Barbra tocava num estéreo e, de súbito, ele disse com plena lucidez:

— Não desejo morrer ouvindo a música de Barbra. — Não me entendam mal: ele adorava Barbra e sua voz (dizia que ela tinha um "Stradivarius" na garganta), só não queria que aquela fosse a última voz em seus ouvidos. Isso seria muito estranho. Stephan ficou muito animado de novo quando Luca, marido de Bonnie e seu companheiro de motociclismo, trouxe o capacete do amigo, que coloquei aos pés da cama. Stephan havia tomado morfina e ia ficando cada vez mais distante quando pareceu reconhecer o capacete. Por um minuto, ao menos. Em seguida, perdeu de novo a consciência. Talvez a dor me fizesse delirar, mas soube com toda a certeza em meu coração para onde ele havia ido: para uma alegre corrida de motocicleta. Senti sua energia deixar o quarto e tocar meus ossos.

— Mas então? — perguntei aos garotos. — Vamos ficar sentados aqui enquanto ele corre pelo mundo?

— Poderíamos vesti-lo e levá-lo para casa — sugeriu Lisa em meio a um acesso geral de riso. (Mencionei que estávamos tontos devido à privação de sono?) — Vocês sabem, como naquele filme, *Um Morto muito Louco*, em que vestem um cara morto e o carregam para todo lado. — Todos riram.

Menos eu. *Esperem aí*, pensei, *ela tem certa razão. Por que não levá-lo mesmo para casa? Que diferença faria?* Tentei achar um médico que o liberasse, mas não havia nenhum à vista. Resolvi me encarregar de tudo, peguei suas roupas e comecei a tirar sua camisola.

— Que está fazendo? — perguntou Ro.

— Levando-o para casa. É loucura ficar aqui enquanto ele viaja. Quem sabe quando voltará? — Eu falava a sério. Para que continuarmos todos ali naquele quarto de hospital se ele poderia muito bem se acomodar em sua própria cama? Mas, um instante depois, senti que ele voltava ao corpo; então Corey, Lisa, Gabby e eu prosseguimos na vigília sem fim. Lemos cartas que havíamos mandado para ele e eu não parava de beijá-lo.

Aos 13 anos, a filha de Lisa, Mackensie, era a única neta com idade o bastante para visitá-lo e ela apareceu por alguns instantes. Stephan e Mackensie usavam colares com a imagem de pegadas combinando, cada qual com o nome do outro gravado. As pegadas eram uma referência ao "urso preto", o Range Rover de Stephan em que os dois saíam para fazer aventuras.

Ele estava morrendo lentamente e nós todos sabíamos disso. Um dos médicos disse a Gabby que talvez Stephan não tivesse oxigênio suficiente para seu cérebro continuar funcionando. Ela se postou ao lado da cama, soluçando e segurando sua mão; e parece incrível, mas Stephan apertou a dela, abriu os olhos e disse:

— Não chore. — Até na hora mais sombria, cuidava de nós.

Na noite daquele sábado, dispensamos Gabby e Corey, para que descansassem um pouco em casa. Lisa e eu seguraríamos as pontas. Stephan, a essa altura, já estava em coma, e Ro nos disse que o fim estava próximo; seus órgãos iam parando de funcionar.

Na manhã seguinte, ela nos despertou:

— Chegou a hora.

Aproximamo-nos da cama. Lisa pousou a mão em seu peito para auscultar a respiração. Eu o acariciava, murmurando:

— Eu te amo, eu te amo, eu te amo. — E ele se foi.

Eu não queria deixá-lo. Essa era a parte mais difícil. Ro me aconselhou a ficar o tempo que quisesse, uma hora ou mais. Por mim, eles teriam de me arrastar para fora do quarto. Ligamos para Corey e Gabby, que já estavam a caminho. Corey afirmou que, ao passar pela ponte George Washington, sentiu alguma coisa perpassar seu corpo e soube naquele instante o que havia acontecido.

Gabby, que vinha acompanhada por Gianpaolo, agradecia por ter passado aquele momento com Stephan, antes do coma.

A cerimônia foi no jardim elevado do estúdio de Stephan na rua Greenwich. Era um belo dia ensolarado de junho e cerca de setenta pessoas compareceram. A família inteira se vestira de branco. Dois pombos brancos foram colocados no jardim. Barbra veio, como muitos de nossos amigos. Richard Baskin realizou a cerimônia. O rabino Sobel, que havia celebrado o nosso casamento, disse algumas palavras, seguido de mim, Corey (com sua esposa, Suzanne, e seu filho, Etan), Lisa, Gabby, David Bressman, Harvey, marido de Patti, e a editora Ingrid Sischy, que se tornara grande amiga de Stephan e também morava no Village. Lá fora, uns dez de seus colegas de motociclismo alinharam as Ducatis perto da dele, vazia, e com seu capacete em cima. Quando a cerimônia terminou, todos os rapazes acionaram os motores ao máximo, num tributo ao amigo. Soltamos os pombos e dissemos adeus a Stephan.

Estávamos todos nos abraçando e chorando quando algo muito inusitado aconteceu. O céu, até então claro, escureceu de súbito, como se fosse noite, e uma chuva tempestuosa desabou. *Stephan.* Ele estava conosco nesse dia, sem dúvida.

Após a cremação, dei uma pequena parte das cinzas de Stephan a cada um dos garotos, num saquinho, para que a colocassem no recipiente de sua escolha. Mais tarde, naquele verão, levamos suas cinzas para nossa praia em East Hampton e nos reunimos junto à minha pedra. Estávamos a ponto de espalhá-las quando vi Lisa esfregando uma pequena porção delas na pele. Logo todos fizemos o mesmo, no desejo de absorver fisicamente uma parte de Stephan. Foi um belo momento.

Reservei uma porção das cinzas para levá-las em viagem, de modo que ele estivesse sempre comigo. Espalhei um pouco em nossa propriedade de Parrot Cay. Gabby e eu levamos um punhado para a Europa a fim de espalhá-las perto da casa da colina de Andrea e Jean-Pierre. A certa altura, eu disse a Gabby:

— Rápido, tire papai do sol — eu o deixara ao ar livre, numa cadeira do pátio. De volta, parei em Paris — e, juro por Deus, esqueci-o num quarto de hotel! Mandaram-no para mim pelo correio, mas só o que pensei foi: *Stephan vai me matar!*

Ainda guardo comigo um pouco de Stephan. Estou tentando encontrar uma maneira de enviá-lo em sua última viagem: ao espaço. Nada o fascinava tanto. Mas, para dizer a verdade, não sei se poderia deixá-lo ir, mesmo agora. Sentada em seu estúdio, escrevendo estas palavras, sinto que ele está aqui, *neste* espaço, *seu* espaço... e, para sempre, em minha alma.

23 | QUEDA LIVRE

Depois que Stephan se foi, eu não sabia mais o que fazer de mim. Já não havia visitas ao hospital, memoriais a planejar; eu não tinha nada para organizar ou melhorar. Seria impossível voltar à antiga vida e eu não queria assumir a nova, qualquer que ela fosse. Eu me sentia no limbo, suspensa; tudo parecia inútil e pesado demais. Stephan fora minha rocha. Com ele, tudo ia bem. Permitia que eu fosse *eu*: criativa, avoada, desorganizada, maluca. Eu poderia ser eu sem Stephan? Estava em queda livre.

Stephan morreu em junho e, com Ruth e Susie, passei na praia o resto do verão. Não me encontrava com ninguém. A última coisa que desejava era ter de fingir que estava bem, quando não estava. Mas quis o destino que eu não ficasse só. É impressionante como a vida nos manda aquilo de que precisamos na hora certa. Três mulheres especiais cruzaram meu caminho naquele verão: Jill Pettijohn, Colleen Saidman e Sonja Nuttall.

Jill foi uma dádiva emocional. Eu a tinha conhecido meses antes em Los Angeles, por intermédio de amigos. Jill trabalhara como *chef* pessoal para Nicole Kidman, Tom Cruise e Drew Barrymore. Na época, eu lhe disse que estava tentando fazer dieta — a história de minha vida — e ela se prontificou a me ajudar. Mas pouco depois seu pai faleceu e Jill precisou adiar a viagem para me ver, só aparecendo em East Hampton logo após a morte de Stephan. Nascida na Nova Zelândia, de cabelos louros encaracolados, tinha o perfeito temperamento calmo de que minha casa necessitava. Além disso, ambas estávamos de luto. Ela me prescreveu uma dieta nova, com base no LifeFood, um regime nutricional criado por Annie e David Jubb, Ph.D., com quem havia estudado. É muito simples: consiste em comer apenas alimentos com sua força vital preservada, como verduras, nozes, sementes, grãos e frutas. Tudo tem de ser orgânico e integral. A fim de manter as enzimas intactas, nunca se deve cozinhar nada acima de 108 graus. Também pus de lado os alimentos "brancos": pão, arroz, trigo, massas, batatas e milho, para não falar de açúcar e laticínios. Perdi nove quilos (se acharem muito, deem uma olhada naquela lista!) e pude vestir de novo meus jeans mais apertados. Porém, mais do que isso, minhas energias se renovaram e começaram a desfazer a nuvem negra que me cercava.

Colleen Saidman foi outro anjo naquele verão. É proprietária do Yoga Shanti em Sag Harbor e uma amiga minha foi lá perguntar se ela conhecia alguém especializado em yoga "do sofrimento", se é que tal coisa existia. Colleen garantiu que ficaria feliz em trabalhar pessoalmente comigo.

Modelo exuberante e bem-sucedida, Colleen aderiu ao yoga para evitar, segundo disse, "ser julgada apenas por minha pele". Estudou com meus velhos amigos Sharon Gannon e David Life do Jivamukti e, como eu, estava em plena jornada. Sua busca espiritual levara-a por um ano à Índia, onde trabalhou com Madre Teresa no auxílio aos pobres, doentes e moribundos. Colleen e eu também tínhamos em comum o mestre yogue Rodney Yee. Christina Ong me havia apresentado a ele um ano antes. Rodney morava na Califórnia e dera uma aula particular em meu escritório durante uma visita a

Nova York. Colleen confessou-me que sentia uma forte atração por ele, mas ambos eram casados, tinham filhos e o caso não podia ir adiante. Graças a meu convívio com Stephan, eu sabia que às vezes o caminho para o verdadeiro amor é complicado. "Vamos trazê-lo aqui!", disparei, não hesitando em meter o nariz na vida dos outros. De fato o trouxemos e mais tarde eu soube que o primeiro beijo de verdade dos dois aconteceu bem na frente de minha casa.

A energia entre os dois era mais que óbvia durante nossa prática. Por fim, juntei as mãos de ambos e empurrei-os para um quarto em minha casa. "Entrem. Isso deve acontecer", disse eu, fechando a porta às suas costas. E aconteceu. Catorze anos depois, eles estão casados e apaixonados como nunca. Temos de acreditar em nosso coração, não importam as circunstâncias.

Conheci meu terceiro anjo por intermédio de minha amiga Maureen Doherty, a dona da Egg em Londres. Sua amiga, a *designer* Sonja Nuttall, estava se mudando para Nova York e Maureen me perguntou se eu podia recebê-la. Convidei-a então para uma visita a East Hampton. No mesmo instante adorei sua presença zen. Ela estava vestida toda de branco, o que contrastava maravilhosamente com sua pele morena. Falava devagar, numa voz profunda, suave e melodiosa. Eu não tinha nenhum trabalho para ela no momento, mas experimentamos uma conexão kármica e começamos a fazer planos. Ao contrário de minhas amigas casadas, Sonja era livre para viajar comigo, tanto para Parrot Cay, de modo que eu pudesse dar uma olhada na propriedade, quanto para a Europa, em missão de compras e inspiração, ou para Bali, minha morada espiritual. Depois que nos tornamos íntimas, Sonja consultou uma vidente e soube que, numa vida passada, tivera contato com Stephan e fora mandada para me consolar depois de sua partida. Não importa se as pessoas acreditam nisso ou não; o fato é que ela *realmente* me consolou. E agora eu tinha alguém com quem perambular por aí.

Eu achava ótimo ter amigas que namoravam, mas não eram casadas. Quando nosso marido morre, é constrangedor e triste conviver com pessoas que conhecemos como casais. Na companhia de Jill, Colleen e Sonja, eu não sentia a falta de Stephan porque nenhuma delas o havia conhecido. Aquele era um verão de cura. Eu continuava íntima como sempre de Barbra, Patti, Lynn, Linda Horn e Gabrielle Roth. Mas também estava forjando uma vida nova e aprendendo a ser Donna sem Stephan — palavras que jamais pensei pronunciar.

Voltar ao trabalho foi difícil. Nossos desfiles estavam programados para a primeira semana de setembro, ou seja, permaneci no ateliê, na cidade, pela maior parte de agosto. Sentia-me bem durante o dia; mas as noites eram terríveis. Ficava desenhando e rabiscando até tarde, pois não me animava a entrar em nosso apartamento vazio da rua Wooster. Tornei-me obcecada por nossa nova loja da avenida Madison, que deveria abrir no final daquele mês. Também elaborava planos para minha futura casa em Parrot Bay e supervisionava os últimos toques no novo imóvel do Central Park Oeste. Tinha dois desfiles e uma inauguração de loja com que me ocupar. Meu plano de sobrevivência consistia em continuar trabalhando, trabalhando, trabalhando.

Todos sabemos o que aconteceu no dia 11 de setembro, data do desfile da DKNY. O mundo mudou e eu mudei também. Diante de tantas mortes e da tragédia que atingiu Nova York, concluí que fora bom ter permanecido tanto tempo dando adeus a Stephan. Ele teve câncer por quase sete anos e esse tempo podia ser considerado uma bênção. As famílias daquele dia de setembro se despediram de seus entes queridos de manhã e nunca mais os viram. Antes que Stephan se fosse, eu dispus de muito tempo para conversar com ele, planejar com ele, contar com a ajuda dele e até me casar com ele novamente. Gostei também que fosse poupado do episódio das Torres Gêmeas: morávamos tão perto delas que seus pulmões não suportariam tanta poeira.

Apresentamos a coleção primavera 2002 em nosso *showroom*. Inspirados pelas esculturas fluidas de Stephan, demos-lhe o nome de The New Structure. Criamos, em arame, formas em 3-D que definiam e liberavam os corpos: estendemos tecidos transparentes e foscos, aerodinâmicos, sobre uma delicada estrutura de arame a fim de dar aos vestidos, saias e casacos um efeito flutuante. As jaquetas, em musselina grossa, adaptavam-se ao corpo, com zíperes e costuras aparentes. Introduzimos também o Flag Dress, uma peça solta com os ombros de fora e que parecia viva no corpo. Foi uma das últimas coleções que Louise Wilson fez conosco. Trabalhou como nossa diretora de criação desde 1998, quando Peter foi desenhar para a Cerruti em Paris. Louise era muito respeitada como professora de moda na Central Saint Martins em Londres (ajudou a impulsionar as carreiras de Alexander McQueen e John Galliano, entre outros) quando a convidei para se juntar a nós. A moda produziu inúmeras personalidades de destaque e Louise foi uma delas com seu humor agudo e críticas implacáveis. Permaneceu conosco por dois anos, antes de começar a viajar entre Nova York e Londres, onde moravam seu companheiro e seu filho. Mas isso se tornou cansativo. Eu iria sentir muita falta dela. Louise dirigia nosso ateliê como se fosse sua sala de aula. Dizia-nos tudo o que era preciso fazer e disso eu precisava tanto quando Stephan estava doente quanto agora, quando a morte dele havia me deixado em choque. Infelizmente, Louise morreu em

2014. Tinha 52 anos, a mesma idade de meu pai quando ele falecera, dois anos a mais que Anne Klein e um a mais que Liz Tilberis.

———————

Com o nosso novo proprietário, LVMH, veio também um novo presidente, Pino Brusone. Eu gostava de Pino, embora ele quisesse que eu fosse uma espécie de Armani. "Por que você insiste tanto no preto?", perguntou-me certa vez. Como responder à semelhante pergunta? Seria o mesmo que lhe perguntar: "Por que você fala com sotaque italiano?"

Pino se mudou para os Estados Unidos a fim de comandar nossa empresa, mas nunca se sentiu feliz aqui e eu podia compreendê-lo. Saiu um ano depois e, em 2002, Fred Wilson, que tinha sido presidente e CEO do LVMH Fashion Group America, tomou seu lugar. Achei Fred maravilhoso, um doce de homem. Mas aquilo significava outra mudança e eu estava enfrentando mudanças demais no momento. Tive até mesmo uma nova assistente executiva, Marni Lewis, que havia trabalhado com Christina Aguilera e Britney Spears. Ela ainda trabalha comigo na Urban Zen. Quando a entrevistei, Marni me fez uma pergunta intrigante:

— O que você valoriza mais na vida?

— Hein? — retruquei, perplexa. — O que você quer dizer?

— Que coisas são mais importantes para você? — continuou Marni. — Estive um tempo com Tony Robbins e ele nos aconselha a fazer essa pergunta às pessoas com quem talvez passemos a trabalhar em estreita colaboração.

Foi bom saber que ela pensava dessa maneira, mas eu precisava de alguns minutos para refletir sobre minha resposta. Então apresentei minha lista: Criatividade, Liberdade, Amor, Família, Saúde.

Depois de estar trabalhando comigo havia alguns meses, Marni fez a seguinte observação:

— Agora percebo por que você gosta tanto do trabalho, Donna. Seus valores se depararam com muitos obstáculos. — E percorreu minha lista. Amor: meu marido se fora. Família: crescera e se dispersara. Liberdade: eu me reportava a novos patrões. Saúde: o estresse estava literalmente me deixando doente. — Restou apenas a Criatividade — concluiu ela. — E você a obtém do trabalho.

Marni estava certa. Na época, nossa nova loja era minha única fonte de alegria pura. Era meu lar fora do lar. Eu adorava passar o tempo nos provadores com minhas clientes e ficar na minha "lojinha", onde vendíamos objetos trazidos de minhas viagens. Era minha primeira exigência na Urban Zen e, no acordo com a LVMH, exatamente o que chamamos de porção não Donna Karan da loja. Stephan sugerira essa cláusula. Sabia que grande vendedora eu era e como gostava de criar produtos novos; por isso, não desejava que essa seção ficasse presa às finanças da loja. Foi mais um presente que me deu antes de partir.

Voltei a Sun Valley no final de março de 2002 com meus bons amigos Linda Horn, Lynn Kohlman, o marido de Lynn, Mark, e seu filho adolescente, Sam. Iríamos ficar na casa de Richard Baskin enquanto ele estivesse fora. A pedido de Richard, seu amigo Steve Reuther iria nos apanhar no aeroporto. Eu não conhecia Steve e simpatizei muito com aquele homem amistoso, bonito e solteiro, com longos cabelos grisalhos. Era produtor cinematográfico e achei bom que ele tivesse uma ligação com Los Angeles. Infelizmente, as coisas não saíram como eu esperava. Deveríamos nos encontrar um dia no alto de uma montanha, mas eu soube que ele fora praticar *heli-skiing* com outra mulher. Quando contei isso a meu instrutor de esqui, Grady Burnett, ele perguntou:

— E se eu levasse *você* para praticar *heli-skiing*?

Linda era contra a ideia.

— É muito perigoso, Donna. Você não tem experiência o bastante.

Mas falta de experiência foi coisa que nunca me deteve. Eu estava me saindo bem, subindo e descendo pelas encostas. Mas era o começo da primavera e, em nossa última corrida, a neve começava a derreter-se por causa do calor. Naturalmente, eu caí — e não pude me levantar (e, sem dúvida, isso aconteceu depois de Grady dizer: "Cuidado, preste atenção"). Tiveram de me levar dali carregada e a última coisa que vi foi Lynn Kohlman encostada numa árvore. Ela e mais cinco outros esquiadores, entre eles o secretário de Estado John Kerry, tiveram de permanecer na montanha por no mínimo mais uma hora, até que o helicóptero os buscasse. Meu joelho direito estava gravemente fraturado — fratura do planalto tibial — e precisei fazer uma cirurgia em Nova York alguns dias depois. Foram implantados sete parafusos e fiquei numa cadeira de rodas por um tempo que me pareceu infinito. Só então percebi que precisávamos de rampas em nossa loja, bem como corrimões e um elevador — detalhes que eu não havia levado em conta durante a construção. Também compreendi por que Stephan valorizava tanto suas enfermeiras e cuidadoras. Elas facilitam tudo quando você está impossibilitado de agir por conta própria.

———————

Então, em setembro, aconteceu algo que me fez encarar todos os meus problemas sob uma nova perspectiva: Lynn recebeu o diagnóstico de câncer no seio direito. Imediatamente chamei minha amiga Evelyn Lauder, que arranjou as coisas para Lynn no Memorial Sloan Kettering, onde ela passou por uma mastectomia um mês depois. Durante o procedimento, os médicos descobriram que o seio esquerdo também tinha áreas suspeitas. Minha melhor amiga, forte e corajosa, resolveu fazer uma dupla mastectomia, seguida de quimio-terapia. Ficamos arrasados. Como aquilo podia acontecer? Mas, frente ao câncer, reunimos todas as nossas energias e decidimos enfrentá-lo até o fim. A mãe de Lynn teve câncer de mama com cinquenta e poucos anos e viveu mais trinta anos. Dizíamos uns aos outros que o mesmo aconteceria a Lynn.

Eu a acompanhava, e a seu marido, Mark, em todas as consultas. E permaneci a seu lado durante as cirurgias. Pedi a Jill Pettijohn que cuidasse dela, inclusive cozinhando. Mas, principalmente, procurei mantê-la sempre rindo com minhas histórias bobas. Mostrei-lhe fotos do Halloween, onde eu aparecia vestida de ciclone humano (bem apropriado, não?), com Gabby envergando os mesmos trajes, cheios de franjas, um vestido Cold Shoulder e muitas joias de ouro. Contei-lhe que Barbra me fez procurar um modelo de bolsa Prada por toda a Europa e como, havia pouco, eu não tinha deixado meu avião aterrissar porque estava assistindo a uma parte muito boa da série *24 Horas*. "Juro, Donna", disse ela, rindo de minha última travessura, "você é *absolutamente fabulosa*. Se as pessoas soubessem..."

De novo, enfermidade e nascimento surgiram de mãos dadas. Quando começava a cair a ficha da doença de Lynn, Gabby anunciou que estava grávida de Gianpaolo e que eles queriam se casar. Me senti nas alturas. Já era avó cinco vezes, mas agora *meu* bebê ia ter um bebê. Era um novo nível de bênção. Eu adorava Gianpaolo. Bonito, amável e despretensioso, lembrava-me muito Stephan. Também era de Virgem. E, como Stephan, pouco se impressionava com meu mundo, do qual ignorava tudo. Eu havia conhecido Gianpaolo três anos antes. Na primeira noite, levei-o a uma festa de aniversário nada convencional. As pessoas se amontoavam no bar. Depois, convidei-o para um restaurante onde os garçons eram travestis (juro, não foi intencional). A noite seguinte foi no Metropolitan. O único terno

362   DONNA KARAN

que ele tinha era seu uniforme de piloto da Alitalia; empurrei-o então para nosso escritório de publicidade, onde o vestimos adequadamente, enquanto o táxi esperava à porta.

— Gabby, por que o nome de sua mãe está em todos os lugares neste prédio? — admirou-se ele. O jovem piloto de Nápoles não fazia ideia de quem eu era, e Gabby deixou as coisas assim pelo maior tempo possível. Uma hora depois, caminhávamos pelo tapete vermelho, rodeados de celebridades. Gianpaolo não percebeu nada, mas saiu-se com desenvoltura e graça, como Stephan faria.

Gabby foi peremptória em relação a seu casamento:

— Mamãe, quero uma cerimônia simples, como a sua e de papai na praia de Parrot Cay. Bem íntima. E quero também um vestido como o seu. — Fiz então para ela um vestido como o meu: simples, rodado, perfeito para uma mulher grávida. Gabby odiou. — Gostaria de um mais parecido com o de Barbra — disse. — Só para a praia.

Essa foi a primeira pista de que aquela não seria a cerimônia despojada, despretensiosa, que Stephan e eu tivemos. Não havia nada de simples no vestido que eu havia desenhado para Barbra, em 1988, para seu casamento com Jim. Eu estava num retiro de silêncio quando Barbra me encontrou e me pediu o vestido.

— Vamos lá, Donna — disse ela ao telefone. — Só eu falo; você desenha em silêncio.

Barbra tinha uma ideia tão clara do que desejava que quebrei o voto de silêncio e respondi:

— Você desenha um e eu desenho outro. Faço os dois e você escolhe.

Ela me enviou vários esquetes, que estudei em silêncio.

Após o retiro, voei para a casa de Barbra em Malibu com nossa autoridade em costura, Nelly Bidon, e fizemos provas com a musselina, e voltamos quando o tecido chegou (as pérolas foram aplicadas à mão na Índia). Meu desenho era um modelo de renda com cristais e pequenos diamantes cor-de-rosa; o de Barbra era de renda Chantilly com pérolas minúsculas e diamantes. O meu envolvia o corpo; o dela era mais folgado. Mas dois vestidos eram pouco para Barbra escolher. Descobri mais seis em seu *closet*, que ela vira na internet e devolveria mais tarde. Barbra escolheu o meu e o terminamos com uma grinalda de flores entrelaçadas manualmente sobre um véu semeado de pérolas. Essa foi uma das mais complicadas peças de costura que jamais fiz e Barbra parecia deslumbrante.

Tivemos um mês para planejar o casamento de Gabby, em dezembro de 2002. É impressionante como se pode planejar uma cerimônia ridiculamente absurda em tão pouco tempo. Pois era isso mesmo: uma festa à fantasia sem regras na praia, sob as estrelas. Primeiro, aluguei um avião grande para levar nossos cem ou mais convidados a Parrot Cay. Escolhemos o Como Shambhala e alguns convidados tiveram de ficar numa ilha próxima. Quando nosso barco entrou no porto, um belíssimo arco-íris o envolveu, o que considerei um abraço de Stephan. Na noite anterior ao casamento, fizemos uma fogueira em nossa propriedade e todos vestiram suas roupas mais coloridas, mais berrantes, em contraste com o branco geral que imperaria no dia seguinte.

Falo sério quando digo *branco geral*. A *chuppah* era formada por centenas de orquídeas suspensas, que caíam até o chão. A ala de seda tinha pétalas de rosas brancas pelo piso. O bolo Sylvia Weinstock, trazido de avião de Nova York (decorado com orquídeas brancas feitas de açúcar), foi um remate perfeito para os frutos do mar vindos do restaurante Nobu, em Londres, um presente dos Ong. E, é claro, todo mundo estava de branco. Tudo muito bonito, puro e fresco.

364 DONNA KARAN

Mas de volta ao vestido de Gabby. Grávida de cinco meses, ela queria parecer sensual e esguia, de modo que criamos um um micromini vestido-camisola com uma esfuziante cauda de tule com lantejoulas. Levou muito tempo para fazermos as aplicações, pois isso não poderia ser feito na Índia. (Ao contrário, *meu* vestido-envelope de seda ao estilo grego só exigiu uma noite.) Fiquei incrivelmente chateada quando Gabby, na pressa, se vestiu sem minha ajuda. Eu não parava de chorar. Sim, sei que isso parece dramático demais; porém, como toda mãe, eu queria desfrutar daquele momento. Gianpaolo ficou satisfeito com o poncho branco que fiz para ele. Arrematado com uma jaqueta branca e uma camisa justa, fazia-o parecer bem *sexy*, bem ao estilo de Parrot Cay.

Por falar em quente, o dia estava *pelo menos* tão quente quanto o de meu primeiro casamento com Stephan. A umidade era opressiva, embora nenhum de nós se incomodasse com isso enquanto festejávamos noite adentro. Gabby removeu a cauda de seu vestido para dançar com mais desenvoltura e Nelly teve de costurá-la de novo no dia seguinte para as fotos. E lá estava Lynn, com seu sorriso largo, fotografando. Encerramos a noite com um espetáculo mágico de fogos de artifício, ao som vibrante de *Madame Butterfly*. Foi um pouco demais, mas não deixou de ser perfeito. Nem consigo imaginar o que os parentes de Gianpaolo pensaram de tudo aquilo, a começar pela família em que seu filho estava entrando. Cerca de trinta deles tinham vindo da Itália, numa viagem de dezesseis horas. Meu italiano não é dos melhores, de modo que só consegui me entender um pouco com seu pai. Entretanto, se os sorrisos deles queriam dizer alguma coisa, estavam se divertindo a valer.

O dia foi cheio de emoções para mim. Meu passado e presente podiam ser vistos nos rostos de nossa família e amigos, mas ainda assim me sentia profundamente só enquanto caminhava pelo corredor da igreja. Stephan continuava em meu coração; mas eu ansiava por sua presença física.

Voltei a Nova York e ao trabalho. Yves Carcelle pedira a Peter Speliopoulos para substituir Louise como diretor de criação. Depois de quatro anos em Paris, Peter queria voltar para casa, pois sua companheira de longa data morava em Nova York. Nossa primeira coleção com essa mudança ocorreu no outono de 2003. Foi icônica, quase toda em preto e marfim (desculpe-me, Pino). Baseava-se — surpresa! — em The Body and The Suit. Começamos o desfile com The Body: *bodies* e vestidos. Fundimos aberturas com bordas prateadas, moldadas, esculpidas por Robert Lee Morris, em jérsei drapeado para expor partes dos ombros, costas e quadris. Para The Suit, redefinimos a roupa executiva com um *tweed* elástico, corte moldado e casacos ajustados. O desfile encantou tanto os revendedores quanto a imprensa. O Style.com escreveu: "Com seu patrão (Bernard Arnault, *chairman* da LVMH, em uma de suas raras aparições nos Estados Unidos) e uma nova safra de executivos sentados na primeira fila, Karan apresentou uma coleção sensual e agressiva com referências a seus próprios *designs* revolucionários de duas décadas atrás". A atriz Cate Blanchett desfilou nessa campanha: era a mulher perfeita para comunicar a alma e a força das roupas.

— Sinto-me como Frida Kahlo — disse Lynn certa vez, entrando em meu ateliê. — Vivo em perpétuo sofrimento e queixas, noite e dia.

O cirurgião havia colocado expansores sob os músculos de seu peito, após a dupla mastectomia, para preparar a reconstituição das mamas. Quanto mais magra é a pessoa, mais dolorido é esse procedimento e Lynn continuava tão esguia quanto em seu tempo de modelo. Ela contraiu então uma terrível infecção e precisou ser hospitalizada. Renunciando à ideia de reconstituição, os médicos retiraram os expansores e Lynn fugiu comigo para Parrot Cay, para um retiro de yoga com Rodney Yee. Em Parrot Cay, Lynn acordou com a cabeça girando e vendo todos os tipos de cores brilhantes saindo de seu corpo. Rodney e eu ficamos perplexos.

— Você está tendo uma ascensão de kundalini! — exclamamos juntos.

A ascensão de kundalini é uma explosão de energia que percorre os chakras, geralmente precipitada pelo yoga ou a meditação, coisa que vínhamos fazendo o tempo todo. O único problema é que isso continuou o dia inteiro. Por fim, chamei a doutora Susan Bressman, neurologista e esposa de meu advogado David, que me pediu para levar Lynn para casa imediatamente.

Dias depois, soubemos que Lynn tinha câncer no cérebro, estágio IV. Sem relação com o câncer de mama, era um tumor primário e exigia uma cirurgia muito agressiva para ser retirado. A operação foi marcada para 11 de abril, justamente a data em que eu faria um *lifting* facial. (Eu estava com 54 anos, solteira, e graças à dieta com alimentos crus e ao yoga, meu corpo continuava em boa forma. Mas, com a perda de peso, meu rosto emagreceu. Eu precisava de algo para corrigir isso.) Pedi a meu médico, Dan Baker, que remarcasse.

— Não vá cancelar agora — recomendou ele. — Deixe-me falar com sua amiga.

Ligou para Lynn e ambos concordaram que ela fotografaria minha cirurgia antes da sua. Dan parecia saber que mantê-la ocupada era o melhor remédio. Conforme o combinado, Lynn me acompanhou, de câmera na mão. Só pôde permanecer por metade do tempo de meu *lifting* facial. Em alguma gaveta por aí ainda conservo as fotos. Bom material para chantagem: tomara que ninguém jamais o encontre.

Lynn fez sua cirurgia no cérebro, o que a deixou com 39 grampos de metal em linha curva no lado da cabeça. Mas se alguém podia fazer com que 39 grampos metálicos na cabeça parecessem bonitos, era Lynn. Na verdade, duas semanas depois, um garoto lhe perguntou na rua onde ela tinha feito aquele corte de cabelo tão irado. "No Sloan Kettering, com o doutor Hollander", foi sua resposta.

Em recuperação, fomos passear na avenida Madison, ambas de chapéu. Eu queria dar a ela um par de botas Ann Demeulemeester, numa espécie de terapia de compras; essas botas estavam em sua lista de aquisições e pareciam coisa fácil de obter. Mas não havia mais no estoque. "Por favor, mande-as para nós! Vamos tirar fotos na semana que vem com Steven Sebring", disse eu, aludindo ao famoso fotógrafo de moda. A garota sem dúvida pensou que éramos loucas, eu com o rosto inchado, Lynn com seu corte punk. Mas fizemos assim mesmo as fotos, duas semanas após nossas cirurgias. Steven, que é um grande amigo, tirou uma série de instantâneos de nós duas em minha casa de East Hampton. As fotos em branco e preto são intimistas, rústicas e bonitas. Estou vestindo um lenço de *cashmere*, e Lynn, as tais botas, jeans e pouca coisa mais. Pensamos em escrever um luxuoso livro intitulado *Scarred* [Marcadas por Cicatrizes], um estudo contrastante de cirurgias que afirmam e salvam vidas. Mas tivemos de esquecer a ideia quando, apenas três semanas depois, o tumor de Lynn voltou, exigindo quimioterapia e radioterapia. Mas ela sobreviveu e, como Stephan, iniciou a dura jornada de conviver com o câncer.

A vida me deu outro empurrão emocional. Enquanto Lynn se recuperava da segunda cirurgia no cérebro, Gabby entrava em trabalho de parto. Eu podia não ter estado a seu lado quando ela se vestia para o casamento, mas *não* me privaria daquele momento. Gabby sabia que nem valia a pena insistir. "Gianpaolo, você fica na cabeceira da cama e eu nos pés", determinei, entrando na sala de parto. E, é claro, vi o bebê de meu bebê chegando ao mundo. A 28 de maio de 2003, Stefania Andrea de Felice nasceu. (Adivinhem em lembrança de quem eles escolheram esse nome.) Parecia-se muito comigo, com bastante cabelo e tudo o mais. As pessoas sempre diziam que Gabby era a minha cara. Eu não achava. Mas, agora, passei a chamar nós três de Eu, Pequena e Pequena Eu.

O fato de ser avó de novo não diminuiu meu ritmo. Estava constantemente fazendo planos para não me sentir sozinha. Naquele verão, fui de veleiro à Córsega com Barbra, Jim e Richard. Depois, parti para as Maldivas, onde os Ong acabavam de abrir seu fabuloso Cocoa Island Resort e cada quarto era um barco encravado na areia e rodeado de água. Pratiquei yoga com Rodney Lee e aprendi mergulho com escafandro.

Todos tentavam encontrar alguém para substituir Stephan ou, pelo menos, para eu namorar. Yves Carcelle me apresentou Gregory Colbert, um cineasta e fotógrafo canadense mais conhecido por sua exposição "Cinzas e Neve", um estudo de interações surrealisticamente serenas entre pessoas e animais (imaginem uma criança lendo para um elefante ou ajoelhada na frente de um leopardo). Ele procurava um lugar para guardar seu material e perguntou sobre o estúdio de Stephan. Para mim, só Stephan tinha o direito de trabalhar ali, por isso ofereci meu apartamento. Eu tinha acabado de mudar para a nova residência no Central Park Oeste e as paredes estavam nuas. Gregory veio e pendurou suas obras por todo lado. Fiquei incrivelmente lisonjeada... até receber a fatura por elas. (Continuam penduradas em meu apartamento ainda hoje.) Certamente, voltar a namorar não seria nada fácil.

No final do outono, encontrei Barbra e Jim em Sun Valley. Fomos a uma galeria de arte, onde vi uma escultura sensacional — comovente e primitiva, quase com aparência de antiguidade. Era obra de um soprador de vidro chamado William Morris, que eu havia conhecido quando Stephan ainda estava vivo. Bill era meu tipo de artista e meu tipo de homem: sofisticado, mas durão, de cabelos longos, forte e difícil. Liguei para minha amiga Ingrid Sischy, editora da revista *Magazine*, e perguntei-lhe se não queria fazer um artigo sobre Bill. "É claro", respondeu Ingrid. Sucedia que Bill era bastante conhecido e colaborava com outro renomado soprador de vidro, Dale Chihuly. Elton John, entre outros, colecionava suas obras. Como é pequeno o mundo da arte do vidro!

Não perdi um segundo. Semanas mais tarde, em novembro, Marni, Ruthie e eu partimos para Seattle, onde Bill morava, e ele nos levou à Pilchuck Glass School, onde lecionava e trabalhava. Fiquei impressionada. Não sabia nada sobre a arte do vidro e quanta energia é necessária para pôr uma peça num forno aquecido a quase 930 ºC — e tirá-la de lá. Queimei-me duas vezes só de tentar. Minha mente fervilhava de ideias de *design*.

— Bill, por que não faz brincos? Ou melhor, por que não faz acessórios para mim?

— E por que não? — retrucou ele. Como não tardei a descobrir, Bill era um aventureiro pronto a se meter em tudo, até na moda. Vivia totalmente fora do mundo, numa espécie de casa da árvore; caçava com arco e flecha; pescava com lança. A certa altura, colocou-me em sua motocicleta e, quando paramos para tomar café, tirou a camisa e plantou uma bananeira para eu ver. Era um yogue, também! Senti-me como se sempre houvesse sonhado com ele. De volta a seu estúdio, avistamos uma placa que indicava o caminho para o Alasca.

— Bill, pode me levar daqui para o Alasca? — perguntei.

— É um pouquinho longe.

— Então, que tal Big Sur? — Quando eu estava na escola de *design*, fantasiava morar e desenhar em Big Sur (com um robe branco), mandando meus desenhos para Nova York antes de ir passear a cavalo na praia.

— E como chegaríamos lá? — perguntou ele.

— Por acaso, eu trouxe um avião comigo — respondi. Marni e Ruth, é claro, estavam conosco, mas haviam prometido ficar na sombra.

Ao chegar, aluguei um Jaguar conversível marrom (como o meu) e partimos. Pegamos uma tempestade. Mas ele, sem medo, ia superando penhasco após penhasco à beira do Pacífico. Paramos no Esalen Institute, o centro de artes curativas e de pesquisas. Bill era tão maluco quanto eu. Tudo ia bem até ficarmos sem gasolina — literalmente — e eu insinuar que não sabia reabastecer.

— Como assim, não sabe pôr gasolina no carro? — perguntou ele, francamente confuso.

— É isso aí.

— Você cozinha?

— Cozinhava.

Ele balançou a cabeça, compreensivo.

— Vou lhe dar uma lista das coisas essenciais que precisamos fazer na vida.

Isso me chamou a atenção.

— Estou ouvindo. — E ele deu a lista:

1. Encha seu próprio tanque de gasolina.
2. Faça suas próprias compras no supermercado.
3. Arrume sua própria cama.
4. Lave suas próprias roupas.
5. Cozinhe sua própria comida.

Eu não podia dizer que fazia qualquer dessas coisas; não mais.

— Olhe, Bill — repliquei, o mais razoavelmente que pude.
— Há tarefas na vida que tive de deixar de lado para ser uma *designer*.
Só isso.

Não éramos namorados, mas continuamos a colaborar para a coleção de 2004, uma de minhas favoritas de todos os tempos. As cores — beringela, vinho, bronze e preto — foram tiradas da terra. Pusemos pequenas tiras de pele em vestidos *sexy* de malha, com decotes profundos para criar um ar urbano com um toque de sensualidade selvagem. Bill criou discos de vidro e peças semelhantes a fivelas pelas quais passamos tecidos para dar estrutura a um visual de um ombro nu e peito enviesado. Ele até veio a Nova York para nosso desfile e ficou em meu apartamento, mas quis dormir no terraço. A cidade era demais para Bill.

Ele era Tarzan, mas eu não era Jane. Entretanto, minha experiência com Bill mostrou que podia haver vida depois de Stephan, que eu podia conhecer pessoas novas e namorar. Criativamente, senti-me reenergizada ao descobrir um novo meio, que incluí em minha moda. Eu gostava de trabalhar com artesãos; isso me lembrava a colaboração com Robert Lee Morris. Aos poucos, passei a pensar menos no que tinha perdido e mais no que jazia à minha frente. Um mundo de possibilidades começava a se abrir.

24 | VOCÊ ESTÁ COMPROMETIDA?

Era o inverno de 2003 e eu me sentia inquieta. Morava na residência nova do Central Park Oeste, que Stephan tinha comprado para nós e onde ainda moro. É um bonito e amplo apartamento com vistas impressionantes, um terraço em volta, pisos de pedra e arte deslumbrante por toda parte. (Tem 650 m^2 e as pessoas sempre ficam chocadas ao ver que pus abaixo quase todas as paredes para transformá-lo num apartamento de um quarto, um estúdio de yoga e um *closet* enorme.) Contudo, morar sozinha num lugar tão grande era difícil. Nunca suportei viver assim.

Meu apartamento estava terminado, mas criar a casa familiar de meus sonhos em Parrot Cay não tinha fim. Na época, construir nas ilhas Turcas e Caicos era tanto uma façanha logística quanto um processo de *design*. Plantas estavam sendo desenhadas, mas havia ainda uma longa estrada pela frente. Eu, é claro, só atrapalhava; mudava de ideia a todo instante sobre o que queria — o que não é nenhuma novidade. Stephan costumava tomar decisões por mim, pois eu estava sempre ocupada. Sem ele, algumas coisas permaneciam no ar, esperando a hora do pouso. Eu era assim.

No início de 2004, descobri a cabala. Judia não praticante, essa era a última coisa pela qual eu esperava me interessar. Muitos de meus amigos, como a *designer* de joias Karen Erickson, julgavam que eu apreciaria muito a cabala, mas eu resistia. Nada poderia me arrastar para um templo. Então, jantando certa vez com minha amiga Lisa Fox no Lever House (o restaurante de seu marido), ela ligou para Ruth Rosenberg, sua mestra espiritual, e pediu-lhe que se juntasse a nós, e Ruth o fez. O marido de Ruth, Moshe, também veio e começou a ler meu rosto e minhas mãos. Depois, Ruth falou sobre astrologia. *Essa, sim, é minha praia*, pensei.

Na noite seguinte, convidei Ruth para jantar comigo e meus amigos Demi Moore e Ashton Kutcher, então seu marido. Os dois também eram cabalistas. Aprendi que cabala significa, literalmente, "receber" e que é praticada para se alcançar plenitude espiritual na vida graças ao estudo das leis espirituais do universo, inclusive a existência humana e a jornada da alma.

— Nunca segui nenhuma ideologia — contei a Ruth. — Espiritualmente falando, sou uma pessoa livre, aberta a tudo e a qualquer coisa.

— Não estou aqui para mudar sua cabeça, Donna — disse Ruth. Passou-me o Zohar, que é o texto espiritual da cabala. — Estude-o e tire suas conclusões. Só você sabe o que pode motivá-la.

O Zohar me motivou logo — e justamente antes de um desfile de moda. Para minha coleção outono 2004 (que contou com a colaboração de Bill Morris), mandei pintar a passarela de dourado, para que as modelos brilhassem com seu reflexo. Boa ideia, hein?

Que nada. No ensaio, as modelos pareciam estar com icterícia. Na verdade, quem se *aproximava* da passarela parecia doente. Eu falava ao telefone com Ruth enquanto isso acontecia. Ela me aconselhou a ir para um canto tranquilo com o Zohar que havia me dado. Desliguei e fiz exatamente isso. Não exagero ao dizer que um poderoso fluxo de energia percorreu meu corpo. Sei que isso soa meio absurdo, mas é verdade. Foi uma experiência única em minha vida. Encantada, liguei de novo para Ruth, que identificou a energia como luz.

— Você tem que vir ao desfile — eu disse. — Preciso de você aqui. — Eu sabia que, se ela aparecesse, tudo ficaria bem. E ficou. Quando voltei ali no dia seguinte, a passarela estava pintada de preto e o desfile correu às mil maravilhas.

Logo depois, Ruth me pediu que passasse a Páscoa judaica com ela em Los Angeles com Rav Philip Berg, o rabino e deão do Kabbalah Center International, conhecido por sua interpretação moderna e acessível da antiga tradição mística judaica. A primeira coisa que Rav me perguntou foi: "Você está comprometida?" Isso me deixou intrigada. Comprometer-me com os planos do jantar já era muito. Mas o que ele perguntava era algo bem mais profundo: eu era uma pessoa capaz de me comprometer? Podia fazer isso? Com o que estava comprometida? Conversamos muito durante toda aquela Páscoa. O que eu queria era aprender sobre a Espiritualidade da Cabala para Crianças, a parte da religião voltada para estas últimas. Tratava-se da ideia simples, mas ao mesmo tempo revolucionária, de ensinar a elas compaixão, dedicação e comunhão por meio da mente, do corpo e do espírito. Eu mesma sou tão criança — curiosa, brincalhona — que essa filosofia me interessava. Passei a conversar com Ruth semanalmente e vi-me envolvida nessa espiritualidade nascida da luz. Perguntava a mim mesma de que modo poderia me envolver ainda mais, comprometendo-me mais ainda. A vida depois de Stephan, eu estava descobrindo, era cheia de surpresas.

Profissionalmente, minha maior surpresa na época foi receber, em 2004, o prêmio Lifetime Achievement [Tributo à Carreira] do CFDA. Eu só tinha 55 anos — o prêmio não era para velhos, uma espécie de honraria para aposentados? Ainda assim, pareceu-me incrivelmente válido que meus colegas reconhecessem um esforço de trinta anos. A atriz Susan Sarandon entregou-me o troféu e nos beijamos de leve nos lábios, o que causou alvoroço. A honraria do CFDA podia ser maravilhosa, mas me recusei a julgá-la um ponto-final. Ainda havia muito a fazer; de fato, sob vários aspectos, a coisa só estava começando. Recebi o troféu num vestido que não era nada típico de Donna Karan: um transpassado-drapeado verde *Chartreuse*, muito *sexy*.

O trabalho prosseguia, mas era frustrante porque agora tínhamos *outro* CEO. Fred mudara-se para a Saks Fifth Avenue e fora substituído por Jeffry Aronsson, ex-Marc Jacobs. Eu gostava muito de Jeffry (gostava de *todos* os CEOS), mas, com aquele entra e sai, não quis investir demais em ninguém. Assim, entreguei-me ao que sabia fazer melhor: o *design*. Nossas coleções iam bem, crítica e comercialmente. Bonnie já não viajava, pois tinha dois filhos e preparava sua própria linha infantil. Então assumi o lugar dela e corri o mundo atrás de ideias.

Tentava permanecer no fluxo, mostrar criatividade, cuidar de Gabby e Lynn, e aprender a captar a luz em minhas viagens. Não digo que obtinha êxito em tudo, mas tentava.

Conheci James John (JJ) Biasucci, meu primeiro parceiro romântico de verdade após Stephan, em Parrot Cay. Estava indo lá regularmente, em geral com um, dois ou três amigos. Dessa vez, era para meu aniversário e minha amiga, a produtora Sandy Gallin, levou JJ, um *personal trainer*, para nos treinar. Eu tinha visto JJ uma vez, de passagem, numa festa na casa de Sandy em Nova York. A certa altura, Sandy me chamou de lado e disse:

— Donna, já estou imaginando vocês dois juntos.

— O quê, ficou maluca? — estranhei, olhando para aquele jovem bonito com o abdome mais absurdo que eu já vira.

— Dê uma chance a ele.

Nós dois não tínhamos nada em comum. Nada. Mas, de certo modo, esse era o ponto. E logo nos entendemos.

JJ era bonito, inacreditavelmente encantador e descontraído. Nada o aborrecia. Sim, era mais novo que eu quase 25 anos, mas isso na verdade tornava as coisas mais simples. Eu ficava completamente relaxada em sua companhia, sem nunca sentir a necessidade de arrumar o cabelo e maquiar-me ou permanecer sempre "ligada" perto dele — uma liberdade que não conhecia com um novo parceiro desde o colégio. Não que eu tivesse muita experiência com homens; casei-me com os dois com quem tive relações íntimas. Portanto, aquilo era novo e excitante — e sensual, também. Eu estava magra e me sentia maravilhosa.

Em pouco tempo, JJ passou a me conhecer como ninguém. Com exceção de minha neta Stefania, jamais tinha conhecido uma pessoa menos impressionada com o que eu fazia. Ele me apelidou de "Faskowitz", o nome original da família de meu pai. Gostávamos de ir ao cinema, comer pipoca e beber Diet Coke. Para surpresa de meus amigos e parentes, começamos a namorar seriamente e a viajar juntos. Convidei-o para ir a Bali comigo e essa viagem selou o acordo. Depois de passarmos juntos 24 horas de voo sem escala, eu podia, com toda a segurança, dizer que estávamos nos entendendo. Ele amou Bali tanto quanto eu. JJ tornou-se minha vida privada, a pessoa a quem eu me agarrava quando não queria ser Donna Karan com tudo o que isso implicava.

No mês seguinte, fiz uma viagem de três semanas à África. Meu querido amigo Richard Baskin e seu novo amigo Steve Reuther (aquele que fora esquiar com outra mulher e agora era como um irmão para mim) haviam organizado tudo. Incluímos nossa amiga de Sun Valley, Nettie Frehling, e seus filhos. Iríamos para um safári daqueles: uma viagem pelo Quênia, Tanzânia, Botswana e África do Sul.

A experiência foi transformadora, transcendente, iluminadora. E uma lição de humildade. Porque, na África, senti-me como um minúsculo grão de areia, testemunha de algo muito maior que eu. Fiquei imediatamente encantada com a vegetação africana, com o fato de dormir numa tenda, não cuidar da aparência e estar numa natureza intocada pelo homem. Vimos a migração dos gnus e mais elefantes do que eu julgava existirem na Terra. E que dizer dos hipopótamos, meus favoritos? Meu senso da moda, é claro, acabou prevalecendo. No instante em que vi as zebras, pensei: *Oh, a intensidade do branco e preto! Esses são sem dúvida os animais mais bem-vestidos de todos.*

As tribos que encontramos eram muito alegres, muito ingênuas. Os masais não têm nenhum senso de necessidade ou cobiça. Vivem em choças e não se preocupam com posses materiais. Veio-me à cabeça que talvez eu tivesse sido um guerreiro em outra vida, pelo modo fácil com que enrolo e amarro um lenço. Apaixonei-me pela África e os africanos que encontrava, e planejei uma foto para a DKNY na Cidade do Cabo. Pedi que Danielle Reuther, filha de Steve, ligasse para todas as agências de modelos locais e marcasse testes.

— Donna, vamos mesmo ter tempo para isso? — perguntou Richard. — Você não poderia encarregar seu pessoal da tarefa?

— O que de pior poderia acontecer? — repliquei. — Você encontra uma garota bonita e eu encontro um rapaz bonito.

Encontrei as pessoas mais bonitas que se pode imaginar durante a seleção. As fotos nunca foram tiradas, mas levei todo mundo para jantar e Richard ficou encantado ao ver-se no meio de tantas modelos.

Steve, Richard e eu ficamos muito íntimos depois de nosso safári africano e começamos a planejar nossa próxima aventura: uma viagem à Austrália para um seminário "Encontro com o Destino", com o famoso instrutor Tony Robbins. Eu já tinha participado de um seminário de uma semana com ele em Nova Jersey, mas esse seria bem mais aprofundado. Minha assistente, Marni, que foi conosco, conhecia Tony e sentia que ele era justamente a pessoa capaz de me ajudar a obter a serenidade interior que eu tanto buscava. Mas, durante o seminário, não me aconteceu nada. Pessoas exultavam à direita e à esquerda e eu permanecia completamente indiferente. *Ótimo*, pensei, *sou um fracasso em datilografia e drapejado e agora não consigo nada de Tony Robbins.*

No último dia, Tony perguntou aos participantes algo como "quem não entendeu?".

Constrangida, levantei um dedo mínimo e logo me vi no palco, sozinha com Tony. Richard estava mortificado. *Eu* estava mortificada. Havia 3 mil pessoas na plateia e lá estava eu, a mundialmente conhecida Donna Karan, de pé no palco, com o coração saindo pela boca. Mas Tony faz as pessoas esquecerem o público. Conversa reservadamente com elas até que revelem o que se passa em seu íntimo. Eu comecei com a ladainha de sempre: "Deixem-me em paz". Expliquei que vivia rodeada de gente cheia de expectativas e ainda assim me sentia sozinha e mal-amada. Como que obcecada, fiquei repetindo a frase várias vezes. Tony me fez ver que a culpa não era das pessoas e sim do fardo que eu estava carregando. As histórias que contava mentalmente para mim mesma (que eu não era boa o bastante, que era uma estranha, que vivia com medo de ficar sozinha) me esmagavam. Se eu tirasse esse peso das costas, teria espaço e energia para realizar meu potencial. Enganamo-nos pensando que o problema são os outros. Mas temos que começar por nós mesmos. Eu poderia escolher "estar aqui agora", como disse Tony. Viver no presente — sem lamentar o passado nem me preocupar com o futuro.

Isso fazia sentido na teoria, mas era difícil de pôr em prática. Eu muitas vezes sentia que estava perdendo tempo, repetindo os mesmos erros. Um ano e meio depois de fraturar um joelho, fraturei o outro, também esquiando. Oito parafusos depois, voltei para Nova York numa cadeira de rodas. Nettie me visitou, trazendo presentes: dois *dachshunds* aos quais dei o nome de Cash e Mere. Eu amava Nettie de todo o coração, mas não sou nada paciente. Os dois bichinhos ganiam e pulavam sem parar e eu não sabia o que fazer com eles. Nettie prometeu levá-los de volta a Sun Valley. Mas, quando ela ainda estava em Nova York, minha enteada Lisa ligou para dizer que tinha visto um belíssimo labrador chocolate na vitrine de um *pet shop* chamado American Kennel, na avenida Madison. Mas o problema era que teríamos uma forte tempestade de neve e não podíamos pegar um carro. (Todo grande acontecimento em minha vida parece ocorrer durante uma tempestade de neve.) Telefonei perguntando se poderiam reservar o cachorro até depois da tempestade.

— Não reservamos cachorros —, foi a resposta curta e grossa.

— Compreendo — disse eu. — Mas estou numa cadeira de rodas e não posso ir aí hoje.

— Sinto muito, senhora, mas não reservamos cachorros.

Fiz então o que nunca tinha feito antes: usei meu nome.

— Sou a *designer* Donna Karan e é importante que guardem esse animal para mim.

— Pouco me importa quem você seja. Não reservamos cachorros.

Detesto a palavra *não* e por isso pedi:

— Olhe, meu marido morreu e estou sozinha. Preciso desse cachorro!

O sujeito respondeu, de má vontade:

— Vou reservá-lo por uma hora. Não mais.

E lá fui eu em minha cadeira de rodas, com dois *dachshunds* no colo e Nettie me empurrando pelo Central Park sob uma tempestade de neve. A certa altura, a cadeira virou e os dois bichinhos voaram longe. Nettie colocou todo mundo no lugar e finalmente chegamos à loja — onde meu cachorro esperava por mim. Destino! Apaixonei-me na mesma hora por ele. Dei ao meu novo bebê o nome de Steph porque também ele estava roubando meu coração durante uma tempestade de neve. Steph adora East Hampton e Parrot Cay tanto quanto seu homônimo adorava e dorme comigo todas as noites. Além disso, obviamente, é grande amigo de Stefania.

Por sinal, Stefania estava prestes a ter um irmão. Gabby engravidara de novo — de um menino! Sebastian de Felice veio ao mundo a 26 de julho de 2005. Desde o começo, mostrou-se tão charmoso e bonito quanto o pai. Nossa família parece especializada nesse tipo de pessoa. Stephan se fora, mas nossa família aumentava. Eu gostaria que Stephan tivesse conhecido essas duas adoráveis crianças. Bem, há muita coisa que eu gostaria que Stephan tivesse vivido para ver.

Um ano após o nascimento de Sebastian, Ruth me levou a Israel numa jornada espiritual, em companhia de Moshe, seus dois filhos e minha amiga Lisa Fox. Era minha primeira visita àquele país e eu não fazia ideia do que iria me acontecer lá. David Bressman, agora meu advogado pessoal, estava nervoso por causa daquela viagem a um lugar politicamente turbulento e exigiu que Ruth lhe garantisse que eu estaria protegida o tempo todo. No primeiro dia, creio eu, Ruth parou no estacionamento, desceu conosco até a beira de um rio e começou a se despir.

— O que está fazendo? — perguntei, realmente alarmada.

— Vamos ter nosso primeiro *mikvah* — respondeu ela calmamente. E explicou que o *mikvah* é um ritual para purificar o corpo e a alma. — Vocês também devem tirar as roupas.

— Mas estamos perto da estrada!

— Só vejo vacas por aqui, Donna — retrucou Ruth, entrando na água. — Além disso, você é uma *designer*. Vê mulheres peladas o tempo todo. — Ponto para ela. Despi-me.

Repetimos várias vezes esse ritual. Ruth descobria todos os tipos de lugar para que nós, fisicamente, mergulhássemos no judaísmo — talvez quinze só naquela semana. Visitamos antigos cemitérios, inclusive os túmulos dos autores do Zohar. Fiquei viciada em *mikvahs* e perguntava o tempo todo a Ruth onde seria o próximo.

Ainda me comunico com Ruth semanalmente, quase sempre às quintas-feiras, e toda semana é uma lição em minha jornada. Passei a vida sem ter fé e agora sou grata por contar com algo a que possa recorrer em busca de orientação. Ruth, como Stephan, combate meus absurdos. Nunca permite que eu me faça de vítima ou acuse os outros por minha infelicidade. Ao contrário, sempre me lembra que possuo o dom da vida e da luz — como todos os seres humanos — e que quanto mais luz eu der, mais luz receberei. Esse é o conhecimento mais simples e fortalecedor que jamais obtive.

25 | LIGANDO OS PONTOS

Sempre acreditei que para todo problema existe uma solução. Basta que sejamos criativos. É assim que desenho e faço quase tudo na vida. Quando a Aids estava literalmente matando nosso negócio, descobri uma maneira de casar filantropia com comércio na forma da Seventh on Sale. No mesmo espírito, insisti em colaborar com o Kids for Kids, para a Aids pediátrica, e depois para a criação do Super Saturday, em apoio à cura do câncer de ovário. Contribuí ainda para inúmeras obras de caridade, sempre pronta a ir aonde me chamassem. Meu instinto é ser proativa. Quero *realizar* alguma coisa, participar, envolver-me para unir pessoas e fazer a diferença. Ajudei meus semelhantes durante anos, sem saber aonde isso iria me levar.

Então, logo depois que abrimos o capital em 1996, tive uma visão — termo que raramente uso fora do *design*. Foi bastante específica. Vi três edifícios ligados: um era uma galeria, o segundo uma loja de varejo, spa e café, e o terceiro um condomínio com um restaurante no térreo. A visão era bem detalhada e muito pessoal. Eu tinha passado a vida procurando a serenidade em retiros e spas, em caminhadas na natureza e até em seminários de autoajuda. Por que não implantar essa paz e essa energia na cidade e viver com elas todos os dias? Eu queria criar uma comunidade de consciência e mudança, e aquela visão era a resposta. Ela reuniria todos os instrumentos de que pessoas como eu precisavam para enfrentar o caos da cidade grande. Tudo seria integrado — objetivos, atividades, empenho em resolver problemas. A pessoa poderia viver no condomínio ou apenas ser membro. O nome dizia tudo: Urban Zen. Eu imaginava o Urban Zen nas grandes cidades do país — e, quem sabe, no mundo inteiro. Falara sobre isso com Stephan e até brincara dizendo que o estúdio dele seria o espaço perfeito para o primeiro centro. Stephan concordou que o Urban Zen era algo que eu nascera para fazer e chegou a inserir uma cláusula em meu contrato com a LVMH pela qual eu teria a liberdade criativa para fundá-lo.

Quando ele me pediu para cuidar das enfermeiras, o desejo de ter meu próprio centro de saúde e tratamento se intensificou. A doença chegara à minha casa. Não era algo que só acontecia com os outros, acontecia também comigo, com meu marido, com minha vida. Ninguém escapa da doença e ninguém está preparado para ela. Meu conceito de Urban Zen poderia ser um modo de dar atenção ao paciente, aos cuidadores e à comunidade médica, a começar pelas enfermeiras.

Ter um conceito é uma coisa; transformá-lo em realidade é outra. Duas experiências me levaram a agir, cada qual trazida a mim por um amigo.

Em 2005, Barbra me ligou.

— Precisamos arranjar entradas para a Iniciativa Global do presidente Clinton — disse ela. — Será em setembro, no Sheraton de Nova York.

O ex-presidente estava reunindo as pessoas influentes e poderosas que conhecia para discutir, em seminários, os problemas globais mais importantes e as soluções possíveis. Fiquei entusiasmada. Que forma brilhante de resolver problemas! Nessa primeira conferência, desejei clonar a mim mesma para não perder nenhuma das discussões do evento. Encontrei e conheci pessoas extraordinárias: o rei e a rainha da Jordânia, Bono, Tony Blair, bispo Desmond Tutu, Condoleezza Rice, Rupert Murdoch, Richard Branson e Laura Bush. Não era um evento político, apenas um chamado à ação em prol de um bem maior.

Eu estava bastante inspirada. Achei que aquilo deveria ocorrer mais de uma vez por ano, devia se tornar um modo de vida! Foi o primeiro de uma série de pontos que levavam ao Urban Zen.

Um ano depois, minha amiga Sonja Nuttall, que conheci no verão após a morte de Stephan, desenhou o segundo ponto.

— Você estaria interessada em organizar, no estúdio de Stephan, um evento para angariar fundos destinados a Sua Santidade [o Dalai Lama] e ao Norbulingka Institute? — perguntou ela. Sonja trabalhava no instituto, que era dedicado à preservação da história e da cultura tibetanas.

— Está brincando? — exclamei. — É claro que estou interessada! Quando vamos fazer isso?

Sonja e eu organizamos o evento HOPE. O Dalai Lama não estaria disponível até o dia seguinte ao evento, de sorte que Rodney e Colleen se ofereceram para, em seu lugar, ensinar yoga. No instante em que pus os pés no estúdio e vi todos aqueles tapetes dispostos entre as belas faixas do Urban Zen, pensei: *É isso aí. Minha calmaria em meio ao caos. A finalidade do Urban Zen.*

Sua Santidade compareceu no dia seguinte e demos um almoço privado que incluiu minha família inteira, o estudioso do Tibete Robert Thurman, Rodney, Colleen e amigas como Trudie Styler e Deb Jackman, a esposa de Hugh Jackman. Eu, é claro, conversei pouco com Sua Santidade. Simplesmente não conseguia. Sua energia, espírito e luz me tiraram o fôlego. Angariamos mais de um milhão de dólares e o estúdio foi abençoado em todos os sentidos.

O HOPE também acendeu alguma coisa dentro de mim, tocando meu coração de uma maneira profunda. Eu podia usar meu dom de criar e comunicar para fazer uma diferença real em todas as coisas que mais valorizava — cultura, cuidados de saúde e educação — e elaborei um plano de negócios para criar um centro que conectaria isso tudo. Para mim, a visão era bastante clara. Infelizmente, não o era para os outros: eles queriam que eu me concentrasse em apenas uma iniciativa. Mas o yoga era meu modelo, pois representa a união da mente, do corpo e do espírito, assim como o passado, o presente e o futuro. Eu poderia falar sobre isso dias a fio; entretanto, direi apenas que elaborei minhas iniciativas à maneira das Sete Peças Fáceis, pois também elas eram intercambiáveis:

1. **Preservação da cultura (passado).** Quanto mais viajo, principalmente para a África e o Oriente, mais aprecio a sabedoria e a beleza das culturas que vão desaparecendo. Amo todas as formas de artesanato, como miçangas e tintas vegetais, que procurei incorporar aos meus desenhos sempre que possível. Quando alguma coisa é feita à mão, sentimos a alma que está dentro dela e as gerações que transmitiram suas habilidades. A globalização, porém, tenta nos homogeneizar. Se não despertarmos agora nossa consciência, perderemos as culturas individuais. Precisamos manter essas tradições vivas e integrá-las à vida moderna, pois têm muito a nos ensinar.

2. **Cuidados de saúde integrados (presente).** Isso veio de minha experiência com Stephan. Quando ele estava doente, eu não podia curá-lo, mas tinha ferramentas para que se *sentisse* melhor, inclusive reiki, yoga, acupuntura, meditação, técnicas de respiração e massoterapia — todas práticas antigas, devo acrescentar. Constatei que essas terapias integrativas

faziam enorme diferença e isso me levou a perguntar onde está o "cuidado" nos cuidados de saúde. Existe um vazio no sistema. Todos tratam a doença, mas e quanto ao paciente? Tenho dois objetivos nessa área: cuidados ao paciente e navegação do paciente (cuidados direcionados na era dos especialistas). Vamos tratar o paciente como um todo — mente, corpo e espírito —, para depois guiá-lo pelo labirinto até encontrarmos a melhor ajuda possível. Até o presidente Clinton, que permanece saudável graças a uma dieta vegana, criou uma Iniciativa de Acesso à Saúde separada para enfrentar esse problema.

3. **Capacitar crianças por meio da educação (futuro).** Eu me senti profundamente inspirada pela Kabbalah's Spirituality for Kids [Espiritualidade para Crianças da Cabala], fundada por Madonna. Em Israel, a organização é chamada de Kids Creating Peace [Crianças Criando a Paz] e reúne crianças israelenses e palestinas. Muito inteligente, muito estratégico. A mudança começa no nível da educação. Não preservamos cultura sem gerar consciência. Não melhoramos a assistência à saúde sem ensinar às pessoas os passos que devem ser dados. Não construiremos um futuro de paz sem as crianças. A coisa é tão simples que parece estúpida. Levemos essa mentalidade para as escolas e preparemos as crianças para se saírem melhor ensinando-lhes a conexão entre mente, corpo e espírito, começando pelo yoga e a meditação.

Essas iniciativas não tinham nada a ver comigo. Surgiram da necessidade de ir atrás, de ressarcir. Consegui muita coisa quando jovem e muitas vezes me perguntei qual seria meu maior objetivo. Toda vez que levava uma mulher para o provador, ela me contava seus problemas. Nossos problemas são sempre os mesmos: amamos nossas famílias, queremos que elas e nós permaneçamos saudáveis, desejamos um futuro melhor para nossos filhos. Eu posso não ter as respostas, mas tenho a plataforma e o perfil para me conectar, comunicar e gerar mudança.

Em 2007, promovemos nosso primeiro evento Urban Zen em grande escala: um Fórum do Bem-Estar, com duração de dez dias, cem palestrantes e mais de duzentos ouvintes por dia. Contratei Rachel Goldstein, amiga íntima de Gabby, como diretora de programação, e Richard Baskin veio ajudar na produção. Nossos colaboradores incluíam os médicos Woody Merrell e Frank Lipman, Rodney e Colleen, e a modelo/advogada especialista em saúde materna Christy Turlington Burns. A experiência foi um verdadeiro olhar "Ocidente encontra Oriente" sobre os cuidados de saúde.

A lista dos palestrantes já diz tudo: doutores como Larry Norton, do Memorial Sloan Kettering, Mehmet Oz, Dean Ornish, Christiane Northrup e Deepak Chopra; porta-vozes como Michael J. Fox, Karen Duffy e Kathy Freston; estudiosos como Robert Thurman e o reverendo Eric Schneider, espiritualistas como a mestra em budismo Joan Halifax, minha professora de cabala Ruth Rosenberg e o mestre zen Roshi Pat O'Hara; comunicadores como Arianna Huffington e Ingrid Sischy; e yogues como Richard Freeman, Gary Kraftsow e James Murphy, e também Sharon e David. Tivemos ainda influenciadores de opinião como Tony Robbins, Marianne Williamson e Eve Ensler, e ícones como Lou Reed e Diane von Furstenberg. Pacientes como Kris Carr, a ativista do bem-estar que sobreviveu ao câncer e protagonista do impressionante documentário *Com Câncer e ainda Sexy* (*Crazy Sexy Cancer*), também participou, assim como minhas queridas amigas Christina Ong e a varejista Joyce Ma.

Eu estava no auge. O dia começava e terminava com uma prática de yoga. Servíamos almoços nutritivos. Na última noite do fórum, minha irmã espiritual, a artista performista Gabrielle Roth, que até sua morte em 2012 praticou a cura e o despertar por meio da dança, ofereceu um espetáculo mágico e liderou uma celebração em grupo. "Isto é incrível, Donna", disse-me Lynn Kohlman naquele último dia. "Veja todas essas pessoas. Estamos realmente fazendo a diferença." Lynn falara num painel e participou do fórum o máximo que pôde. Estava fisicamente fraca, sua voz titubeava e ela muitas vezes parecia confusa. Mas participava — e participou até sua morte em 2008, seis anos após o diagnóstico de câncer no cérebro. Tinha as ferramentas essenciais: uma longa prática de yoga e um coração compassivo.

Eu, é claro, não podia *apenas* organizar um fórum. Sou feita de camadas e ajo também em camadas. Embora houvesse aberto lojas provisórias nos Hamptons, decidi abrir uma Urban Zen permanente para coincidir com a conferência. Chamei Kevin Salyers, diretor da loja da avenida Madison, para ajudar. Eu havia comprado a casa vizinha ao estúdio de Stephan, que por acaso tinha uma pequena fachada. Vasculhamos os inúmeros objetos culturais em nosso depósito e encomendamos óleos essenciais Young Living, meus favoritos, que tinham sido usados amplamente no fórum. Vendemos os produtos Como Shambhala que eu conhecia e amava, e também livros, DVDs e CDs sobre bem-estar.

Obviamente, eu tinha de oferecer roupas também. Contratei o *designer* Mark Kroeker para criar comigo peças com que sempre havia sonhado: estilos sofisticados que transcendessem a moda e fossem sobretudo confortáveis. Desenhamos uma coleção-cápsula composta de tops simples, calças *palazzo*, um macacão, umas poucas peças de *cashmere* e algumas echarpes. Não bolamos nenhuma estratégia de varejo, havia apenas a vontade de fazer as roupas que eu desejava. Foi grande a sensação de desenhar por mim mesma de novo, sem me preocupar com as expectativas do consumidor ou com a agenda rígida da empresa.

A loja Urban Zen era um casamento entre comércio e filantropia, mais ou menos semelhante ao Seventh on Sale e Super Saturday. Mas nesse caso estávamos vendendo produtos inspirados em técnicas artesanais do mundo inteiro, a fim de amparar a Urban Zen Foundation. Por exemplo, todo mundo gostou dos móveis balineses que eu havia desenhado e agora podia vender ali. O mesmo se diria das muitas peças de artesanato que eu mesma usava e adorava. Havíamos feito esse tipo de coisa na avenida Madison, número 819, mas com limitações de espaço. Agora tínhamos uma loja inteira para aproveitar. (Em 2008, ampliamos ainda mais o negócio com uma loja em Sag Harbor e depois abrimos estabelecimentos provisórios em lugares como Los Angeles e Aspen.)

Nosso fórum foi um sucesso incrível e Rodney descobriu a maneira perfeita de mantê-lo vivo. "Vamos treinar professores de yoga aqui mesmo no estúdio", propôs ele. "Esse pessoal entende a conexão mente-corpo-espírito melhor que ninguém." Assim, fomos cofundadores do programa Urban Zen Integrative Therapy (UZIT), que treina e certifica praticantes em yoga terapêutico, aromaterapia, reiki, massagem terapêutica, meditação, nutrição e cuidados paliativos. Tratam daquilo que chamamos PANIC: dor [*pain*], ansiedade, náusea, insônia e constipação — as verdadeiras inconveniências de se estar doente. Muito disso se inspirou em minha agente de cura pessoal, Ruth Pontvianne, e no modo como ela cuidou de Stephan quando ele estava acamado.

Digo com orgulho que nosso programa UZIT é um sucesso. Tivemos cem graduados no primeiro ano e até agora já diplomamos mais de setecentos em diversos níveis. Seguindo a orientação de nossa primeira praticante UZIT, Gillian Cilibrasi, fizemos parcerias com instituições de saúde tradicionais por todo o país. O doutor Woody Merrell colaborou com o Beth Israel Medical Center em Nova York, onde estudamos os efeitos de nosso programa por um ano e calculamos que ele resultou numa economia de 900,099 dólares em apenas um andar. Continuamos a fazer parcerias com instituições de saúde, do UCLA Health System até o American Cancer Society Hope Lodge. Nossas salas, quando fazemos conferências de yoga pelo mundo afora, estão sempre cheias.

Nossa linha de roupas, que agora desenho com Bessie Afnaim e Oliver Corral, também é um sucesso. Tudo o que fazemos é tão simples e sofisticado quanto uma camiseta. E, como uma camiseta, nenhum item tem estação ou época — está pronto para atravessar climas e fusos horários. Se não consigo viajar, trabalhar, praticar yoga ou dormir com alguma coisa, ela não me interessa. Somos conhecidos por nossos vestidos retos de jérsei, *cashmere* e seda, nossas túnicas, *leggings*, peças de tricô luxuosas, e jaquetas de couro ou camurça. Combine-as a seu gosto. Acrescente um colar artesanal haitiano, um cachecol tecido à mão por Celine Cannon (uma artista que trabalhou com Stephan) ou talvez um cinto artesanal de couro feito por Jason Ross. Fabricamos também nossas próprias joias e acessórios. Tudo feito à mão e individualizado. Finalmente, eu atingia o objetivo que havia acalentado a vida inteira: mostrar e vender na mesma estação! Um milagre, certo?

Meu "caso de amor" com o Haiti começou mais ou menos na época em que o Urban Zen estava se expandindo além de Nova York. No início de janeiro de 2010, enfrentei uma crise familiar. O pai de

Gianpaolo, Guido, adoeceu e ficávamos no hospital dia e noite. Quando voltei ao trabalho, Michelle Jean, a gerente haitiana do centro Urban Zen na época, correu em minha direção: "Ouviu falar do terremoto no Haiti?", perguntou-me, visivelmente abalada.

Eu não tinha nenhuma ideia sobre o que ela estava falando, pois não lera os jornais. Mas logo soube que o terremoto, ocorrido em 12 de janeiro, tinha alcançado a magnitude de 7.0 na escala Richter e matado mais de 230 mil pessoas, além de ferir outras 300 mil. Igualmente perturbador, 1,5 milhão de pessoas tinham sido desalojadas. "Temos de fazer alguma coisa", sugeriu Michelle. E eu concordei plenamente.

Mas fazer o quê? Eu não iria preencher um cheque — não é assim que ajudo. Prefiro agir. Sonja e eu começamos a telefonar. Descobrimos que muitos grupos de assistência estavam indo para lá e pus meu avião à disposição. Também juntamos tapetes de yoga, óleos e outros suprimentos para auxiliar os médicos e enfermeiras internacionais que deviam estar exaustos por trabalhar sem descanso. (Eles gostaram sobretudo da aromaterapia, por causa dos muitos mortos e corpos em decomposição.) Mas o que mais preocupava era a população desabrigada. Por onde se começa a alojar 1,5 milhão de pessoas?

Minha amiga Lisa Fox pesquisou na internet e descobriu uma tenda para emergências que podia abrigar dez pessoas por vez. Vinha numa caixa juntamente com suprimentos práticos como berços, cobertores e pratos. Cada uma custava mil dólares, de modo que nos pusemos a angariar fundos para comprar uma tonelada delas. Instalamos uma em nossa loja Urban Zen e nos mobilizamos para promover um evento chamado Hope, Help & Relief Haiti [Esperança, Ajuda e Alívio para o Haiti], em parceria com o executivo da música Andre Harrel, a Mary J. Blige & Steve Stoute Foundation for the Advancement of Women Now e André Balazs com seus

Standard Hotels. Também organizamos uma iniciativa chamada Tent Today, Home Tomorrow [Tenda Hoje, Casa Amanhã], especificamente para angariar fundos para abrigos.

Tanta gente queria ajudar que foi necessário conjugarmos os esforços. Vários grupos do mundo da música, da moda e do entretenimento se juntaram a nós. Mary J. Blige e Wyclef Jean se apresentaram e levantamos mais de um milhão. Tive também um divertido momento kármico. Naquela noite, Wyclef me entregou um cheque de milhares de dólares.

— É para as tendas? — perguntei, confusa.

— Não, é para você — respondeu ele. E explicou que, havia alguns anos, tinha trabalhado no setor de entregas de nosso depósito em Nova Jersey. Uma noite, caiu no sono e houve um roubo. Sempre se sentiu culpado pelo que tinha acontecido e jurou que, quando pudesse, me pagaria as mercadorias perdidas. Fiquei feliz em comprar mais tendas com o dinheiro.

Embora eu nunca houvesse estado no Haiti, tinha uma ideia do que fazer ali com base no que vira meu amigo, o *designer* de joias John Hardy, realizar em Bali. John, aproveitando-se do milagre do bambu nativo — uma planta resistente como o concreto —, estava construindo aldeias. Bali era o modelo perfeito de um povo que explora seus recursos naturais e sua tradição no artesanato para criar uma economia sustentável — pensamento que logo me ocorreu em minha primeira visita ao país. *O que eles plantam no Haiti?*, perguntei-me. Alguém mencionou a erva aromática vetiver e eu pensei: *Ah, perfume!* Poderíamos pedir aos *designers* que criassem, cada qual, uma fragrância e um frasco. Ideias pululavam em minha mente.

Logo descobri que a Clinton Global Initiative era coisa séria em tudo o que dizia respeito ao Haiti e também encontrei uma mulher chamada Joey Adler cuja organização, OneXOne, se empenhava em construir uma fábrica ali. Organizamos uma viagem no final de 2010, levando Sonja Nuttall e Marni Lewis, meu braço direito e chefe de pessoal no Urban Zen. (Na viagem seguinte, foram conosco o fotógrafo Russell James, John Hardy e nossa *designer* de joias no Urban Zen, Isabel Encinias.)

Fiquei impressionada desde o momento em que cheguei. A ilha é maravilhosamente bela e, sob as camadas e camadas de devastação, percebi potencial, promessas e possibilidades. Também me apaixonei perdidamente pelo povo, que sofria sem deixar de ser puro e animado. Percorrendo o interior, vimos as obras de artesãos incríveis, desde os lindos trabalhos em folhas de tabaco de Jean-Paul Sylvaince e sua namorada Yvette Celestin até os extraordinários candelabros em cristal e ferro forjado de uma mulher chamada Karine "Cookie" Villard.

Senti também, é claro, uma conexão com Stephan. Acabávamos de visitar alguns trabalhadores em metal em Croix-des-Bouquets e estávamos agora num hotel em Porto Príncipe. Gostei da pátina dos corrimões e ornatos de ferro do hotel.

— Precisamos achar quem fez isto, para que ajude o pessoal em Croix-des-Bouquets — sugeri.

— Sou eu — disse uma voz às minhas costas. Era Philippe Dodard, artista e escultor local. Alto e charmoso, imediatamente me convidou para sua casa e estúdio, localizados no alto de uma encosta íngreme. Foi então que descobri quanta coisa em comum ele tinha, artisticamente, com Stephan, a começar por suas pinturas de linhas abstratas. Philippe chegou mesmo a construir uma escada circular de metal igualzinha à que Stephan fez para nossa casa nos Hamptons. Só lhe faltava o rabo de cavalo. Como eu, era yogue e mestre de reiki, de modo que tínhamos mais uma coisa a nos aproximar.

Quando Philippe me apresentou aos artistas que conhecia e incentivava, pensei: *Por que ninguém sabe da existência dos talentos deste pequeno país?* Veio em seguida a inspiração: a fim de divulgá-los, eu deveria transformar aquelas notáveis habilidades em algo comercializável e sustentável para as comunidades que as possuíam. Colaborei com a Clinton Global Initiative na implementação de planos enquanto trabalhava diretamente com artistas para criar objetos de desejo destinados ao mercado global.

Meu objetivo era — e ainda é — ajudar o Haiti a ajudar a si mesmo. E mais: quero participar da criação de um modelo sobre como auxiliar países afetados por catástrofes: Nepal, Índia... É como uma doença em família: a tragédia ocorre e ninguém sabe o que fazer. Devemos dar graças a Deus pelas organizações de socorro. A reconstrução, após uma calamidade, é uma estrada longa e não há nada mais gratificante do que percorrê-la. Despertar a consciência é o principal: levei a *Vogue* ao Haiti e fui filmada com Oprah quando ela também esteve lá. Quanto mais tempo mantivermos os holofotes sobre o Haiti, melhor. Sinto-me feliz por usar meu perfil de todas as maneiras possíveis. Não sei de nenhum outro melhor uso para minha plataforma.

Quando a Clinton Global Initiative me pediu para desenhar seu Global Citizen Award [Prêmio Cidadão Global] de 2012, trabalhei em estreita colaboração com Cookie, o artista dos candelabros, e Nadia Swarovski, da famosa família dos cristais. Nosso *design* feito à mão lembrava o logotipo da CGI, sendo uma bela expressão da união dos mundos rústico e refinado. Duas coisas notáveis aconteceram durante a cerimônia. Em primeiro lugar, o presidente Clinton informou que nosso *design* seria o troféu CGI permanente — uma honra incrível, considerando-se que eles entregavam antes uma peça diferente a cada ano. Em segundo lugar, o presidente me chamou ao palco. "Acho que devemos dar um prêmio a Donna Karan", disse ele. "Tenho certeza de que, principalmente devido a ela, o centro das artes e ofícios da economia haitiana talvez seja o primeiro setor que está se saindo melhor hoje do que antes do terremoto. Eu jamais poderei lhe agradecer o suficiente."

Fui às nuvens — mas com humildade. De novo, minha vida descrevia um círculo completo. Ele havia me inspirado a criar o Urban Zen e agora reconhecia seus esforços. (Apenas um ano antes, tínhamos homenageado o presidente Clinton com o Stephan Weiss Apple Award [Prêmio Maçã Stephan Weiss], um tributo que rendemos também à cidade de Nova York, recebido por Michael Bloomberg, doutor Mehmet Oz e Courtney Sales Ross.)

Inevitavelmente, a cultura do Haiti acabou penetrando em meus desenhos para a Donna Karan New York. As largas pinceladas de Philippe Dodard inspiraram minha coleção da primavera 2012, que apresentou vestidos estampados, saias-lápis e jaquetas, tudo muito *sexy*. Russell James fotografou nossa campanha publicitária em Jacmel com a belíssima modelo Adriana Lima. Quando os anúncios apareceram, a mídia me criticou por explorar o Haiti ao fotografar roupas caras e sofisticadas num país pobre. Repliquei que devíamos inserir o Haiti no resto do mundo, de outra forma ele seria ignorado e esquecido. Dois anos depois, voltamos para fotografar a campanha da primavera de 2014 da Donna Karan New York, de novo com Russell e Adriana, perto da famosa fortaleza Citadel.

Hoje, tento ir ao Haiti pelo menos quatro vezes por ano a fim de trabalhar diretamente com os artesãos. (O país fica a meia hora de voo de Parrot Cay, o que facilita tudo.) Também formei uma família ali: depois de passar o dia visitando comunidades de artesãos, hospitais, orfanatos e centros educacionais, costumo me encontrar com pessoas como Sean Penn, a atriz Maria Bello, o diretor Paul Haggis e David Belle, fundador do Cine Institute (com quem trabalho estreitamente nas comunicações da Urban Zen). O Haiti se tornou um segundo lar para nós todos. E me sinto feliz com o fato de o Urban Zen agora estar presente ali na forma de programas UZIT cada vez mais ambiciosos em hospitais e DOT — o Design, Organization, Training Center for Haitian Artisans em colaboração com minha *alma mater*, Parsons New School of Design, e a líder artesã Paula Coles (suas bolsas exclusivas feitas com camisetas recicladas são as únicas que uso o ano inteiro).

Também montamos um Urban Zen Children's Art Center com a visionária criativa Caroline Sada e trabalhamos em estreita colaboração com Maryse Pénette-Kedar, ou "Mãe do Haiti", como a chamo, que dirige ali os centros educacionais PRODEV. Além de brincar com meus netos, nada me emociona mais que ficar sentada horas a fio criando coisas com aquelas encantadoras crianças.

Durante minha primeira visita em 2010, fomos até uma pequena aldeia e encontramos dezenas de crianças sorridentes. Elas nos levaram à sua escola, um pequeno barraco de madeira onde uma professora ensinava geografia a alunos de 7 a 13 anos. Desenhei um mapa dos Estados Unidos e do Haiti no quadro-negro que eles usavam.

Um aluno perguntou:

— Por que o Haiti é tão pequeno?

Imediatamente desenhei um enorme coração em volta da minúscula ilha e declarei:

— Este é o meu coração e ele pertence ao Haiti.

26 | PARANDO

Minha vida tem sido um eterno ciclo de nascimento e morte, e este livro foi mais um exemplo disso. Enquanto entrego minha história ao mundo, digo adeus à Donna Karan New York. Eu não fazia ideia de que o fim do livro coincidiria com o encerramento de minha coleção Donna Karan e não disponho de muito tempo para refletir — já descumpri três prazos de entrega para este último capítulo. Aí está, pois, minha história, sem embelezamento nem retoques.

Correram boatos de que eu iria parar. E eu própria pensei muito sobre isso. O desfile de outono 2014, meu trigésimo, foi extraordinário. O fotógrafo Steven Sebring fez um filme, *Woman in Motion*, para introduzir o espetáculo, e a modelo Karlie Kloss vestiu um novo vestido *body* icônico vermelho, desenhado para levar meu *body* ao futuro. A imprensa se agitou, presumindo que com essa peça eu estava dizendo adeus. Já era tempo, sem dúvida, mas eu simplesmente não podia parar. Se deixar a Anne Klein já fora difícil, imaginem quanto me custaria deixar a minha própria marca. *Só mais uma coleção*, pensei. Depois desse desfile, tive de jurar para Patti: *Está bem, acabou. A próxima estação será a última.* Mas eu não podia parar.

Sou puxada em várias direções — meu trabalho no Haiti com o Urban Zen, minhas viagens pelo mundo. E após uma vida inteira vestindo (e sendo) a mulher que desempenha mil papéis, posso dizer agora que isso é bem cansativo. As pessoas sempre me perguntam: "Como consegue fazer todas essas coisas?" A verdade é: não consigo. Não posso lhes dizer quanto tempo gasto organizando minha agenda, tentando falar com uma pessoa, comparecendo a um compromisso, angariando fundos, viajando às pressas ao exterior para comprar tecidos e, é claro, trabalhando com qualidade em meu ateliê. Há também o tempo com minha família e amigos, sem falar de meu tempo pessoal. Aprendi que o dia tem um número limitado de horas e não se pode encaixar nele tudo o que se quer.

Mas, ainda assim, eu negava essa verdade e insistia em manter todas aquelas bolas no ar. Lembram-se de quando sugeri a Calvin que combinássemos nossas empresas "Klein" em uma só para podermos trabalhar, cada um, apenas metade do ano? Ele riu, dizendo que gostava do que fazia e não tinha necessidade de descanso. Pois bem, criador de tendências que é, Calvin pôs tudo de lado há dez anos e agora está dedicando alegremente seu enorme talento a outros projetos extremamente criativos.

O universo me enviava mensagens para seguir seu exemplo. Enquanto eu escrevia este livro, minha loja na avenida Madison fechou as portas. Não ter uma loja de varejo em Nova York foi o primeiro ponto. Depois, veio o segundo: meus braços direito e esquerdo deixaram a empresa — Jane, minha parceira de *design* na DKNY, e Patti Cohen, minha irmã ruiva, duas pessoas que estavam comigo desde os tempos da Anne Klein. Mudanças iam ocorrendo à minha volta. Era hora. Eu precisava fechar um capítulo para abrir outro: fomentar o Urban Zen, a empresa e a fundação, bem como meus projetos filantrópicos. Em suma, a Collection foi interrompida, ao menos por algum tempo. Foi a decisão certa na hora certa.

Sei que pode parecer tolo, mas fiquei de coração partido. Tive de dizer adeus às pessoas que haviam se tornado minha família, ficado comigo durante os altos e baixos da vida profissional, as boas e as más críticas, os muitos CEOs e diretorias. Um dos momentos mais emotivos foi quando entrei no ateliê e vi todos aqueles maravilhosos tecidos recém-chegados da Europa para uma coleção de primavera que não seria feita. Comecei imediatamente a acariciar as ricas texturas e logo estava colocando-as num manequim. Não consegui me segurar.

Setembro de 2015 (que já terá passado quando vocês estiverem lendo isto) será a segunda estação, desde meus 19 anos, em que não farei um desfile de primavera. A primeira foi no 11 de Setembro. Não é surpreendente?

Tenho me perguntado: quem e o que é Donna Karan? Uma marca? Um vestido? Uma pessoa? Como será minha história daqui para a frente? Gostaria de dizer a vocês que tenho tudo planejado, mas não tenho. Estou nervosa e confusa, mas excitada.

Por mais de trinta anos, assinei os comunicados à imprensa de meus desfiles de moda com a palavra "Continua...". Essa era a única maneira de eu deixar que uma coleção aparecesse na passarela. Porque meu processo não para. Nada para mim está terminado, há sempre algo a acrescentar: uma ideia de última hora, um detalhe que exige mais tempo para ser executado. É o que sinto agora. Há muita coisa que desejaria fazer: hotéis, condomínios, móveis e, sem dúvida, moda. Mas meu maior foco é o Urban Zen com suas três iniciativas: assistência à saúde, educação e preservação de culturas. Jamais deixarei de desenhar minha coleção Urban Zen — afinal, preciso de algo para vestir.

Olhando para trás, percebo que minha carreira foi uma aventura, com idas e vindas que eu não poderia ter previsto. Por exemplo, eu queria ser mãe e dona de casa. Quando Anne morreu, foi como se uma espaçonave houvesse me arrebatado ao espaço, numa viagem para a qual eu não estava preparada. Mas resisti. Abandonar tudo não era uma opção, pois eu tinha me comprometido a continuar o legado de Anne. Dez anos depois, eu não pensava em abrir a Donna Karan Company. Só queria fazer uma coleção pequena sob a proteção da Anne Klein. Foi preciso me mandarem embora — me tirarem da empresa! — para que eu iniciasse meu próprio negócio.

Nunca fui uma mulher com estratégia definida. Tenho paixão e entusiasmo. A palavra *não* está ausente de meu vocabulário. Não me digam que algo é impossível: na minha mente, tudo é possível. Só preciso permanecer receptiva e acessar meu dom — a luz que flui por mim, que flui por todos nós —, sabendo que ela me guiará na direção certa.

É aqui que entra minha espiritualidade. Acredito que sejamos guiados em nossas jornadas. Tive muitos professores em minha vida e os maiores foram o nascimento e a morte. Todos os fins e os começos aconteceram por alguma razão. Pessoas — como minha mestra de cabala, Ruthie — e fatos foram colocados em meu caminho para me empurrar para a frente. Dei ouvidos a eles e, outras vezes, enveredei pela estrada mais difícil, repetindo erros até aprender.

A morte de meu pai mudou minha mãe para sempre. Depois que ele morreu, ela se desligou dos amigos e familiares, mergulhando no trabalho. Embora eu sempre jurasse não ser como minha mãe, fiz exatamente o que ela fez: preenchi o vazio interior trabalhando. Quando criança, odiava a Sétima Avenida e procurava um rumo. Destino ou ironia? Não sei; só sei que na Sétima Avenida vivi os maiores momentos de minha vida. E foi lá também que me senti mais ligada à minha família.

Anos mais tarde, encontrei minha pedra na praia em East Hampton e me senti atraída por sua imobilidade, calma e simplicidade.

Poderia eu ser aquela pedra?, perguntei-me. Sei agora que a resposta é não. Minha personalidade é fazer, fazer, fazer. A culpa é de meu distúrbio de déficit de atenção ou do medo de, se eu parar, ficar sozinha — qualquer que seja o motivo, "caos" é meu segundo nome. Sou melhor em criá-lo do que a qualquer outra coisa. Mas ele também me proporcionou uma vida maravilhosa, excitante. Até dei à minha fragrância favorita o nome de Chaos.

––––––––––

Recebi muito. Mark me deu o presente que eu mais queria: a maternidade. Ele e eu nos tornamos avós — somos uma família verdadeiramente moderna, passamos juntos férias e fins de semana na praia. (Mark ficou com a mesma mulher, Yvonne, por trinta anos, de modo que se recuperou muito bem do Furacão Donna.) Ainda sinto culpa por não ter sido uma mãe Betty Crocker para Gabby, mas em compensação lhe dei a versão Donna Karan: risos, dramalhão, roupas incríveis e, acima de tudo, sua melhor amiga para sempre. Somos inseparáveis. Somos muito parecidas, vestimo-nos do mesmo jeito, passamos férias juntas, somos vizinhas perto da praia e temos até negócios conjugados em Sag Harbor: o Urban Zen divide um pátio com o ótimo restaurante de Gabby e Gianpaolo, o Tutti il Giorno. Gabby é o maior — se não o único — tesouro de minha vida.

E havia Stephan. Onde estaria eu sem seu amor, força, confiança em mim e inabalável apoio, para não mencionar seu notável talento para os negócios? Ele me deu Corey e Lisa, bem como meus primeiros cinco netos, Etan, Maya Rose, Mackensie, Mercer e Miles. Quando eu era jovem e insegura, afastei-me de Stephan. Graças a Deus, da segunda vez, tive o bom senso de grudar-me a ele e não deixá-lo mais. Nossa estrada foi longa, criativa e sentimental. Ainda sinto sua presença no Urban Zen (originalmente seu estúdio) e ele continua a orientar-me.

Gabby e Gianpaolo me deram de presente Stefania e Sebastian, que só me proporcionam alegrias e me mantêm jovem. Graças a Stefania, estou tentando cavalgar novamente, e Sebastian se esforça para me ensinar a usar o computador. Cavalos e computadores: duas causas perdidas. Mas adoro os laços que eles estreitam entre nós.

Assim como não consigo separar o passado do presente, não consigo separar o pessoal do profissional. Meus relacionamentos no mundo da moda moldaram aquilo que sou. Não haveria Donna Karan sem Anne Klein — e ponto-final. Mas esse pensamento se aplica também a várias outras pessoas. Somos tão fortes quanto as pessoas com quem trabalhamos. Para uma mulher tão criativamente líquida como eu, é necessário um copo para contê-la e fui abençoada com a melhor equipe de apoio do mundo. Graças a incontáveis noitadas de trabalho e prazos de entrega apertados, tornamo-nos também uma família estreitamente unida — histérica às vezes, mas que se estima e tem certeza de que pode contar uns com os outros. Quando eu era criança, sonhava com uma família afetuosa, dedicada — e a moda me deu tudo isso.

Amo o *design* como sempre amei. Amo a conversa com os tecidos, que me dizem o que fazer e me levam a lugares aonde nunca pensei ir. Amo a justaposição de algo tão fluido como o jérsei, com algo tão estruturado como a lã elástica. É uma contradição e uma união, como a de homem e mulher. Os relacionamentos me fascinam.

Como *designer*, o relacionamento mais íntimo que tive foi com o corpo — o modo de esculpir e soltar, acentuar e desfazer. O preto é minha musselina, pois molda uma silhueta tanto para o dia quanto para a noite. A pele, o cabelo e a personalidade são o foco. Quero uma roupa que faça parte da pessoa, que seja um coadjuvante em sua vida e não a história em si.

Por isso amo os tecidos elásticos. Sim, são *sexy*, mas principalmente confortáveis. Odeio restrições de qualquer tipo (físicas ou psicológicas) e a elasticidade proporciona mobilidade. Colocar um elemento de elasticidade a uma jaqueta masculina foi importante porque os homens nunca haviam conhecido peças confortáveis assim antes. Para mim, conforto é outra palavra para confiança.

Minhas Sete Peças Fáceis nasceram do desejo de dar confiança às mulheres. Minha cliente precisava ir trabalhar e sentir-se bem, mas não tinha tempo para pensar nisso de manhã. Assim, montei seu *closet*, dizendo-lhe: "Comece com um *body* e vá acrescentando peças, pois a combinação surgirá por si mesma. Você ficará elegante, sofisticada e se imporá como qualquer homem na sala. Mas parecendo uma mulher". Convém lembrar que, em 1985, as mulheres profissionais vestiam terninhos e gravatas-borboleta para rivalizar com os homens. Eu pensava: *Vocês não vão nunca convencer alguém de que são homens; então, por Deus, sejam mulheres!*

Um de meus maiores prazeres na vida é acompanhar uma mulher ao provador e mudar seu modo de se vestir. Ela se esforça para esconder, eu me esforço para revelar. Minha mensagem subjacente é: "Não tenha medo de seu corpo. Aceite-o. Exulte com ele". Estou certa de que melhorei a vida sexual de muita gente.

A mão do artesão é fundamental para meu desenho. Gosto de pegar uma peça de escultura, um disco de ouro de Robert Lee Morris ou um disco de vidro de Bill Morris, e deixar que ela dê forma ao tecido passado por ele ou em volta dele. Da mesma forma, eu me sentiria nua sem meus colares haitianos de couro ou chifre, ou meus braceletes de couro. Também amo tudo o que signifique compromisso com uma causa maior, seja uma camiseta para atiçar a consciência ou nossos braceletes de couro com as frases: Not One More (contra as armas) ou Stand Up for Courage (contra o *bullying*).

A inspiração é meu combustível. Sempre que viajo ou passo algum tempo em contato com a natureza, isso se reflete em minhas roupas. Às vezes, a inspiração é prática; Julie Stern brinca que sempre pode dizer se se trata de uma coleção "Donna gorda" (silhuetas soltas, cheias) ou "Donna magra" (silhuetas mais alongadas, finas, ajustadas). Sim, desenhar é tarefa altamente pessoal.

Há ainda meu amor eterno a Nova York, cidade que concentra a energia do mundo num só lugar. Passei mais de 25 anos absorvendo essa energia e canalizando-a para a exuberância da moda mais ágil no espírito urbano DKNY. Desenhei roupas com lantejoulas que faiscavam como o céu noturno, padrões que ecoavam os grafites de metrô e paletas que imitavam o brilho do pavimento e o pôr do sol urbano. A DKNY se tornou uma parte de Nova York que afeta pessoas em Dubai, Inglaterra, Rússia, Japão — em toda parte. Também me orgulho do que Jane Chung e eu criamos juntas.

A moda evoluiu. Houve um tempo em que se comprava um guarda-roupa inteiro a cada estação. As bainhas subiam ou as calças ficavam mais apertadas, e tudo o que se tinha de repente parecia errado, completamente errado. Hoje as mulheres compram itens que parecem sempre novos. A maneira atual de se vestir faz com que trabalhar como *designer* de moda seja um desafio maior que nunca. Eu costumava recomendar a aspirantes a *designer* que trabalhassem antes numa loja para entender seus clientes. Agora, recomendo-lhes que corram o mundo, ainda que isso signifique ir de mochila e ficar em *hostels*. Trabalhar no Haiti mostrou-me como ser criativa num nível inteiramente diferente. Como Anne Klein me dizia, você é um *designer* quer desenhe uma escova de dentes, uma casa ou uma cama. Tive a sorte de contar com uma mentora, mas o próprio mundo pode ser seu mentor. Saia e observe-o. Todos parecem ocupados demais buscando fama, mas as verdadeiras alegria e excitação vêm do processo.

Isso eu aprendi. No fundo, sou uma criança que gosta de brincar e criar. Por isso, sempre achei que tinha todo o tempo do mundo e uma infinidade de coisas à minha frente. Mas agora estou mais velha e sei que o tempo é curto. O relógio não para. Tenho projetos a completar no Urban Zen. Tenho muitos e muitos planos para o Haiti — para não falar dos lugares que preciso conhecer, como Cuba, Colômbia e China (sim, são todos países que começam com "c"). O mundo é grande e quero ser parte dele.

A carreira pode ter me transformado numa marca, mas, em primeiro lugar, sou uma mulher. Sou também mãe, avó, amiga, irmã, filantropa, yogue, ser humano em busca da espiritualidade, cuidadora, mentora, professora, estudante — e agora escritora. Tive uma filha e, como *designer*, dei à luz um milhão de ideias. Criei uma marca muitíssimo maior que eu. A LVMH planeja levar a DKNY para o próximo século e além. A indústria e a tecnologia mudam; a abordagem criativa deve seguir pelo mesmo caminho.

Mudanças assim são excitantes — mas também assustam. Como Gabby, minha marca cresceu e precisa viver sua própria vida. Não posso esperar para ver o que será feito de meu legado. E não posso esperar para ver o que será feito de minha vida. No momento em que você ler estas palavras, Deus sabe onde estarei em minha jornada pessoal (mas posso prometer que irei finalmente ao Burning Man Festival, algo que nunca tive tempo de fazer antes). E também estou ansiosa para ler a sequência deste livro!

Para meu sexagésimo aniversário, um grupo de amigos me levou a Lake Powell, no Arizona. Alugamos uma casa flutuante com todos os equipamentos para brincar na água que se possa imaginar. O lago é lindo e enorme, rodeado por cânios rochosos, e eu logo quis andar de jet-ski. Meu amigo Richard Baskin concordou em ir, mas advertiu-me: "Não importa o que aconteça, Donna, temos de ficar juntos. Aqui é perigoso e você pode se perder".

Preparávamos os jet-skis quando Richard percebeu que havia esquecido os óculos de sol. "Não vá sozinha", disse ele. Mas liguei o motor e saí assim mesmo. Passaram-se horas e, embora eu estivesse adorando aquela sensação de liberdade, notei que me perdera. *Realmente* me perdera. Então, fiquei sem combustível. O sol se punha e eu lá no meio do nada, sem barcos à vista, aterrorizada! Justamente quando começava a tremer de medo, Richard e um grupo de busca apareceram e me resgataram.

Mais tarde, naquela noite, Richard disse: "Donna, o dia de hoje foi uma metáfora perfeita para o modo como você leva a vida. Você sai sem saber para onde diabo está indo e espera pelo melhor".

Ele tinha razão. Nada me estimula tanto quanto um salto de fé. Quando enfio uma ideia na cabeça, procuro de todas as maneiras colocá-la em prática. Coloquei roupas masculinas na passarela sem suporte financeiro. Inventei desenhos malucos que foram um sucesso, como o meu agora emblemático Cold Shoulder, e alguns que fracassaram. Se eu parasse para pensar em metade das coisas que queria fazer, elas nunca teriam sido feitas. Odeio parar; não vejo a hora de recomeçar. Vá entender.

Por extraordinária que tenha sido minha carreira, por mais passarelas e tapetes vermelhos que eu tenha pisado e por mais que meu coração ainda bata forte enquanto espero por uma crítica do *WWD*, são os momentos pessoais, pequenos, que ainda perduram em minha memória: por exemplo, o sorriso de Gabby quando eu a buscava na escola. Meus braços em volta de Stephan quando chegávamos à estrada em sua motocicleta. As risadas com Barbra durante um jogo de buraco em um barco, rodeadas apenas pela água azul. Os beliscões no braço de minha irmã Gail quando ela insinuava que eu a fazia lembrar-se de nossa mãe. O abraço, em mim e Stephan, de nossa família na praia de Parrot Cay, quando renovamos nossos votos. As fotos de Stefania em seu cavalo, preparando-se para saltar o próximo obstáculo; Stefania trançando meu cabelo após um longo dia de trabalho. Sebastian felicíssimo por ir comigo ao Haiti. Fotos Polaroid de crianças etíopes que nunca se tinham visto numa foto antes. Viagens para onde Gianpaolo quisesse nos levar, fosse de avião, barco, Ferrari ou, como Stephan fazia, de motocicleta. E, é claro, a excitação experimentada toda vez que descia de um avião num país estranho.

Nunca deixo de explorar, pois o que mais me excita é justamente o que ainda não fiz. Minha jornada é esta: aprender com o passado, viver o presente e rumar para o futuro tendo a luz como guia. Mais importante, porém, é quem está ao meu lado na jornada, pois, ao final do dia, o que importa não é o que você vestiu ou mesmo o que realizou — é o que você é, quem você ama e o modo como vive.

AGRADECIMENTOS

Escrever *Minha Jornada* foi uma experiência alegre, triste, cansativa, surpreendente, maravilhosa, espiritual e terapêutica. O livro exigiu a ajuda de um monte de pessoas e lembranças para ser composto e sou extremamente grata àqueles que o tornaram possível.

Primeiro, quero agradecer à minha coautora e amiga Kathleen Boyes, que falou por mim durante mais de trinta anos. Sem seu brilho, memória, compaixão, diligência e devoção, este livro não existiria. Ninguém mais poderia tê-lo feito.

Agradecimentos à nossa talentosa editora, Jennifer Tung, que com paciência nos manteve na linha enquanto pressionava por detalhes que enriqueceram muito a história.

À minha irmã de coração, Barbra Streisand, por suas generosas palavras, imenso amor e as muitas lições que aprendemos juntas ao longo dos anos. Barbra liga os pontos para mim, pessoal, criativa e profissionalmente. Somos muito parecidas.

Ao ex-presidente Bill Clinton e a Hillary Clinton, que por seu exemplo me inspiraram a utilizar meus dons de criação e dedicação diariamente.

AGRADECIMENTOS 413

A Anna Wintour, responsável pela concretização de tantos sonhos, da moda à filantropia. Ela me inspira enormemente.

À minha "parceira no crime" Patti Cohen, a Donna Karan ruiva do mundo da moda, que fala por mim enquanto me aconselha e orienta com amor, lealdade e humor. Eu não teria feito nada sem ela a meu lado. Patti será sempre minha melhor amiga e sempre estaremos juntas para o que der e vier.

A Jane Chung, a aluna que se tornou minha professora e grande amiga. Jane me inspira dia após dia com seu extraordinário dom da criatividade. De todos os modos, ela é o yin do meu yang.

Por trás de toda grande mulher existe um grande homem e tive os melhores parceiros criativos que possam existir, cada qual me ajudando a realizar coisas que eu jamais imaginara possíveis: Louis Dell'Olio, Robert Lee Morris, Peter Speliopoulos, Peter Arnell, Trey Laird, Hans Dorsinville, Dominic Kozerski e Kevin Salyers.

Aos muitos *designers* e mentes criativas que me ajudaram, inspirando-me a seguir em frente: Cristina Azario, Nelly Bidon, Georgina Bartlett, Istvan Francer, Xiomara Grossett, Chris Hodge, Huguette Hubbard, Jackie Marshall, Rozann Marsi, Kyoko Nagamori, Narciso Rodriguez, Ingrid Salomonson, Tommy Tong e Edward Wilkerson.

A Tomio Taki, Frank Mori e Julie Stern, os homens extraordinários que me impulsionaram nessa jornada na Anne Klein e souberam quando me despedir. Não haveria uma Donna Karan New York se não fosse por sua visão e apoio.

Aos inúmeros executivos responsáveis por nosso impressionante sucesso: Linda Beauchamp, David Bressman, Sonja Caproni, Carole Kerner, Cathy Volker, Steve Ruzow, Denise Seegal, Jane Terker e Mary Wang.

À LVMH e a Bernard Arnault, que souberam ver a força daquilo que criávamos.

414 DONNA KARAN

À minha família Urban Zen, que cria, colabora, comunica e inspira mudanças: Bessie Afnaim e Oliver Corral, Gillian Cilibrasi, Rachel Goldstein, Don Hutchinson e Yonghee Joe.

À minha chefe de pessoal e de grupo haitiano, Marni Lewis, que me ajuda a encontrar a calma no caos do Urban Zen, e aos meus professores de yoga e grandes amigos Rodney Yee e Colleen Saidman Yee, que me ensinaram que o yoga é um modo de vida e transformaram meus sonhos de um programa UZIT em uma realidade profunda e poderosa.

Às muitas pessoas da Random House que investiram sua experiência e entusiasmo neste projeto: Alina Cho, Gina Centrello, Libby McGuire, Richard Callison, Susan Corcoran, Deborah Aroff, Nina Shield, Robbin Schiff, Liz Cosgrove, Benjamin Breyer e Shona McCarthy.

À formidável equipe Laird + Partners, que criou, arejou e organizou os vários *layouts* deste livro, a começar pelos talentosos (e muitíssimo pacientes) diretores de arte Louis Liu, Ray DiPietro, Jessica Feldman Miranda, Kondwani Banda e John Rizzo. Obrigada a Myles Ashby e Kelli Souder Hill por sua ajuda no tratamento de muitas imagens usadas neste livro. Um agradecimento especial a Glen Hoffman, meu primeiro sobrinho, que visualmente ligou os pontos enquanto examinávamos minhas dezenas de álbuns de fotografia.

Aos fotógrafos que nos permitiram reimprimir seus trabalhos nestas páginas: Peter Arnell, Luca Babini, Antoine Bootz, Patrick Demarchelier, Pablo Fisk, Bob Frame, Adam Franzino, Douglas Friedman, Hans Gissinger, Marc Hispard, John Huba, Inez e Vinoodh, Russell James, Mikael Jansson, Krisanne Johnson, Neil Kirk, Steven Klein, Lynn Kohlman, Brigitte Lacombe, Annie Leibowitz, Peter Lindbergh, Spike Mafford, Patrick McMullan, Christine Morden, Denis Piel, Kenneth Probst, Bob Richardson, Durston Saylor, Lothar Schmid, Steven Sebring, Gerardo Somoza, Hugh Stewart,

Sølve Sundsbø, Martyn Thompson e Bonnie Young. Agradeço também a todos os outros fotógrafos que me ajudaram a documentar a jornada de minha vida.

Aos muitos que me deram seu amor, ideias e reflexões: Beverly Adwar, Maurice Antaya, Enrico Bonetti, Jacki Bouza, Ro Cappola, Ann Culkin, Jean-Pierre Dupré, Francine LeFrak, Dawn Mello, Sheila Parham, Jill Pettijohn, Andrea Pfister, Pam Serure e Beth Wohlgelernter.

A Harvey Cohen e Hal Neier, os maridos de Patti e Kathleen, que as apoiaram enquanto elas partilhavam esta jornada comigo.

Aos meus muitos amigos queridos que me acompanham em viagens, amando, aprendendo e rindo o tempo todo: Richard Baskin, Ross Bleckner, Sandy Gallin, Linda e Steve Horn, Russell James, Calvin Klein, Demi Moore, Sonja Nuttall, BS e Christina Ong, Ingrid Sischy e Sandy Brant, e Bonnie Young e Luca Babini.

A Patti Cappalli, minha querida amiga e mentora, que ajudou uma jovem neurótica e mostrou-lhe o mundo da moda, da Broadway a Paris.

À minha mestra de cabala, Ruth Rosenberg, que sempre esteve ao meu lado quando eu tinha dúvidas, orientando-me e mostrando-me a luz repleta de amor — uma verdadeira raridade e uma lição que todos nós devemos aprender.

A Ruth Pontvianne, Susie Lish e Evelyn Dalisay por criarem um lar e serem as mães que eu nunca tive. E a meu motorista, Marco Seck, que me protege de manhã à noite.

A Illene Wetson, minha melhor amiga das Five Towns, por me apresentar a Stephan, o amor de minha vida.

A Mark Karan, meu primeiro amor e grande amigo, que me deu dois tesouros que sempre farão parte de mim, minha filha e meu nome.

A Gail — irmã, lembranças, mãe — que me protegeu desde o dia em que nasci.

E a seu marido, Hank Hoffman, com sua família: Glen e Barbara, Annabel e Jackson; Darin e Dawn, Alexander, Griffin e Olivia.

À minha querida família: Corey e Suzanne Weiss, Etan e Maya Rose; Lisa Weiss, Mackensie, Miles e Mercer. Obrigada por fazerem de mim, tão nova, uma avó orgulhosa.

A Gabby, minha gêmea idêntica e melhor amiga que, a despeito de minha culpa judaica, me diz todo dia que sou a melhor mãe do mundo.

E a seu marido, Gianpaolo de Felice, que com Gabby me deu Stefania e Sebastian, meus mestres mais jovens entre todos, que não se impressionam nada com o nome Donna Karan. Eles me mantêm com os pés no chão e pura, além de terem me ensinado o que significa amor incondicional.

A Stephan, que me ensinou que o amor dura para sempre.

ÍNDICE REMISSIVO

11 de Setembro, 15, 17, 356-57
148 Lafayette, 129, 211

Ackroyd, Lindsay, 230
Addenda, 68, 77
Adler, Joey, 396
Adwar, Beverly, 34
Afnaim, Bessie, 393
África, 378-79
Aguillera, Christina, 358
Ahrendts, Angela, 227
Aids, 317-19, 321-22, 385
Allen, Peter, 210
Alpert Nipon, 249
Andrew, Paul, 212
Anne Klein & Co., 58, 67-9, 77-8,
 81-4, 92, 161, 164, 167-68, 184-85
Anne Klein II (AKII), 154, 161
Anne Klein Studio, 128
anoraque para coleção DKNY, 226
Antaya, Maurice, 124-25 , 154
Armani, Giorgio, 260
Arnault, Bernard, 365

Arnell, Peter, 177-79, 203-04, 215-16,
 222-23, 230, 243-44
Arnell/Bickford Associates, 177, 215,
 244-45
Ashtanga yoga, 274
Assatly, Richard, 124-25
Ayurveda, 271
Azario, Cristina, 212

Babba, 309
Babbini, Luca, 336
Bacon, Francis, 326-27
Badgley Mischka, 211
Badgley, Mark, 211-12
Bailey, Christopher, 211, 227
Baker, Dan, 366
Baker, Josephine, 97
Balazs, André, 394
Bali, 304-07, 395
Ballon, Charles, 107, 164
banho e corpo, coleção, 240-42
Barker, Laughlin, 317
Barneys New York, 259

418 DONNA KARAN

Barrett, David, 72
Baskin, Richard, 378
Baskin, Richard. 260, 359, 368, 378-79, 390, 410
Batalha de Versalhes, 93-9
Beatty, Warren, 206
Beauchamp, Bob, 259
Beauchamp, Linda, 256
Begawan Giri Estate, 306-07
Beicher, Georgette, 29
beleza, negócio, 239-40, 290
Belle, David, 399
Bello, Maria, 399
Beng, Seng, 304-06
Bening, Annette, 206
Berenson, Marisa, 70, 95, 97, 206
Berg, Rav Philip, 375
Bergdorf Goodman, 190, 195-96
Bergen, Candice, 206, 209
"besteiras", 152, 232, 269-70, 276, 287-88, 328
Biasucci, John James (JJ), 376-77
Bicentennial Wool Collection, 215, 323
Bidon, Nelly, 362
Bienal de Florença, 58-292
Bjornson, Karen, 97
Black Cashmere (perfume), 242
Blair, Billie, 97
Blass, Bill, 94, 98, 112
blazer estilo masculino para coleção DKNY, 225-26
Bleckner, Ross, 44
Blige, Mary J., 394-95
Block, Clarissa, 18
Bloomberg, Michael, 398
Bloomingdale's, 77, 127-28, 194, 228, 232
Bobbie Brooks, 68

Bohan, Marc, 94
Bonetti, Enrico, 247
Borofsky, Jonathan, 189, 193
Bowie, David, 153
Boy George, 247
braceletes de couro, 407
Branson, Richard, 247
Bressman, David, 58, 333, 350, 366
Bressman, Susan, 366
British Vogue, 323
Brolin, James, 301, 345, 368-69
Brown, Sally, 48
Brugh Joy, seminário, 270
Brusone, Pino, 335, 358
Burberry, 211, 227
Burnett, Grady, 359
Burns, Christy Turlington, 205, 390
Burrows, Stephen, 94-5, 98, 124
Burt, Michael, 294, 326
Butão, 307-08
Buttons, Red, 23

Cabala, 374-75, 404
Calm (perfume), 242
camiseta para coleção DKNY, 225
Camp Alpine, 26, 34
Campbell, Naomi, 205
câncer do ovário, 323-24
Cannon, Celine, 393
Cappalli, Patti, 68, 69-71, 77-8
Capolla, Rosemarie "Ro", 343, 346
Caproni, Sonja, 189, 197, 238
Carcelle, Yves, 334, 337, 353, 365, 368
Cardin, Pierre, 94, 97
Carr, Kris, 390
Carr, Maeve, 186
Cashmere Mist (coleção banho e corpo), 241

Castillo, Edmundo, 211-12
Caviar Kaspia, 98
Celestin, Yvette, 396 327
Central Park Oeste, apartamento, 329-31, 373
CFDA, prêmios, 123-24, 203, 215, 235, 260, 376
Chang, Jeannette, 324
Chaos (perfume), 242, 405
Chihuly, Dale, 369
Chinn, Alva, 97
Chopra, Deepak, 261, 271, 390
Christian Dior, 94
Chung, Jane, 129, 135, 157, 162, 173-74, 176, 182-83, 222, 224, 226, 230, 279, 284, 345, 402, 408
cidade de Nova York, 408
Cilibrasi, Gillian, 393
Cine Institute, 399
Claiborne, Liz, 53, 176
Clemente, Francesco, 322-23
Clennell, Lindsey, 328
Cleveland, Pat, 97
Clinton Global Initiative, 386-87, 395-97
Clinton, Bill, 259-60, 386, 389, 397
Clinton, Chelsea, 260
Clinton, Hillary, 209, 260
Clinton, Virginia, 260
Coady, Michael, 197
Coddington, Grace, 325
Cohen, Harvey, 128, 132, 134, 153-54, 157, 298-99, 350
Cohen, Patti, 15, 127, 157, 176-77, 179, 190-91, 193, 207, 215, 232, 243, 270, 276, 292, 298-99, 323, 334, 356, 402
Colbert, Gregory, 368

Cold Shoulder (vestido), 209-10
Coles, Paula, 399
Como Shambhala (*resort*) 306
contato, yoga de, 274-75
Corral, Oliver, 393
Coty Award, 123
Cozy, os, 230
Crawford, Joan, 216
crepe elástico, 172-73, 407
crepe preto, terno masculino, 257
Crespin, Rae, 111
crianças, qualificadas pela educação, 389-90, 399
Criatividade, 43-4, 173, 240, 403
Cristina, Gottfried and Loving, 177
CRK Advertising, 243
cuidados de saúde integrados, 388-89
Culkin, Ann, 346
Curtis, Jamie, 299

Dalai Lama, 279-80, 387
Darden, Norma Jean, 97
de Betak, Alexandre, 247
de Felice, Gabrielle Karan (filha de DK)
    casamento, 298, 362-65
    infância, 108, 113-14, 138, 143-44, 175-76, 405, 410-11
    maternidade, 362-65, 368, 381, 405
    nascimento, 100-01
    relacionamento com a mãe, 108
    sobre, 157, 205, 221-22, 228, 235, 269-70, 274-75, 300, 313, 344-45, 349, 361, 405
    vestido de noiva, 362-63
    viagem, 303, 307
de Felice, Gianpaolo (genro de DK), 298, 328, 342, 344, 350, 361, 363-64, 393-406, 411

420 DONNA KARAN

de Felice, Guido (pai de Gianpaolo),
393-94
de Felice, Sebastian (neto de DK),
381, 406, 411
de Felice, Stefania Andrea (neta de
DK), 368, 406, 411
de la Renta, Oscar, 94, 98, 112,
117, 215
de Ribes, Jacqueline, 98
decorativo, estilo, 247-48
DeLaurentis, Susan, 322
Delevingne, Cara, 230
Dell'Olio, Louis, 54-5, 59, 93, 99, 107,
113, 118, 123-26, 133, 135,
138-39, 145, 157, 164, 167-68
departamento de meias, 197-98, 213-15
desfile de moda, primeira de DK, 46
Design, 81, 131, 181, 406
Design, Organization, Training Center
for Haitian Artisans (DOT), 399
designers de sapatos na Donna Karan
Company, 211-12
dévoré, vestido, 290-91
Dia Center for the Arts, 325-26
Diana, princesa, 323
DiPietro, Ray, 255
DK Men, 258-59
DKNY Active, 290
DKNY Collection, 246
DKNY Jeans, 290
DKNY Juniors, 290
DKNY, 221-32, 235
coleção masculina, 223-24
desfiles, 227-29
divisões, 229
equipe, 227-28
estilos icônicos, 230
lançamentos fora de Nova York, 229

nascimento de, 221-27
presença global, 228-29
primeira loja (avenida Madison), 232
primeira loja (Londres), 231,
244-46
Sete Peças Fáceis do dia a dia,
224-26
tênis, 226
DKNY, lojas, 231-32
Dodard, Philippe, 397-98
Doherty, Maureen, 245-46, 355
Doktor, John, 129
Donna Karan Company, 157, 404
administração, 236
aposentadoria, 401-02
aquisição por LVMH Moët
Hennessy-Louis Vuitton,14,
303-38
assistentes na, 210
banho e corpo, coleção, 241-42
beleza, negócio, 240-42, 290
Collection 2002, 357
começo, 171-80
como empresa de capital aberto,
289-91
cópias do estilo DK, 212
departamento de meias, 197-98,
213-15
desfile outono 2004, 374
designers de calçados, 211-12
designers que trabalharam com DK,
210-11
DKNY, 221-32
estilos icônicos, 230
estoque, 291, 337
estratégia de negócios, 228-30
fim da coleção DK, 401-02
Flag Dress, 357

ÍNDICE REMISSIVO   421

fragrância masculina, 242
fragrância, 238-40, 241-42
modelador, 237
Modern Souls, coleção, 288
Mudança de nome para Donna
   Karan International, 236
nascimento, 165-66
New Structure, coleção, 357
OPI, 286-89
primeira coleção, 181-91
primeira *showroom*, 191-92
primeiro desfile, 191-94
primeiro *trunk show*, 195-96
primeiros anos, 171-212
propaganda, 216-17, 230-31,
   243-45, 291, 310-12, 397-99
quiosques ou *corners*, 196
roupa masculina, 210-11, 224,
   254-62
Sete Peças Fáceis, guarda-roupa,
   163-64, 181-85, 406-07
Urban Warrior, 312-13
Urban Zen, 18, 306, 310, 358-59,
   391, 396, 399, 402-03, 409
vendas a varejo, 193-95
Donna Karan Korea, 237
Donna Karan Hong Kong, 237
Donna Karan International, 337
Donna Karan Intimates, 237
Donna Karan Italy, 237
Donna Karan Japan, 237
Donna Karan New York Men, 261
Donna Karan New York, 129, 178
   celebridades vestidas, 206-07, 217
   loja, 330-31, 335-36, 402
Donna Karan Signature Collection, 291
Donna Karan Toners, 237
Donovan, Carrie, 193, 203

Dorsinville, Hans, 244-45, 311
DOT. *Ver* Design, Organization,
   Training Center for Haitian Artisans
Dr. Nonna Brenner's Healing Center,
   272
Duffy, Karen, 390
Dunne, Don, 44
Dunst, Kirsten, 228
Dupre, Jean-Pierre, 132, 298

East Hampton, casa, 248-49, 265
East Hampton, pedra, 265-67, 404
Eastwood, Clint, 299
Egg (loja), 245
Elgin, Molly, 298
Elgort, Arthur, 156
Elizabeth Glaser Pediatric AIDS
   Foundation, 322
Elizabeth II, rainha da Inglaterra, 127,
   133
Ellis, Perry, 126, 317-18
Encinias, Isabel, 396
Ensler, Eve, 390
Erhard Seminars Training, 161-62
Erickson, Karen, 374
Escada, 82
espiritualidade. *Ver* Karan, Donna:
   espiritualidade
Essex, Marie, 55
Estée Lauder, 290
Eula, Joe, 97
Evangelista, Linda, 205, 209, 323
Ewing, Patrick, 261

Faske, família, 23
Faske, Frank (tio de DK), 23, 48
Faske, Gabby (pai de DK), 20, 21-4,
   28, 254

422 DONNA KARAN

Faske, Helen ("Richie", "Queenie")
(mãe de DK)
  casamento com o pai de DK,
    20-5, 28
  doença e morte, 145-47
  falta de atenção, 26, 29-30, 41
  novo casamento com Flaxman, 21,
    27-9, 31, 33, 40-1
  primeiro casamento revelado, 73-4
  problemas de saúde, 26-7, 31
  recusa a encontrar-se com Stephan,
    143, 145
  segredo, 29, 31-2, 62
  sobre, 21-22, 26-33, 46, 49-50, 53-5,
    58, 60, 64-9, 82, 86, 93, 123, 138
Felix (cão), 85-7, 114, 119
Feminismo, 216
feng shui, 232
filantropia. *Ver* Karan, Donna:
  filantropia
Fire Island, 127, 153, 235, 248
Flag Dress, 357
Flaxman, Harold (padrasto de DK), 21,
  27, 28, 30, 33, 40-1, 65, 72-3, 196
Formula for Renewed Skin, 241
Forrest, Michael, 133
Fortier, Peter, 204
Fox, Linda, 56, 125
Fox, Lisa, 374, 381, 394
Fox, Michael J., 390
Fox, Seymour, 56
Fragrance Foundation's FiFi Award,
  265
fragrância masculina, 242
fragrância, Donna Karan Company,
  239-40, 242
Francer, Istvan, 211, 223, 255, 258
Frankfurt Interstoff, feira de tecidos, 95

Freeman, Richard, 390
Frehling, Nettie, 378, 380
Freston, Kathy, 390
Fuel for Men (perfume), 242

Gabby's (loja de Mark), 141
Gabrielle Estúdio, 167, 286, 290,
  335-37
Gallagher, Liam, 247
Gallagher, Noel, 247
Galliano, John, 357
Gallin, Sandy, 377
Gannon, Sharon, 274, 354, 390
Gardner, Bradley, 306
Garland, Judy, 94
Gere, Richard, 322
Gernreich, Rudi, 57, 107
Get Juiced, 275
Gilbert, Ellen, 260
Giorgini, 93, 99
Giuliani, Rudolph, 18
Givenchy, 94
Glamourama, 215
Glaser, Ariel, 322
Glaser, Elizabeth, 322
Glaser, Paul Michael, 322
Global Citizen Award [Prêmio Cidadão
  Global], 397
Go Silk (empresa), 214
Goldsmith, Nicholas, 191
Goldstein, Rachel, 390
Goode, Kenneth, 46
Gorbachev, Raisa, 206
Gottfried, Carolyn, 177
Gray, Linda, 207
Greenfield, Martin, 254, 259-60
Greenfield, Stefani, 227
Grooms, Red, 322-23

ÍNDICE REMISSIVO 423

Grossett, Xiomara, 129, 175-77, 183, 223

Guber, Tara Lynda, 274

Guest, C. Z., 96

Guru Mai, 271

Haggis, Paul, 399

Haire, Hazel, 67, 77

Haiti, 11, 393-99, 408

Halifax, Joan, 390

Halston, 94, 97, 167

Hamlisch, Marvin, 328

Hanes, 198, 214

Hanson, Betty, 102, 114-16

Hardison, Bethann, 97

Hardy, John, 395

Harper's Bazaar, 323-24

Harrell, Andre, 394

Harrison, George, 343

Herring, Oliver, 291

Hirst, Damien, 291

HIV, 322

Hoffman, Darin (sobrinho de DK), 151

Hoffman, Gail Faske (irmã de DK)
casamento, 39-40
como figura de apoio, 40-1
infância, 25-31
maternidade, 41
sobre, 65-6, 69, 123-24, 140-42, 145, 157, 411

Hoffman, Glen (sobrinho de DK), 151

Hoffman, Hank (cunhado de DK), 39, 124, 157

Hogan, Michael, 254

Holzer, Jenny, 291

HOPE, evento para angariar fundos, 387

Hope, Help & Relief Haiti (evento), 394-95

Horn, Linda, 276, 301, 329, 356, 359-60

Horn, Steve, 301, 329

Howard, Chuck, 28, 58

Huffington, Arianna, 390

Huston, Anjelica, 206

I. Magnin, 238

Idol, John, 292

Índia, 308-09

indústria da moda, resposta à 9/11, 17

Inovação, 291

inspiração, 80, 131, 229, 303-04, 408
pessoas, 132-35

Instinto, 221, 291

International Fragrances and Flavors, 242

Invigorate (perfume), 242

Irons, Jeremy, 312

Isabell, Robert, 319-20

Israel, 381, 389

Ivara, Anna, 288

Jackman, Deb, 387

Jackman, Hugh, 210, 387

James, Russell, 396, 398

Japão, 310

Jean, Michelle, 394

Jean, Wyclef, 395

Jivamukti Yoga, 274, 355

Joel, Billy, 193

Jovovich, Milla, 311

Jubb, Annie e David, 354

Kabbalah's Spirituality for Kids, 389

Kamala, 276

Karan, Dona: carreira
aposentadoria, 401-02

424 DONNA KARAN

"As Férias" (Holiday), coleção
(1972), 91
Batalha de Versalhes, 93-7
coleção de outono de 1974, 108-13
como ilustradora de moda, 53-4
como nova celebridade, 111-12
estratégia empresarial, 228-30
filosofia de *design*, 21-2, 79, 115,
304
na Addenda (Patti), 68, 69-70, 77-8
na Anne Klein & Co., 58, 67-8,
77-8, 81-103, 161, 164, 167, 185
Parsons School of Design, 53-60, 129
prêmios, 123-24, 203, 215, 235,
260, 265
produtos atentos às necessidades,
228-30
tecidos, 79-80, 95, 131, 172-73,
181, 212-13, 237, 309, 406
tintura de tecidos, 213-14
Winter Garden, (segunda) desfile
de outono, 117-18, 128
Karan, Donna
abertura, 32, 43
amor a barcos, 300
amor à natureza, 298
atividades pós-aposentadoria,
401-02
"besteiras", 152, 232, 269-70, 276,
287-88, 328
carreira. *Ver* Karan, Donna: carreira
Central Park Oeste, apartamento,
329-31, 373
com os seios nus, 130-31
como abraçadora de árvores, 298
como avó, 405
como buscadora espiritual, 268-69
como feminista, 216

como mulher poderosa, 216, 218
criatividade, 43-4, 173, 240, 403
decoração em preto e marfim,
248-49
desejo de ser mãe, 25-6, 63, 86, 92,
107-08, 403-04, 405
design, 21-2, 79, 115
divórcio de Mark, 140-41
East Hampton, casa, 248-49, 265
entusiasmo, 404
espiritualidade. *Ver* Karan, Donna:
espiritualidade
fazendo diferença, 387
faz-tudo, 256
figura, 27, 29, 34-5, 43-4, 55, 81-2,
108, 130
filantropia, 317-26, 385-99
gravidez e aborto, 85-6
gravidez e nascimento de Gabby,
92-3, 100-01
incapacitação por causa de joelho
machucado, 360, 380
inspiração, 80, 131-35, 229,
303-04, 408
instinto e, 221, 291
lift facial, 366
limites, 130
metáfora para sua vida, 410
moda e destino, 21, 25
mortes e fins, efeito em, 18, 72-3,
119, 147, 168, 280-81
"pagar", 130
paixão, 404
perdendo Stephan, 381
plano de sobrevivência após a morte
de Stephan, 356
praia e, 131, 267-68
problemas de peso, 59, 108

ÍNDICE REMISSIVO 425

relacionamento com a irmã, Gail.
Ver Hoffman, Gail Faske
relacionamento com a mãe.
Ver Faske, Helen
relacionamento com Mark.
Ver Karan, Mark
relacionamento com Stephan.
Ver Weiss, Stephan
relacionamentos, 406
religião, 35
segurança como problema, 29, 31,
41-2
sexagésimo aniversário, 409-10
sobre a riqueza, 292
sobre segredo, 32, 102
sozinha, 29, 35, 266-67, 272-73,
373, 404
Steph (cão), 381
trabalho espiritual, 152
viagem. Ver Karan, Donna: viagem
visão de, 109
vivendo com a perda, 35
volta ao trabalho após a morte de
Stephan, 356
yoga, 46-7, 273-75, 387-88
Karan, Donna: espiritualidade, 269-70,
404
Ayurveda, 271
Brugh Joy, seminário, 270
cabala, 374-75, 404
Chopra, Deepak, 271
Dalai Lama, 279-80
Dra. Nonna Brenner's Healing
Center, 272
East Hampton, pedra, 265-67, 404
em busca da paz interior, 266
Erhard Seminars Training, 161-62
mestres espirituais, 269

retiros de silêncio, 272-73, 276
"spa house", 277-78
sucos, 275-76
terapia com sanguessugas, 272
viagem, 307-08
videntes, 276-77
yoga, 46-7, 273-75, 387-88
Karan, Donna: filantropia, 317-26,
385-99
câncer de ovário, 323-24
HOPE, evento para angariar fundos,
387
Hope, Help & Relief Haiti (evento),
394-95
Karan-Weiss Foundation, 314
Kids for Kids, 321-23
Seventh on Sale, 319-21, 385
Super Saturday, 325, 385
Tent Today, Home Tomorrow
(iniciativa), 395
Urban Zen, comunidade, 386-93
Urban Zen, evento, 390-91
Karan, Donna: infância, 21-46
acampamento de verão, 26, 34
afazeres domésticos, 31
assédio sexual, 42
babás, 29
colégio, 43-3
criatividade de, 43-4, 173
desenho como hobby, 35
esportes, 35
estilo hippie na adolescência, 45
Estranha, 44
exposição à indústria da moda, 21
garotos e, 35
mãe, 21, 23, 25-34, 41, 46, 49,
53-4
medos, 29, 31, 41-2

426   DONNA KARAN

padrasto, 21, 26-8, 31, 32-3, 40-1, 65, 72-3
pai, 21-5, 28
Queens, 25, 29
sonho de ser dançarina, 25
sonhos para o futuro, 25
trabalho em loja, 46
Woodmere, 29-30
Karan, Donna: viagem, 68, 79-80, 297-309, 337-38, 408
África, 378-79
Austrália, 215-16
Bali, 304-07, 395
Europa, lugar para trabalhar, 297-98
Haiti, 395-99
Índia, 308-09
Israel, 381
Japão, 310
Parrot Cay, 307, 332-34, 342, 351, 363, 366, 373, 376, 398
primeira viagem à Alemanha com Julie, 79-80
primeira viagem a Paris e St. Tropez, 69-70
segunda viagem a Paris com Louis, 124-27
Sudeste da Ásia, 304-05
trunk shows e OPI, 286-89
Karan, Gabrielle (filha). *Ver* de Felice, Gabrielle Karan
Karan, Mark, 24, 94, 98
casamento, 70-1, 85-7, 151-52, 292, 405
divórcio de Donna, 141-42
Gabby e, 114
gravidez e aborto, 86
infidelidade de DK, 138-39
mudança para a Cidade, 139-40

namoro com Donna, 47-9, 56
noivado com Donna, 60, 63, 65, 70-1
relacionamento com Donna antes do casamento, 24, 47-9, 56, 65, 69-70
Karanz-Weiss Foundation, 314
Kates, Faith, 324
Kawakami, Marilyn, 155-56
Kawakubo, Rei, 291
Keagy, Ann, 54-5, 59
Kenzo, 215
Kerry, John, 360
Kids Creating Peace, 389
Kids for Kids, 321-23
King, Susan, 334-35, 346
Klein, Anne
cãncer de mama, 92
Donna e, 28, 58-9, 77-8, 80-3, 85, 93, 97-8, 406, 408
funeral, 107
morte, 102-03, 357-58, 404
última doença, 99-102
Klein, Bem, 58
Klein, Calvin, 126, 210-11
Kleine, Brigitte, 227
Kloss, Karlie, 401
Kohlman, Lynn, 153, 156-57, 226, 299, 356, 360-61, 364-67, 391
Kohlman, Mark, 359
Kozerski, Dominic, 246-47, 330, 331
Kraftsow, Gary, 390
Kroeker, Mark, 391
Kutcher, Ashton, 374

L'Occitane, 240
La Mer, 325
LaBelle, Patti, 206

ÍNDICE REMISSIVO 427

Lagerfeld, Karl, 238
Laird, Trey, 223, 243-44, 247, 311
Lambert, Eleanor, 94-5
Lang, Helmut, 291, 312
Lauder, Evelyn, 344, 360
Lauren, Ralph, 126, 211, 320, 324
Le Bon, Yasmin, 247
LeFrak, Francine, 45
Lewis, Anjali, 230
Lewis, Marni, 358, 369, 379, 396
Ley, Margaretha, 82-4, 111
Lichtenstein, Roy, 291, 322
Life, David, 274, 354, 390
LifeFood, 354
Lima, Adriana, 398
Lindbergh, Peter, 216
Lipman, Frank, 390
Lish, Susie, 299
Liz Claiborne, 53, 290
Locke, Edie, 107
Lohan, Lindsay, 228
Lopez, Antonio, 53-4
LVMH Moët Hennessy-Louis Vuitton,
14, 334-37, 357, 365, 409

Ma, Joyce, 390
Machado, China, 97
Madonna, 389
Maharishi Ayurveda Health Center, 271
Mamãezinha Querida (filme), 216
Marcus, Stanley, 107
Marino, Peter, 246
Marsi, Rozann "Ro", 129, 138
Marvin (motorista), 178-79, 196
Mary J. Blige & Steve Stoute
    Foundation for the Advancement
        of Women Now, 394
Masatoshi, Izumi, 331

McCardell, Claire, 81
McCarthy, Patrick, 215
McElree, Bill, 111
McFadden, Mary, 174
McGrotha, Rosemary, 204
McLean, Keitha, 112
McQueen, Alexander, 356
Mectexm, 234
Medos, 29, 31, 41-2
meias pretas, 197-98
meias, parte do guarda-roupa, 182,
    197-98
Mellen, Polly, 193
Mello, Dawn, 163, 193, 196
Merrell, Woody, 390, 393
Merz, Mario, 291
Mesh, Leslie, 54
Mikvah, 382
Miller, Alida, 172, 190
Minnelli, Liza, 94, 97, 209, 212,
Mint (clube), 271, 299
Mirabella, Grace, 193
Missoni, 215
moda
    como destino de DK, 21, 25, 46
    estilo hippie na adolescência, 45
    evolução da, 408
    no colégio, 46
moda urbana, 224
Modelador, 237
Modelia, 58
Modern Souls, coleção, 288
Montana, Claude, 215
Moore, Demi, 271, 291, 299, 374
Mori, Frank, 13, 115-18, 123, 131,
    156, 165, 166, 179, 193, 240, 255,
    285, 289
Morris, Bernadine, 193

428 DONNA KARAN

Morris, Robert Lee, 185, 258, 312, 365, 407
Morris, William, 369-71, 374, 407
morte, 18, 24-5, 73, 119, 147, 168, 280-81, 337
Muir, Jean, 215
mulheres
  amadas, 207-08
  coisas comuns entre, 205, 267
  renunciando à identidade, 268
  sexualidade, 407
  tornando-se mães, 266-67
Murphy, James, 390

Napoli, Maria, 276, 330
Nattier, 212
natureza
  amor à, 298
  East Hampton, pedra e praia, 265-67, 405
  praia, 267-68
Neeson, Liam, 207
Neimark, Ira, 191
Nepal, 308
New Structure, coleção, 357
New York City AIDS Fund, 319
"New York State of Mind" (Joel), 193
New York Times Magazine, 203
Nichols, Mike, 206
Nicholson, Jack, 261
Nipon, Pearl, 249
Norbulingka Institute, 387
Northrup, Christiane, 390
Norton, Larry, 390
Nova's Ark Project, 325
Nugent, Eileen, 336
Nureyev, Rudolf, 97
Nuttall, Sonja, 353-55, 387, 396

Oasis (banda), 247
Obenhaus, Mark, 299
Oldfield, Bruce, 215
Oldman, Gary, 311
OneXOne (organização), 396
Ong, Christina, 231, 246, 304-07, 332-35, 354, 368, 390
Operation Karma, 335
Oppenheim, Gunther, 58, 78, 82-3, 101, 109, 117
Oprah's Book Club, 207
Originala, 93
Ornish, Dean, 390
Oz, Mehmet, 390, 398

Paltrow, Gwyneth, 247
Paradise, Danny, 274
Paredes, Alfredo, 320
Parnis, Mollie, 115
Parrot Cay, 307, 332-34, 342, 351, 363, 366, 373, 376, 398
Parsons School of Design, 53-60, 129, 399
Paxton, Jules, 275
Pénette-Kedar, Maryse, 399
Penn, Irving, 156
Penn, Sean, 399
Perdidos na Noite (filme), 77
Perry, Ellis, 153
Peters, Bernadette, 206, 299
Peterson, Geraldine, 44
Pettijohn, Jill, 353-54, 361
Pfister, Andrea, 132, 298
Picadilly (loja), 24, 57
Picasso, Paloma, 238
Piel, Denis, 204, 212, 214
"ponte", roupas, 248-49
Pontvianne, Ruthie, 15, 328

ÍNDICE REMISSIVO 429

Potter, Mark, 242

Prada, Miuccia, 291

praia
como inspiração, 131
como santuário, 267-68

prêmios
CFDA, prêmios, 123-24, 203, 215, 235, 260, 376
Fragrance Foundation's FiFi Awar, 265

preto, cor da moda, 180-82, 406

PRODEV, centros educacionais, 399

professores, 44

propaganda
DK em anúncio de desodorante, 199-200
DKNY, mural, 231
Haiti, 397-99
para Donna Karan Company, 216-17, 229-30, 243-45, 291, 310-12

Puig, 290

Pure DKNY, 230

Rabik, Amir, 305

Rabinowitz, Eddie (tio de DK), 32-3

Rabinowitz, família, 32-3

Rabinowitz, Sally (tia de DK), 32-3

Rath, Frederick, 69, 111, 124, 134, 141, 161, 280-81

Reed, Lou, 390

Relacionamentos, 406

Resemary (modelo), 230

retiros de silêncio, 272-73, 276

Reuther, Danielle, 378

Reuther, Steve, 359-60, 378

Richards, Keith, 343

Richardson, Natasha, 207

Richman, Mark, 74

Riley, Pat, 322

Robbins, Tim, 322

Robbins, Tony, 358, 379-80, 390

Rodriguez, Narciso, 129, 131

Roehm, Carolyne, 318

Rosenberg, Moshe, 381

Rosenberg, Ruth, 175, 346, 369, 374-75, 381-82, 390, 404

Ross, Courtney Sales, 398

Ross, Jason, 393

Rossellini, Isabella, 206

Roth, Gabrielle, 344, 356, 391

Rothschild, Marie-Hélène de, 96, 98

roupa masculina, 210-11, 225, 254-62

Rubenstein, Hal, 242

Rubenstein, Matthew "Chip", 58, 78, 82, 84, 85, 98, 107, 110, 116, 118

Rykiel, Sonia, 215

Ruzow, Miriam, 236

Ruzow, Steve, 236, 240, 255-56, 289

Saatchi, galeria, 246

Sada, Caroline, 399

Saidman, Colleen, 353-55

Saint Laurent, Yves, 94, 97

Saks Fifth Avenue, 196, 228, 256

Salyers, Kevin, 391

Sander, Jil, 291

Sarandon, Susan, 206, 322, 376

Sawyer, Diane, 206

Schneider, Eric, 390

Schrader, Johnny, 84

Schrager, Ian, 320

Schwarzenegger, Arnold, 299

Scoop, 227

Scott, Alan, 259

Scott, Ken "Tesh", 275

430 DONNA KARAN

Sebring, Steven, 367, 401

Seegal, Denise, 226

Serure, Pam, 275

Sete Peças Fáceis, guarda-roupa masculino, 257-58

Sete Peças Fáceis, guarda-roupa, 163-64, 181-85, 407

Sete Peças Fáceis, guarda-roupa, 257-58

Seventh on Sale, 319-21, 385

Shahid, Sam, 243

Shaw, Wallis, 259

Shriver, Maria, 299

Shurries (loja), 46, 56

Sischy, Ingrid, 291, 350, 369, 390

Smith, Sandy, 58, 124

Sobel, rabino Ronald, 71, 147, 350

Spears, Britney, 358

Speliopoulos, Peter, 277, 290, 365

Spirituality for Kids, 389

Springer, Joachim, 132, 140

Springer, Karl, 132

Sprinzen, Michael, 35

Stallone, Sly, 217

Steele, Al, 216

Steffe, Cynthia, 129

Steph (cão), 381

Stephan Weiss Apple Award, 398

Stern, Julius "Julie", 79, 95, 100, 116, 179-80, 190-92, 204, 214, 237, 408

Stern, Nina, 192

Sting, 261, 274

Streisand, Barbra
como cantora, 25, 210, 299
DK e, 9-11, 96, 208-09, 212, 217, 270-71, 275, 277, 289, 300-02, 313, 328-29, 345, 356, 361, 386, 410

espiritualidade e, 270-71
festa de aniversário de DK, 328-29
posse de Clinton e, 259-60
primeiro encontro com DK, 132-35
viagem com, 298-99, 302, 313, 368-69

Stritch, Billy, 300

Styler, Trudie, 261, 274, 389

sucesso, reflexão sobre, 229

Sucos, 275

Super Saturday, 325-26, 385

Sutter, Paula, 227

Swarovski, Nadia, 397

Sylvaince, Jean-Paul, 396

Taki, Tomio, 13, 93, 99, 110, 115-17, 123, 156, 164, 166, 193, 229, 240, 255, 285, 289, 302

Takihyo Inc., 93, 110-12, 116, 118, 165-66, 179, 221

Taylor, Elizabeth, 96

Tecido, 78-9, 95, 130, 172, 181, 212, 237, 310, 406

tênis, DKNY, 226

Tent Today, Home Tomorrow (iniciativa), 395

Terker, Jane, 240

Testino, Mario, 247

"The First Time Ever I Saw Your face", 101

"The Halstonettes", 97

Theory, 211

Thompson, Kay, 94, 96, 108

Thurman, Robert, 387, 390

Thurman, Uma, 206

Tie-dye (tintura em tecido), 213

Tilberis, Liz, 323, 358

Today, mostra, 112

ÍNDICE REMISSIVO   431

Tory Burch, 227
Traub, Marvin, 228
Turlington, Christy, 205, 390
Tutto il Giorno (restaurante), 405

Ungaro, Emanuel, 94, 97, 99
Unger, Kay, 57
Urban Warrior, 312-13
Urban Zen Children's Art Center, 399
Urban Zen Foundation, 392, 402
Urban Zen Integrative Therapy
    (UZIT), programa, 392-93, 399
Urban Zen, comunidade, 386-93
Urban Zen, evento, 390-91
Urban Zen, loja, 392-93, 394
Urban Zen,18 , 306, 310, 358-59, 391,
    396, 399, 402-03, 409

Valletta, Amber, 312
Varanasi (Índia), 308
Varden Petites, 82
Versace, Donatella, 341
Versace, Gianni, 215, 291
vetiver (planta), 395
viagem. Ver Karan, Donna: viagem
Videntes, 276-77
Villard, Karine "Cookie", 396-97
Volker, Cathy, 198
von Furstenberg, Diane, 390

Wacoal, 237
Walters, Barbara, 112, 197
Wang, Mary, 227, 230
Warhol, Andy, 96
Watermill Center, 326
Wayne, Burt, 99, 102, 129, 138-39,
    143, 157, 193, 212
Weaver, Sigourney, 206

Weir, June, 92
Weiss, Corey (filho de Stephan), 143,
    153, 157, 266, 293, 344, 349-50,
    405
Weiss, Dale (esposa de Stephan),
    137-38, 144
Weiss, Eric (irmão de Stephan), 137
Weiss, Etan (neto de Stephan), 293,
    299, 345, 350, 405
Weiss, Hilda (mãe de Stephan), 347
Weiss, Lisa (filha de Stephan), 143-44,
    157, 228, 266, 278, 348-50,
    380-81, 405
Weiss, Mackensie (neto de Stephan),
    228, 299-300, 348, 405
Weiss, Maya Rose (neto de Stephan),
    293, 299, 405
Weiss, Mercer (neto de Stephan),
    299, 405
Weiss, Miles (neto de Stephan),
    299, 405
Weiss, Stephan
    aquisição da Donna Karan
        Company, 14, 334-38
    arte, 292-94, 344, 396-97
    câncer, 280, 284, 293, 301, 312-13,
        323-24, 326-28, 332-33
    casamento com Donna, 157-58,
        292, 405
    como padrasto, 152
    como parente, 144
    corrida, 283
    Dalai Lama, 279-80
    divórcio, 156
    Donna Karan Company, 166-67,
        192-93, 217, 223-24, 236,
        238-39, 243, 257-58, 285-86,
        333-38, 359

432 DONNA KARAN

família misturada, 144
Felix (cão), 85-7, 114, 119
funeral, 349-50
morte, 12, 267, 349
motocicletas, 176, 232, 242, 248, 269, 277, 283-84, 295, 298, 306, 348
presentes de DK para, 294-95
primeira esposa, 137-38, 144
primeiro encontro com Donna, 63-6
recusa de Helen a encontrar-se com, 143, 145
relacionamento com Donna, 68-9, 72, 84-7, 139-40, 143-45, 151-53, 217-18
reunidos, 137-38
sobre, xviii, 71-2, 139-40, 143-45, 151-53, 166, 193, 217, 253, 291, 319-20, 322, 330-31, 410-11
último Natal, 341-43
últimos dias, 345-49
Weiss, Suzanne (enteada de Stephan), 293, 350
Well-Being Forum, 390-91
Wenner, Jann, 283-84
Wetson, Ilene, 43, 46, 48, 63, 132, 140, 193, 249
Wexler, Patricia, 241
Wilkerson, Edward, 129-30, 132, 162, 210-13, 223
Williamson, Marianne, 390

Willis, Bruce, 271, 291, 299, 343
Wilson, Fred, 358
Wilson, Louise, 357-58
Wilson, Richard, 246
Wilson, Robert, 326
Winfrey, Oprah, 207, 217, 397
Winnie Award, 123-24
Winter Garden, desfile, 117-18, 128-29
Wintour, Anna, 245, 319, 321, 323
Wohlgelernter, Beth, 174, 190-91, 195, 199
Women in Motion (filme), 401
Womens Wear Daily, 54
Wool Collection Fashion Parade, 215
Worl Trade Center, tragédia do, 14-17

Yee, Colleen Saidman, 273, 353, 354-55, 366, 368, 387, 390
Yee, Rodney, 273, 307, 355, 387, 390, 392
Yentl (filme), 270
yoga com parceiro, 274-75
yoga, 46-7, 273-75, 387, 392
yoga Shanti, 273, 354
Young Living, óleos essenciais, 391
Young, Bonnie, 277, 302, 307-08, 334, 336

Zabar, Carol e Saul, 153
Zauder, Gail, 333
Zeegan, Susie, 322

CRÉDITOS DAS ILUSTRAÇÕES

Coleção da autora (pp. 8, 12, 20, 36, 38, 50, 52, 62, 76, 88, 90, 104, 120, 136, 148, 150, 158, 188, 234, 250, 282, 296, 314, 340, 352, 372), *The Business of New York Manhattan, Inc.* de outubro de 1989 "The New Queen of New York" artigo (p. 160), George Chinsee (guardas: parede de Patti Cohen), Bob Frame (p. 201), Steven Klein/Art Partner Licensing (p. 263), Annie Leibovitz (p. 264), Peter Lindbergh (pp. 220, 252), Christine Morden (página de rosto dupla), Denis Piel (p. 170: © Denis Piel 2015, "Excerpts from Denis Piel's Film 'Donna Karan, New York' 1986", p. 202: © Denis Piel 2015, "Rosemary's Flight, Donna Karan, 1987"), Kenneth Probst (p. 106), Bob Richardson (p. 122), Steven Sebring (p. 384), Hugh Stewart (p. 316), Sølve Sundsbø/Art + Commerce (p. 400).

Primeiro Encarte

Queenie e Gabby (coleção da autora), Donna criança (coleção da autora), Donna e sua irmã crianças (coleção da autora), Gabby e suas crianças (coleção da autora), Queenie com maiô de bolinhas com a jovem Donna (coleção da autora), Queenie e Donna diante do

434 DONNA KARAN

acampamento (coleção da autora), jovem Queenie no carro (coleção da autora), foto escolar de Donna (coleção da autora), Queenie e Harold dançando (coleção da autora), Donna e Gail no casamento de Gail (coleção da autora), vestido de baile de Donna (coleção da autora), primeiras modelagens de Donna (coleção da autora), Donna no colégio (coleção da autora), cabide de Gabby (coleção da autora), modelo de Anne Klein com blusa prata e saia riscada (cortesia de Lothar Schmid), Donna adulta desenhando (cortesia de Kenneth Probst), no ateliê da AK com Louis Dell'Olio (Rose Hartman/Getty Images), Donna e Louis preto e branco (coleção da autora), Donna com casaco de pele (coleção da autora), Donna e Gabby bebê (coleção da autora), Donna com Mark e Gabby na praia (coleção da autora), Donna e Gabby praticando yoga (coleção da autora), Donna e Gabby no ateliê da AK (coleção da autora), Donna e amigos em Fire Island (coleção da autora), Donna com cigarro (coleção da autora), Donna e Stephan no casamento (coleção da autora), Gabby com Corey e Lisa no casamento de Donna (coleção da autora), telegrama de pedido de casamento de Stephan (coleção da autora), Donna e amiga beijando Stephan (coleção da autora), Donna e tio Burt Wayne (coleção da autora), *The New York Times Magazine*, capa, "Como Nasce uma Estrela da Moda" (coleção da autora), Donna jurando (© Peter Lindbergh), modelos com *bodys* em preto e branco (coleção da autora), Donna ajustando um vestido (cortesia de Peter Arnell), "The Cold Shoulder", artigo (do *The New York Times*, 7/2/1993 © *The New York Times*. Todos os direitos reservados. Com permissão e protegido pelas Leis de Copyright dos Estados Unidos. Proibido impressão, reprodução, redistribuição ou retransmissão deste Conteúdo sem expressa permissão por escrito), fotos de todas as Sete Peças Fáceis (cortesia de Mark Hispard), equipe de desenho da DKNY (coleção da autora), anúncio New York City DKNY © Peter Lindbergh),

Donna sentada, vestindo casaco laranja e jeans © Brigitte Lacombe), "família" de modelos da DKNY (cortesia de Peter Arnell), Donna com Jane Chung (coleção da autora), táxis (© Peter Lindbergh), modelo com vestido rosa e prancha de surfe (© Peter Lindbergh), modelo em preto comemorando na chuva (© Peter Lindbergh), modelo masculino com jornal (© Peter Lindbergh), rapaz e moça se beijando no primeiro anúncio de perfume (cortesia de Mikael Jansson), *outdoor* City of Jeans ao fundo (cortesia de Gerardo Somoza), Donna e Stephan em branco e preto (cortesia de Lynn Kohlman), Donna e Stephan na sacada com *outdoor* DKNY ao fundo (coleção da autora), Donna e Stephan no estúdio (David Turner © Condé Nast), Donna e Stephan fazendo caminhada (coleção da autora), Donna e Barbra Streisand com os maridos (coleção da autora), Susie Lish, amiga de Donna (coleção da autora), Stephan em sua Ducati (coleção da autora), Stephan e Barbra Streisand (coleção da autora), Stephan com cabelos compridos (coleção da autora), Donna e Gabby com vestidos brancos (cortesia de Hugh Stewart), Donna e amiga num barco (coleção da autora), Donna e família em Parrot Cay (coleção da autora), CFDA unida após o 11 de Setembro (Walter Weissman/Star Max/Newscom), Donna com Anna Wintour e Carolyne Roehm (Ron Galella/Getty Images), Donna no Kids for Kids com Hillary Clinton e outros (coleção da autora), Donna com Gabby e Stefania no Super Saturday (coleção da autora), preto e branco de Donna e amiga no Kids for Kids (coleção da autora), Donna no Kids for Kids com Johnny Depp e outros (coleção da autora), Kathleen Boyes com Patti Cohen e Marni Lewis (fotografia de PatrickMcMullan.com), Donna com Peter Speliopoulos e Nicoletta Santoro (fotografia de PatrickMcMullan.com), Bonnie Young e Gabby (coleção da autora), Donna com Denise Seegal e mais três (fotografia de PatrickMcMullan.com), Tommy Tong com Julie Stern

436 DONNA KARAN

e mais dois (fotografia de PatrickMcMullan.com), Patti Cohen e mais dez (fotografia de PatrickMcMullan.com), Bessie Afnaim e Oliver Corral (coleção da autora), Lynn Kohlman com Rodney Yee e Colleen Saidman Yee (coleção da autora), Donna com Marisa Berenson (Dimitrios Kambouris/FFR/Getty Images), Donna com Christy Turlington Burns (cortesia de Neil Kirk), Donna com Trudie Styler e Sting (Evan Agostini/Getty Images), Barbra vestindo Donna Karan (cortesia de Russell James), Donna e Ralph Lauren (Peter Kramer/Getty Images), Donna e Russell Simmons (© Michael Filonow/Corbis Outline), Donna e Giorgio Armani (coleção da autora), Donna com Deepak Chopra e Arianna Huffington (coleção da autora), Donna com Bernadette Peters (Evan Agostini/Getty Images), Donna com Oprah e Mary J. Blige (E. Charbonneau/Getty Images), Donna com Natasha Richardson e Gabby (Larry Busacca/Getty Images), Donna com Susan Sarandon (Dimitrios Kambouris/Getty Images), Donna e Anjelica Huston (Gregory Pace/Getty Images), Donna e Demi Moore (Evan Agostini/Getty Images), Donna e Richard Baskin (coleção da autora), Donna e Patti Cohen (coleção da autora), Donna e Leonard Lauder (Associated Press), Donna e Sandy Gallin (coleção da autora), Donna com Michelle Obama e Gabby (coleção da autora), Donna e Calvin Klein (coleção da autora), Donna e Robert Lee Morris (Evan Agostini/Getty Images), Donna e Hans Dorsinville (coleção da autora), Donna e Trey Laird (coleção da autora), Peter Arnell e Patti Cohen (fotografia de PatrickMcMullan.com), Donna na capa da revista *New York* (coleção da autora), Donna apertando a mão de quatro pessoas (coleção da autora), Donna gritando com as mãos na cabeça (Inez Van Lamsweerde e Vinoodh Matadin), "LMVH: A Deal for Donna", artigo (coleção da autora), Donna e amiga perto da estátua da Liberdade (coleção da autora).

Segundo Encarte

Gabrielle Roth com Christina Ong e mais dois (coleção da autora), Donna e o Dalai Lama (cortesia de Luca Babini), Ruth Rosenberg (coleção da autora), Karen Berg (coleção da autora), Donna numa pedra (coleção da autora), Donna e amigos em Israel (coleção da autora), Donna e Sonja Nuttall (coleção da autora), renovação de votos em Parrot Cay (coleção da autora), retrato de família durante o casamento de Gabby (coleção da autora), festa de casamento de Gabby (coleção da autora), Donna e Gabby no casamento de Gabby (coleção da autora), Donna com Gail e família (coleção da autora), Donna e Gail (coleção da autora), imagem em branco e preto de pistas de ski (coleção da autora), Donna com óculos de sol em Sun Valley (coleção da autora), foto de família em preto e branco (coleção da autora), Donna e seus filhos adultos diante da escultura Larger than Life Apple, de Stephan (coleção da autora), Gabby e Mark Karan (coleção da autora), Donna e seu neto praticando yoga (previamente publicada na revista *Harper's Bazaar*, número de novembro de 2001. Fotógrafo: Patrick Demarchelier), Stefania em Parrot Cay (coleção da autora), foto de família com o Dressage Horse de Stephan (coleção da autora), Donna com Gabby, seu marido e seu bebê (cortesia de Artist © Annie Leibovitz), Donna e Stefania na passarela (coleção da autora), Stefania cavalgando (coleção da autora), Sebastian e seu pai (coleção da autora), Donna e Sebastian num avião (coleção da autora), pintura de Francis Bacon (coleção da autora), Donna com vestido vermelho com dois homens de cabeça para baixo (cortesia de Douglas Friedman), Donna com um roupão branco drapeado sentada num banco de madeira (cortesia de Hugh Stewart), interior da loja da avenida Madison, nº 819 (cortesia de Antoine Bootz), Donna e Dominic Kozerski (Jesse Chehak/Getty Images), Donna em seu *closet* todo preto (© John Huba/Art + Commerce), interior do quarto de Donna em Parrot Cay (coleção da autora), Donna e Gabby em Parrot Cay (Saylor H. Durston/Originalmente publicada em *Architectural Digest*), vista de Parrot Cay do quarto de Donna (Saylor H. Durston/originalmente publicada em *Architectural Digest*), campanha publicitária da Urban Zen em Marrocos (cortesia de Mikael Jansson), Jeremy Irons e Milla Jovovich (cortesia de Mikael Jansson), vestido com fivela de acrílico de Bill Morris (© Peter Lindbergh), Demi Moore (© Peter Lindbergh), anúncio do perfume Black Cashmere (cortesia de Mikael Jansson), Demi Moore de costas (© Peter Lindbergh), Cate Blanchett de costas (cortesia de Mikael Jansson), Cate Blanchett (cortesia de Mikael Jansson), frasco do perfume Signature (cortesia de Hans Gissinger), Donna com o doutor David Feinberg e três outros (coleção da autora), Rodney e Colleen Yee na Urban Zen (coleção da autora), lançamento da Urban Zen (coleção da autora), Ruth Pontvianne fazendo massagem (coleção da autora), Donna na cerimônia de inauguração (coleção da autora), modelo Urban Zen com braceletes pretos (cortesia de Pablo Fisk), modelo Urban Zen com colar marrom (cortesia de Pablo Fisk), sofá azul (cortesia de Martyn Thompson), modelo Urban Zen vestindo jaqueta de camurça (cortesia de Adam Franzino), vasos e velas (coleção da autora), três modelos de passarela com vestido vermelhos (cortesia de Gerardo Somoza), crianças com mantos vermelhos (coleção da autora), Donna e uma vaca (coleção da autora), Donna e um homem na Índia (coleção da autora), Donna e James John "JJ" Biasucci (coleção da autora), Donna com Gabby e BS Ong no Nepal (coleção da autora), Donna e sua equipe chegando ao Haiti (coleção da autora), Donna e um artista no Haiti (coleção da autora), Donna e uma criança num hospital haitiano (coleção da autora), Donna e Sebastian no Haiti (coleção da autora), Donna com Marni Lewis e cinco outras no Haiti (coleção da autora), Donna e Philippe Dodard (coleção da autora), Donna e Russell James (coleção da autora), campanha publicitária com modelo em roupa de couro e modelo masculino cortando mais peças (cortesia de Russell James), campanha publicitária com modelo de blusa preta e saia branca e preta (cortesia de Russell James), Donna e Kevin Salyers (coleção da autora), menina que Donna encontrou no Haiti (coleção da autora), Donna e Bryn Mooser (coleção da autora), Sandra Brant e Ingrid Sischy (Mike Cippola/Getty Images), Zainab Salbi (coleção da autora), Donna e Lisa Evans (cortesia de Russel James), Donna e Uma Thurman (Stephen Lovekin/Getty Images), Anna Wintour (cortesia de Krisanne Johnson), Donna com Deb e Hugh Jackman (fotografia de PatrickMcMullan.com), presidente Bill Clinton (cortesia de Krisanne Johnson), Patti Hansen e Keith Richards (cortesia de Krisanne Johnson), escultura Apple de Stephan (cortesia de Spike Mafford), Donna fazendo careta para a câmera (coleção da autora)

PRÓXIMOS LANÇAMENTOS

Para receber informações sobre os lançamentos da Editora Seoman, basta cadastrar-se no site: www.editoraseoman.com.br

Para enviar seus comentários sobre este livro, visite o site www.editoraseoman.com.br ou mande um e-mail para atendimento@editoraseoman.com.br